A MÁFIA DOS MENDIGOS

YAGO MARTINS

A MÁFIA DOS MENDIGOS

Como a caridade aumenta a miséria

4ª edição

EDITORA RECORD
RIO DE JANEIRO • SÃO PAULO
2021

CIP-BRASIL. CATALOGAÇÃO NA PUBLICAÇÃO
SINDICATO NACIONAL DOS EDITORES DE LIVROS, RJ

M347m
4ª ed.

Martins, Yago
A máfia dos mendigos: como a caridade aumenta a miséria: o pastor que fingiu ser morador de rua explica por que nossas tentativas de vencer a pobreza continuam fracassando / Yago Martins. – 4ª ed. – Rio de Janeiro: Record, 2021.

Inclui bibliografia
ISBN 978-85-01-11690-1

1. Pessoas desabrigadas – Brasil – História. 2. Mendigos – Brasil – História. 3. Pobreza urbana. 4. Organizações não-governamentais – Brasil. 5. Conduta. 6. Narrativas pessoais. I. Título.

19-56221

CDD: 305.560981
CDU: 316.35-058.51

Vanessa Mafra Xavier Salgado – Bibliotecária – CRB-7/6644

Copyright © Yago Martins, 2019

Todos os direitos reservados. Proibida a reprodução, armazenamento ou transmissão de partes deste livro, através de quaisquer meios, sem prévia autorização por escrito.

Texto revisado segundo o novo Acordo Ortográfico da Língua Portuguesa.

Direitos exclusivos desta edição reservados pela
EDITORA RECORD LTDA.
Rua Argentina, 171 – Rio de Janeiro, RJ – 20921-380 – Tel.: (21) 2585-2000.

Impresso no Brasil

ISBN 978-85-01-11690-1

Seja um leitor preferencial Record.
Cadastre-se em www.record.com.br
e receba informações sobre nossos
lançamentos e nossas promoções.

Atendimento e venda direta ao leitor:
sac@record.com.br

Para Isa Martins,
minha esposa, a quem pertenço;
quem primeiro vi sentar no chão
e olhar nos olhos do miserável.

Este pequeno livro sobre as artimanhas dos mendigos foi [...] publicado pela primeira vez por um colega [...] perito em malandragem [...]. Mas a compreensão correta e o verdadeiro significado do livro é, afinal, este: que os príncipes, senhores e conselheiros de Estado, assim como todos, devem ser prudentes e cautelosos ao lidar com os mendigos, e aprender que, enquanto as pessoas deixam de doar e ajudar pobres honestos e vizinhos necessitados, como ordenado por Deus, eles dão, pela persuasão do diabo e contrariamente ao juízo de Deus, dez vezes mais aos vagabundos e aos bandidos desesperados [...], abandonando o tempo todo os verdadeiramente pobres.

Por esta razão, toda cidade e aldeia deve conhecer seus próprios pobres [...] e ajudá-los. [...] Eu tenho nos últimos anos sido enganado e feito de tolo por tais vagabundos e mentirosos mais do que gostaria de confessar. Portanto, todo aquele que ouve estas palavras seja advertido e faça o bem ao seu próximo em toda a caridade cristã, de acordo com o ensino do mandamento.

Martinho Lutero,
prefácio a *Liber Vagatorum*[1]

SUMÁRIO

INTRODUÇÃO
O espírito de Judas: como a miséria pode ser seu ganha-pão   11

Parte 1: As duas filhas da sanguessuga

1. As desvantagens de ser invisível: minha jornada arquetípica como morador de rua   31
2. Parasitas da miséria: como ONGs e igrejas têm criado novos mendigos   55

Parte 2: As ruas escuras da alma

3. Escombros de um naufrágio moral: cruzando os limiares da miséria de alma   93
4. Peregrinos do ocaso: salvando os vampiros de Robert Neville   127

Parte 3: O cadáver da fé

5. Entre Jerusalém e Jericó: as sete vítimas da desgraça ignorada   161
6. Por uma comunidade terapêutica: vencendo as doenças da caridade impessoal   189

CONCLUSÃO
O espírito de Cristo: o que os mendigos me ensinaram sobre Deus   223

AGRADECIMENTOS   231
REFERÊNCIAS BIBLIOGRÁFICAS   237
NOTAS   243

INTRODUÇÃO

O ESPÍRITO DE JUDAS

Como a miséria pode ser seu ganha-pão

> *Mas um dos seus discípulos, Judas Iscariotes, que mais tarde iria traí-lo, fez uma objeção: "Por que este perfume não foi vendido, e o dinheiro dado aos pobres? Seriam trezentos denários". Ele não falou isso por se interessar pelos pobres, mas porque era ladrão.*
>
> Evangelho segundo João[1]

Judas, aquele que traiu Cristo no famoso relato bíblico dos evangelhos, possuía um discurso a favor do pobre. A narrativa do apóstolo João registra que, perto da Páscoa, Jesus jantava à companhia de seus doze mais conhecidos discípulos, incluindo Marta, Maria e Lázaro, na região da Betânia. Enquanto Marta servia o jantar, Maria pegou um frasco de nardo puro, um perfume caríssimo, e o derramou sobre os pés de Jesus, como sinal de sua devoção e fé. Escravos costumavam lavar os pés sujos de visitantes ilustres, e Maria decidiu se humilhar diante da grandeza daquele que seria o salvador do mundo, usando até mesmo os próprios cabelos para enxugar os pés do Cristo.

O apóstolo João registra que, quando o cheiro da fragrância encheu todo o lugar, Judas ficou profundamente incomodado. O personagem, famoso por ter vendido Jesus por trinta moedas de prata, começou a falar de justiça social. Seria aquela a melhor maneira para uma mulher gastar seus recursos? "Por que este perfume não foi vendido, e o dinheiro dado aos pobres?", perguntou ele, argumentando que os trezentos denários que valiam aquele frasco poderiam melhorar a vida de muitos miseráveis.

LUCRANDO COM AS RUAS

Nada surpreendente até aqui. É normal que ministros religiosos estejam preocupados com o problema da pobreza. Ver um bem tão precioso praticamente desperdiçado em um ato exagerado de devoção espiritual incomoda quem prefere pensar em termos utilitaristas e na melhor alocação dos recursos para o bem social. Judas possuía um ponto relevante, mas o que tinha na língua, não tinha nas mãos. Em vez de instrumentos para a generosidade, seus dedos eram esguios em retirar para si o que ao pobre era destinado. Diz o texto que ele não falou aquilo porque possuía qualquer interesse real pelos carentes, mas apenas porque, sendo responsável por gerir os recursos de Jesus, costumava roubar o dinheiro que era oferecido aos pobres. Sua hipocrisia brilha tanto quanto a prata que sempre desejou. Judas possuía um discurso a favor do pobre, mas não tinha qualquer empatia pelo miserável. Seu discurso social era apenas uma maneira de encontrar benefícios pessoais. Ao discursar contra a pobreza, apenas ele enriquecia.

"Agora que minha ONG apareceu nessa revista, vou arrancar dinheiro desses barões de São Paulo", disse ele rindo, em tom jocoso. Não era Judas em carne e osso, mas certamente carregava seu espírito. Eu estava no banco de trás do carro que nos levaria ao aeroporto de Guarulhos depois do evento em São Paulo, e minha presença não pareceu constranger sua sinceridade. O senhor já grisalho ria, com uma revista em mãos e outra dúzia no colo, explicando um pouco do "marketing da caridade" que fazia. O doador era visto não como um parceiro na atividade de cuidado do outro, mas como uma reserva de recurso para os planos pessoais do sujeito. Muitas organizações não governamentais recebem altas boladas de doação a fim de cuidar de grupos em estado de miséria, mas são muitos entre os seus dirigentes os que não sabem há tempos o que é passar alguma dificuldade financeira. Têm o pobre na língua, mas também na carteira. Visitam a favela para ajudar, mas moram na Barra ou no Leblon. Discursar pela causa do fraco paga as contas de muitos Judas da justiça social.

Tive outras conversas menos notáveis com alguns profissionais da caridade, mas todas igualmente reveladoras de como o dinheiro nunca vai ao pobre sem antes sustentar algum rico que nunca se vê como tal — pobreza só é uma questão de capital financeiro para o pobre; para os ricos, é uma questão de ideologia. Se você assume certos ideais, você deixa de ser o *rico-malvadão*. Pode ter dois carros e iPhone, mas chorar em púlpitos sobre uma miséria incorporada na voz, nunca no estilo de vida. Crendo nas coisas certas, você pode denunciar a desigualdade estando entre os 10% mais ricos do Brasil (em 2018, bastava receber mais que R$ 5.214,00 mensais para isso). Não foi difícil trombar com um considerável número de caridosos que precisam hastear a bandeira da generosidade o mais alto que podem para continuar pagando suas viagens internacionais. Segundo uma pesquisa da socióloga Camila Giorgetti entre os funcionários das instituições sociais paulistanas, os coordenadores e os assistentes sociais recebem de seis a sete salários mínimos.[2] É bem mais do que eu ganho como pastor e professor juntos. Não é dinheiro que se jogue fora.

Seria esta uma evidência anedótica, fruto da minha experiência limitada? Em parte, sim, certamente, mas não fui o único a ver que o pobre é para muitos uma necessidade para a obtenção do próprio sustento. O grande Nelson Rodrigues já acusava, no fim dos anos 1960, um grupo de pessoas que se mostrava furioso com o subdesenvolvimento, mas também odiava o desenvolvimento. Alfinetando Dom Hélder Câmara, Nelson perguntou: "A quem deve d. Hélder o seu pão de cada dia? Deve-o à fome do Nordeste", argumentando que ele e outros "vivem e prosperam graças, ainda e sempre, à fome do Nordeste", já que seus recursos vinham justamente do discurso pela causa do nordestino. Assim, qualquer possibilidade de melhoria na vida do pobre causaria uma diminuição no poder de seu discurso. Como acreditar que terei real interesse na autossustentação do miserável se é justamente seu estado de miséria que paga minhas contas? Por isso que Nelson Rodrigues dizia que, quando se instalava uma nova fábrica no Nordeste, o arcebispo tinha "urticária de ódio impotente":

Portanto, os interesses criados exigem que o Nordeste permaneça como está, rigorosamente como está. É preciso que não seja alterada uma vírgula da mortalidade infantil. O que eu queria dizer é que, em tantos casos, a raiva contra o subdesenvolvimento é profissional. Uns morrem de fome; outros vivem dela, com generosa abundância.[3]

Como dizem os sábios, *this is Brazil*. Mesmo assim, abrigar-se à sombra dos desabrigados não é peripécia com copyright nacional. Segundo Theodore Dalrymple, médico psiquiatra que trabalhou em vários países em desenvolvimento ao redor do globo, "a falta de teto é a fonte de emprego de um considerável número de pessoas de classe média. O pobre, escreveu um bispo alemão do século XVI, é uma mina de ouro; e assim, por sua vez, os moradores de rua".[4] Ele descreve a realidade da Grã-Bretanha de uma forma que poderia se referir a possivelmente qualquer grande cidade brasileira:

> [...] certamente umas centenas de pessoas — e possivelmente milhares — devem seus empregos aos desabrigados. Além dos próprios empregados dos abrigos, existem para os desabrigados os assistentes sociais e os agentes do serviço de habitação; há uma clínica especial com médicos e enfermeiras, e um time de psiquiatras de cinco pessoas, capitaneado por um médico com salário anual de cem mil dólares, que toma conta dos doentes mentais moradores de rua. O médico é um acadêmico que passa metade do tempo em pesquisa, e eu estaria disposto a apostar uma boa quantia de dinheiro que a extensão dos problemas dos desabrigados com doença mental em nossa cidade não diminuirá na proporção do número de artigos acadêmicos escritos ou do número de conferências acadêmicas em que o médico comparecerá. [...] é justo presumir que não muito menos de cinquenta mil pessoas ganham o sustento por conta dos desabrigados nestas ilhas. [...] compaixão para alguns é, sem dúvida, uma boa jogada na carreira.[5]

Existe uma miríade de profissionais que dependem da incapacidade humana para pagar as próprias contas, e que seriam mais pobres caso os mendigos largassem as ruas. Novamente Dalrymple: "Sem os drogados, os assaltantes e outros supostamente impotentes que se deparam com as próprias inclinações indesejáveis, esses redentores profissionais não teriam ocupação."⁶ Esse é um cenário perfeito para que mentiras e desinformações sobre a realidade do pobre continuem sendo propagadas por quem precisa do pobre para viver. Geralmente procuramos pessoas ligadas à generosidade profissional quando queremos entender sobre o miserável, mas você acha prudente confiar no que quem precisa da miséria para viver diz sobre como tirar gente da miséria? Eu não compraria um frasco de elixir da vida se fosse vendido por uma cobra cascavel. Claro que nem toda pessoa que paga suas contas através do gerenciamento de ações de caridade possui sentimentos oportunistas, mas é de espantar que existam tantos profissionais da caridade que se esforçam em propagar as ideias políticas mais famosas por manter pessoas na pobreza durante mais tempo. Se, nestes casos, isto for mesmo proposital e pensado, há uma genialidade macabra na indústria da generosidade.

Mesmo em nível continental, nós vemos algo semelhante acontecendo. Em seu livro *Dead Aid: Why Aid Is Not Working and How There Is a Better Way for Africa* [Ajuda de morte: por que a ajuda não está funcionando e como há um caminho melhor para a África], a economista zambiana Dambisa Moyo cita um estudo do Banco Mundial no qual se levantou um número assustador: 85% dos fluxos de ajuda foram usados para finalidades diferentes daquelas para as quais inicialmente destinados, muitas vezes desviados para empreendimentos improdutivos, se não grotescos. Ela diz que, já em 1940, os doadores internacionais estavam bem cientes desse risco de desvio das doações para interesses privados. Em 1947, Paul Rosenstein-Rodin, diretor-adjunto do Departamento de Economia do Banco Mundial, observou que "quando o Banco Mundial acha que está financiando uma estação de energia elétrica, ele está na verdade financiando um bordel".⁷

MAIS DO QUE DINHEIRO

Agora, convenhamos que dinheiro vale muito pouco para algumas pessoas. Enquanto certos Judas enriquecem falando do pobre, outros encontram um senso interno de valor e de sucesso sob o discurso de dar voz aos que não têm voz. Já mergulhado em riquezas por outras vias, há quem chame atenção para a causa do pobre por engrandecimento pessoal, reconhecimento da sociedade ou simplesmente apaziguamento da própria consciência, por ser rico em uma sociedade de suposta exploração capitalista. Há quem faça da pobreza alheia uma bandeira de propaganda pessoal ou um tipo barato de antidepressivo ideológico.

Não é à toa que parte considerável do material acadêmico já disponível nos catálogos das editoras seja nada mais que uma série de panfletos de economia barata, propagando ideias sociais desatualizadas e mera ideologia já fracassada há décadas. Não estou tentando defender aqui o fim do investimento estatal em pesquisa científica, mas a principal desvantagem do financiamento público de pesquisas nas áreas de humanas está nas toneladas de trabalhos completamente inúteis aprovados e descartados anualmente nas universidades nacionais. Muitos livros sobre moradores de rua escritos nos últimos vinte anos foram louvados como novos clássicos, mas estão fora de linha há anos e ninguém mais os lê ou ouve falar deles. Muitos destes materiais representam apenas bolsos enriquecidos pela Capes e pelo CNPq em pesquisas sobre moradores de rua que se tornaram dissertações e teses vazias de qualquer contribuição real à sociedade, tendo sido lidas apenas pelo autor, sua banca avaliadora e os amigos da editora que transformaram inutilidades teóricas em entulho para sebos. As raras boas obras que surgem do mercado de bolsas públicas não estão influenciando a sociedade, a mídia ou a força política a ações melhores, infelizmente. Há muito imposto investido em pesquisas que nunca serviram para nada além de pagar as contas de doutores que aprenderam mais sobre politicagem universitária que sobre suas áreas de formação.

Decidi passar o período de um ano em pesquisa de campo como morador de rua, em horários e lugares diferentes em Fortaleza, no Ceará, tentando me misturar com os moradores de rua. Foi esta autoetnografia que deu base para este livro e me levou a confirmar uma forte suspeita. Muitos ongueiros discursam pelo pobre em busca de dinheiro, enquanto muitos ministros religiosos discursam em busca de sucesso e realização. O pobre tem sido usado, não servido. Ele é ilustração de sermões religiosos, tema de congressos, de livros *best-sellers* e motivo de entrevistas em rede nacional, e apenas isso. O Brasil está cheio de ideólogos da pobreza, que fingem se importar com a falta de recursos alheia, mas nunca fazem nada de concreto para melhorar a vida do desvalido. Há uma máfia dos mendigos reluzindo a olhos vistos. As pessoas estão se aproveitando da comoção alheia para se dar bem.

Este livro não pretende fazer acusações, mas é produto de uma constatação: a luta pelo pobre é um ótimo espaço para corrupções e desvios. Todos devemos suspeitar quando a caridade se torna lucrativa — até onde me consta, tirar um homem da miséria deveria dar prejuízo. Parece ser particularmente tentador viver de administrar o investimento do dinheiro dos outros em um grupo de pessoas que desconhece quanto e de onde aquele dinheiro vem. É uma pena que a CPI das ONGs, que investigava o repasse governamental de mais de R$ 1 bilhão ocorridos no primeiro mandato do governo Lula para ONGs e Oscips, tenha sido encerrada no Senado por "decurso de prazo" e as 1.478 páginas de seu relatório tenham sido arquivadas sem apreciação ou votação. *This is Brazil*, eles disseram.

OS DONOS DA MISÉRIA

Você pode estar torcendo o nariz. Se for mais politizado, já estará tentando imaginar o que virá. O título, os autores que cito e as ideias que começo a apresentar já o devem estar levando a julgar minhas ideologias, num esforço de me localizar em termos políticos. Se minha previsão estiver correta, então me permita poupar seu trabalho. Eu poderia prometer, utopicamente, que este livro seria neutro, nem de esquerda nem de direita, mas isso é impossível. Qualquer perspectiva social, econômica ou política já foi estudada, catalogada e definida em um ponto do espectro ideológico. Eu certamente não sou de esquerda. Se você quiser saber onde está pisando, posso lhe dizer claramente que sou um cristão conservador, defensor da liberdade econômica e que acha o Estado brasileiro inchado demais. Agora, isso não significa que haja aqui um compromisso pessoal em defender ideias tidas comumente como de direita. Eu quero falar do que vi, e a realidade não tem ideologia. Claro que a observação sempre passa pelas crenças do observador, e a narrativa leva algo de quem narra, mas garanto que muitas de minhas preferências políticas sofreram de arrasto no ano em que pude ver na prática como algumas ideias funcionam. Espero que o leitor encontre algo útil para si e para o próximo, ainda que não me acompanhe nas preferências econômicas e que tenda a ignorar meus comentários mais políticos.

Digo isso porque você pode estar ansioso por ler um relato de esquerda. Quem mais falaria sobre pobreza, não é mesmo? Mas não tenho este interesse. Eu não sou, reforço, uma pessoa politicamente neutra, não vou mentir para você, mas posso assumir que tanto à esquerda quanto à direita do espectro político o pobre tem sido usado como mero instrumento de confirmação ideológica. Poucos estão se doando ao desprovido, enquanto muitos estão tomando o pobre de assalto para o estabelecimento de uma narrativa política que favorece mais os interesses do argumentador que a vida dos desvalidos. Há quem lute para que o pobre tenha voz, desde que possa ser o rosto a falar por eles.

Mas, ainda que o pobre tenha sido usado por gente das mais variadas visões políticas, é notório que hoje, no Brasil, ele tem dono. As esquerdas, mais que todos os outros movimentos ideológicos, monopolizaram o discurso público pelo pobre e possuem uma crença profunda de que só elas realmente se importam com quem vive na miséria.[8] A organização de um evento sobre pobreza em uma igreja do Nordeste tentou impedir minha inscrição (que eu havia pago normalmente) porque conhecia as posições não esquerdistas que manifestava em palestras. De forma semelhante, o presidente de uma ONG que lida com pobreza parou de responder a meus e-mails quando pedi para conhecer o trabalho da organização, logo depois que ele manifestou suas diferenças políticas e defendeu perspectivas bem à esquerda do espectro político. Certo agitador social que ganha a vida falando sobre pobreza, quando questionado sobre costumeiros elementos políticos de seu discurso, recomendou que eu me importasse mais com a vida do pobre, como se o simples fato de ser cético acerca de alguns amálgamas entre cristianismo e socialismo me fizesse instantaneamente inimigo do desvalido. Parece que ou você é politicamente localizado à esquerda ou odeia o pobre.

Mas o pobre não deveria ter dono. Uma ideologia não deveria se arrogar a única defensora possível do desamparado. Se os homens querem servir os que estão sofrendo na miséria, devem aceitar a ajuda de quem quer que se ponha à disposição, seja do espectro político que for. Agora, se só aceitam a participação e o diálogo com quem dá corda a uma narrativa política específica, a quem estão servindo de verdade? Quando a melhora na vida do miserável custa o enfraquecimento do nosso discurso político, costumamos sacrificar o pobre no altar da ideologia. A boca que fala do pobre pode ter a mão suja de seu sangue. São os perigos da política como cutelo.

A TRELIÇA E A VIDEIRA

Meu trabalho não é o que eu chamaria de pioneiro. O interesse em se associar com os pobres a fim de compreendê-los há tempos habita o mundo da reportagem. Sabe-se que, no século XIX, surgiu uma moda entre os jornalistas de se fingir de mendicantes para relatar as condições internas dos abrigos a um público leitor ávido por novos entretenimentos. Minha ideia de forma alguma é nova, ou mesmo impopular. O jornalismo literário tem uma tradição de imersão no ambiente de análise: "O autor precisa ir a campo, ver, sentir, cheirar, apalpar, ouvir os ambientes por onde circulam seus personagens",[9] de modo a "criar alternativas, ouvir o cidadão comum, a fonte anônima, as lacunas, os pontos de vista que nunca foram abordados".[10] Hoje, tal coisa se tornou televisiva, não necessariamente jornalística, desde o programa do Gugu, a que assistia na infância, ao Cristiano Ronaldo surpreendendo crianças ao se revelar como tal depois de jogar bola todo maltrapilho nas ruas de Portugal. O jornalista Luiz Bacci e o apresentador Rodrigo Faro, ambos da Rede Record, já se disfarçaram de mendigo e de pessoas com dificuldade várias vezes em diferentes programas. Participar da vida mendicante pode resultar em ótimo entretenimento de domingo.

Outros, porém, se infiltraram entre desabrigados para além do mero passatempo. No fim do século passado, dr. Jim Withers ajudou a fundar o Street Medicine Institute (Instituto Medicina de Rua) depois de passar algumas noites como sem-teto prestando atendimento aos desabrigados.

O disfarce foi o jeito que encontrou para se aproximar daqueles homens e ganhar sua confiança.[11] De maneira semelhante, em 2016, o sociólogo Paulo Magalhães, do Instituto de Estudos do Trabalho e Sociedade, conviveu durante um mês com 35 moradores de rua para fazer uma pesquisa qualitativa e um perfil geral dos mesmos, a pedido do então vice-prefeito do Rio de Janeiro.[12]

O que tento fazer deriva de uma tímida tradição de se envolver sorrateiramente entre os miseráveis, mas deriva, de forma mais profunda, dos clássicos da antropologia. Sou casado com uma cientista social que sempre me motivou a levar Clifford Geertz às últimas consequências. Para o antropólogo americano, a função da etnografia não é fazer relatórios superficiais acerca de práticas, mas explicar através da "descrição densa" todas as teias de significado nas quais os homens se enlaçam. A simples descrição emocionada de acontecimentos ou a narrativa de histórias pregressas para fins lúdicos não seriam suficientes para o livro que eu desejava escrever. Queria ser um intérprete, não apenas um observador.[13]

Agostinho de Hipona escreveu que na pessoa de Judas estão representados os males da Igreja. Acredito que o espírito de Judas ronda muito a militância por justiça social no Brasil. Se queremos entender bem como lidar com a pobreza, deveríamos entender a miséria a partir de dentro. Não apenas com entrevista, mas com compartilhamento de experiência. Passei oito anos estudando a pobreza nos livros e nas estatísticas, e decidi fazer pós-graduação em economia para auxiliar meu trabalho como pastor em uma sociedade complexa como a nossa. Mas chega uma hora em que você se cansa dos livros e deseja mergulhar na coisa em si, na experiência de verdade. Foi assim que decidi me vestir de mendigo e vagar pelas ruas de Fortaleza. Foi meu modo, limitado como qualquer outro, de suplantar os abismos entre mim e o outro indivíduo que eu desejava alcançar.

Eu nunca vivi na miséria. Minha família materna veio do interior cearense, dos lados de Quixadá. Enquanto meu avô domava cavalos, minha mãe arava a terra. Eles levaram vidas de privação, até que se mudaram para a cidade grande. Meu pai foi criado por mãe solteira. Nem ele nem minha mãe tiveram formação acadêmica ou estrutura familiar que os levasse a grandes progressos na vida. Ralaram muito, suaram a camisa, abraçaram subempregos e criaram os dois filhos com honradez e dificuldade. Nunca faltou comida, mas nunca faltaram as contas. Estudei em colégio público até conseguir bolsa integral numa instituição de elite, que me permitiu adentrar na vida acadêmica, e foi lá que tive meu primeiro contato com o que chamam de desigualdade. Horas de ônibus e lanche levado de casa contra carros importados e salgados bem recheados na cantina. Isso tem um efeito complexo sobre uma criança. Passei no vestibular, mas abandonei a universidade federal para estudar no seminário teológico. Eu era tão lascado que melhorei de vida com o salário franciscano de missionário protestante. Tornei-me ministro religioso, pastor batista, e fui servir em uma igreja de periferia. O contato com o pobre continuou presente na minha vida mesmo após eu e minha família termos encontrado um pouco mais de conforto material.

Digo isso para deixar claro que, mesmo nunca tendo vivido na miséria, cresci acostumado com uma boa dose de privação. Não o suficiente para comover leitores de um país cheio de desgraça, mas o bastante para me fazer estranhar as redes sociais de quem passa férias em Paris e só posta fotos no morro carioca. Mesmo com minha experiência moderada de pobreza, já me soavam muito desconectados da realidade os planos para a vida do favelado ou do morador de rua que eu ouvia nos congressos da esquerda evangélica e nos artigos de jornal dos pastores ongueiros que se acham donos do pobre sem nunca terem sido um. Talvez minha história familiar, meu bairro na infância e meu trabalho missionário entre moradores de rua tenham resultado em desprezo por quem apenas estuda o pobre como um sapo em laboratório, aprioristicamente, com hipóteses político-ideológicas, não como indivíduos com rostos e dramas específicos. Muito se critica aqueles que pareciam fazer um abuso religioso da própria pobreza, como monges e místicos do deserto, mas pouco se observa quem faz abuso político de uma pobreza que nem sequer é sua.

Não estou dizendo que uma pessoa não pode teorizar sobre realidades diferentes daquelas que vive, mas isso cobra um tipo especial de perspicácia e interesse. Como quem fala em nome do pobre geralmente nunca foi pobre ou há décadas não experimenta uma vida de pobreza, não possui categorias existenciais apropriadas para lidar com a questão. Precisa, então, de mais leitura, estudo e vivência que qualquer um, com humildade e paciência, caso queira contribuir com aqueles que vivem a pobreza na pele. O problema é que, em vez de responsabilidade hermenêutica, essas pessoas apenas olham os pobres numa redoma, sem nunca viver a vida que levam. Assim, só os veem como coitadinhos, quase animais domésticos. Divulgam bobagens sem fim que em nada melhoram a vida do necessitado. Denunciam explorações que não existem, falam com dó sobre trabalhadores que em nada são dignos de pena, asseveram em cartilhas coisas que fazem rir os moradores de rua no momento em que se afastam dos olhos da ONG. Evoca-se muito o "lugar de fala" hoje em dia, mas isso não parece ser aplicado aos ricaços da miséria.

Uma vez engajado pessoalmente com várias atividades de caridade e assistência, eu tinha dúvidas sobre os moradores de rua que o IBGE não poderia me responder. Não queria intepretações de estatísticas, chutes academicistas, mas psicologia social e antropologia de verdade. Qual o imaginário moral de quem vive na rua? Quais as relações de subestratificação social? Existem lideranças? Qual o senso de valor e de progresso? Existe uma estética desenvolvida? Quais os efeitos psicológicos de depender da bondade alheia para a sobrevivência diária? Como se dão os relacionamentos internos? Como é ser uma criança que está crescendo na rua? E a religião, a educação, o entretenimento, o sexo, as necessidades fisiológicas? Como tudo isto está relacionado ao papel do morador de rua, parte de uma sociedade maior, e como influencia no trabalho humano em benefício dos desfavorecidos? Essas perguntas só poderiam ser respondidas se eu deixasse de ser um mero pesquisador para me tornar também um infiltrado.

Com algum tempo de trabalho, minha pesquisa começou a ter um foco mais específico. Uma das minhas curiosidades era sobre os efeitos colaterais da caridade. Será que nossas ajudas ao pobre estão causando alguma externalidade negativa que não percebemos? Minhas obras de caridade como ministro religioso davam algum conforto físico aos moradores de rua, mas será que isso não estaria conformando homens saudáveis e parrudos a uma vida de recebimento? Só precisei de algumas semanas para encontrar a maioria das respostas que procurava, e interpretei que este seria o recorte mais importante que poderia dar ao livro: nossa caridade, do modo como funciona hoje, está criando uma cultura de miséria. Estou convicto de que não estamos preparados, como associações religiosas ou grupos de caridade, para servir os moradores de rua de forma eficiente.

Diante disto, se este fosse meu primeiro livro, eu certamente teria enfrentado uma crise avassaladora. Com o tempo, pareceu-me que tudo não passava do óbvio ululante, do que já estava jogado na cara de todos. Qual a razão de publicar um livro sobre o que está debaixo do nariz do mundo? Este sentimento, graças a Deus, já havia me incomodado em livros anteriores. Talvez as melhores obras sejam aquelas que dizem o óbvio, que todos se recusam a ver. Ainda há utilidade em denunciar a nudez do rei. Por que digo isso? Porque é estranho que, em tantos anos de produção literária sobre moradores de rua, eu não tenha conseguido encontrar muitas obras mostrando o que qualquer indivíduo dotado de sanidade e interesse pode ver estampado diante dos olhos.

São milhares de igrejas, ONGs e simples indivíduos em todo o país fazendo trabalho social diariamente, e parece que ninguém teve coragem de dizer em voz alta que estamos fazendo tudo errado. Será que ter passado algum tempo vestido de mendigo fez tanta diferença na minha percepção desta subcultura, ou as pessoas simplesmente não estão interessadas em entender a realidade factual para além de seus imaginários políticos, sociais e ideológicos? Talvez, e esta é minha melhor hipótese, ideologias preconcebidas nos ceguem para a realidade com a qual nos envolvemos todos os dias. Essa é a definição do caminho da ideologia: as conclusões marxistas e socialistas apresentadas por quase toda a literatura acerca de moradores de rua não seguem os dados apresentados pelos mesmos livros. O pior cego é aquele que projeta no mundo aquilo que quer ver. Assim, diz Dalrymple, os ideólogos acabam considerando "a pureza das ideias mais importante que as reais consequências" destas ideias. Ele conclui: "Desconheço egotismo mais profundo."[14]

Mesmo assim, sou levado a crer que Geertz não apoiaria meu empreendimento antropológico, assim como boa parte da ciência antropológica atual. Participar da vida daqueles que serão estudados não parece atrativo aos teóricos. Mas eu não queria ser apenas observador; também queria ser participante. Sempre soube como os moradores de rua se comportavam quando eu estava olhando, seja como pesquisador ou como ministro religioso. Eu queria saber como viviam antes de chegarmos com a sopa: seus comportamentos e suas características quando nenhum *outsider* está olhando. Queria me situar no quadro de suas próprias experiências. Uma importante pesquisa sobre moradores de rua percebeu o seguinte:

> [...] em função do risco constante de repressão e remoção, [o mendigo] tende a apresentar um discurso pronto, justificador de sua permanência nas vias públicas, omitindo os dados reais a respeito de sua história. [...] a expectativa de atendimento leva também os indivíduos a dizerem o que parece mais plausível para a instituição.[15]

É fácil ter um experimento de pesquisa deturpado quando se está em posição de superioridade. Com o poder de domínio sobre a panela e o isopor, o morador de rua se submete ao que eu quiser em troca do arroz e da água. Se falo de religião, ele se mostra empático ao cristianismo. Se questiono sobre passado sociocultural, apresenta-se aberto à ressocialização. Com papel, caneta ou gravador, ele monta a narrativa visando ganhos para si ou para sua comunidade social. Ter algo para dar a uma persona deturpa e dificulta a compreensão do que está para além de você mesmo. Sentado na praça, um tanto sujo, sem apresentar risco ou vantagem, você encontra uma manifestação humana que extrapola capacidades do antropólogo. É quase o trabalho de um espião.

Como lidar com o difícil paradoxo metodológico entre o distanciamento observativo que não participa realmente da experiência e a participação que não consegue observar à distância? Não existem respostas fáceis, mas busquei ao máximo superar isto valorizando a neutralidade e a objetividade como horizontes da análise, numa tentativa de me aproximar dentro do que fosse possível desta postura neutra e objetiva. Além disso, há algo de diferente em voluntariamente adentrar a subcultura do objeto (aqui, indivíduo) de pesquisa. Há um distanciamento que só é percebido na tentativa de se assemelhar. Sentado nas calçadas, eram notórias as dessemelhanças entre mim e meus colegas de caldo. Estas diferenças só brilharam diante de mim nos constantes fracassos no processo de me tornar igual. A participação acaba evidenciando muitos distanciamentos.

Não pretendo incomodar o leitor com minúcias metodológicas, mas posso dizer que minha metodologia de trabalho seguiu algo da natureza do jazz: alguma estrutura, bastante improviso. Segui alguns métodos aprendidos das ciências sociais, mas focando em me adaptar aos ambientes de relacionamento que a pesquisa me foi dando. Para usar a ilustração de Tony Payne e Colin Marshall sobre administração eclesiástica, me dediquei mais ao crescimento da videira que ao aperfeiçoamento da treliça. A estrutura foi simples; a metodologia, pouco acadêmica. Mesmo assim, creio que relacionamentos vivos e fortes me forneceram informações muito melhores do que se eu estivesse exageradamente preocupado com modelos mais formais de pesquisa. Já existe um canavial de teses acadêmicas sobre pobreza. Eu queria colocar a questão nas conversas do homem comum. Organizei meu relato de acordo com este objetivo.

Neste trabalho, assim como em outros de formato mais acadêmico, é impossível ter um contato absoluto com a realidade. Só Deus vê a existência em sua completude. É óbvio que há um aspecto limitado no recorte da minha pesquisa. Como não usei nenhum aluno para aplicar questionários, não pretendo fazer mais do que é possível a dois olhos e um coração. Minhas conclusões derivam de um olhar bastante limitado. Também não procurei alcançar qualquer objetividade jornalística. Além disso, julguei que algumas curiosidades simplesmente não valiam o risco de saná-las. Não fui em nenhuma boca de fumo ou ambiente de tráfico intenso de drogas. Apesar de tudo, loucura tem limite. A rua é muito segura, mas tem que saber onde entrar e onde sair. E, por mais que tenha certa curiosidade, não me aproximei de nenhuma prostituta. No entanto, mesmo tendo estabelecido alguns limites — não usei drogas, não saí com prostitutas, não pratiquei crimes —, estive perto dessas coisas o bastante para responder suficientemente minhas dúvidas teóricas.

Além disso, cabe um comentário sobre o uso da bibliografia. Os autores que mais me ajudaram, vastamente citados neste livro, são Mez McConnell, autor de *Igreja em lugares difíceis*, Theodore Dalrymple, de *A vida na sarjeta* (além de outras obras excelentes em temas semelhantes), Robert D. Lupton, de *Toxic Charity*, e a dupla Steve Corbett e Brian Fikkert, de *When Helping Hurts*. Desconfio que todos concordariam com a tese desta pesquisa — eu, pelo menos, concordo com cada linha de suas pesquisas sobre moradores de rua. Os outros autores aqui citados, por mais que estejam em acordo com pontos menores do meu trabalho e sejam usados para dar peso argumentativo às minhas percepções, mostrando que as coisas não existem apenas na minha cabeça, possivelmente discordariam de minha tese. Estou defendendo uma ideia polêmica e certamente impopular. Alguns teóricos talvez sintam incômodo em ter seus nomes citados aqui de forma positiva. Então, avalio ser necessário deixar esta nota, a fim de que ninguém pense que estou forçando posições de autores que infelizmente me tratarão como um tipo de fascista. Mesmo assim, é interessante que tantas pessoas de linhas políticas, sociais e psicológicas tão distintas cheguem muito próximo de perceber a máfia dos mendigos, mas evitem dar o passo final de análise dessa conjuntura.

DISSE O CORVO

Esta não é a minha história na rua. Você ficará frustrado se estiver pensando em ler um relato emocionante e épico sobre situações extremas. Esta é uma análise de homens e mulheres que não passaram um ano fazendo uma pesquisa, mas que se moldaram à imagem e semelhança da miséria. Decidi não escrever o livro como uma experiência em primeira pessoa. Não queria o protagonismo da narrativa. Não queria que ninguém terminasse a leitura pensando sobre minhas experiências. Queria sair do palco e ser apenas o holofote que ilumina os homens na rua para que o leitor pudesse vê-los melhor. Cabe dizer que praticamente todos os nomes citados no livro foram trocados para preservar individualidades já tão comumente ignoradas. Claro, há muito de mim no texto. Sempre ensino aos meus alunos de pregação que só se tem a si mesmo para oferecer. Não dá para falar sobre o que quer que seja sem despejar também algo de si. Mas meu objetivo aqui é mostrar o que vi na rua, não a minha própria experiência. No aniversário, você serve o bolo, não a cozinha. Meu trabalho como pregador sempre foi levar ao púlpito o resultado de horas de estudo, não o estudo em si. Tentei trazer isso para o livro.

Dito isso, não posso deixar de confessar que, qualquer que seja o resultado desta obra, nada me devolverá o ano que gastei. Nada pode pagar os tempos de terror psicológico em bancos duros de praças frias. Nada pode pagar a distância de minha própria casa à noite. Nada pode pagar os curtos períodos pensando em como não morrer. Mas, como homem de fé, acredito numa eternidade na qual Jesus recompensa os homens por aquilo que ele mesmo, como Deus, operou no coração deles. Se ele me deu força física, estrutura familiar, provisões financeiras e meios intelectuais para uma experiência desta magnitude, então interpreto que pude multiplicar os talentos que pôs nas minhas mãos. Não pretendo repetir algo parecido em nenhum momento da minha vida. Não quero fazer carreira passando por situações extremas. Quando lembro de alguns momentos na rua, ouço o corvo de Allan Poe grasnando: "Nunca mais! Nunca mais!".

Tenho muitas dívidas acumuladas por este ano na rua. Quero dedicar tempo a minha mulher (tenho quase dois anos de comédias românticas atrasadas para pagar) e à comunidade cristã que me recebeu em seu meio (agora sem precisar dar aconselhamentos vestido de mendigo), e transmitir a quem puder aquilo que aprendi. Esta é uma obra completa que não pretende ser continuada para além da memória ou análise literária. Espero que haja aqui o bastante para a edificação intelectual, para a educação moral e para a comoção emocional que leve os homens a abraçar seus semelhantes como tais, independentemente de onde dormem à noite. Que se perceba que somos nós os homens na rua.

A mis soledades voy,
de mis soledades vengo,
porque para andar conmigo
me bastan mis pensamientos.
No sé qué tiene la aldea
donde vivo y donde muero,
que con venir de mí mismo
no puedo venir más lejos.
[...]
Dijo Dios que comería
su pan el hombre primero
en el sudor de su cara
por quebrar su mandamiento,
y algunos, inobedientes
a la vergüenza y al miedo,
con las prendas de su honor
han trocado los efectos.

Félix Lope de Vega y Carpio
La Dorotea, 1632[16]

PARTE 1

As duas filhas da sanguessuga

1
As desvantagens de ser invisível

Minha jornada arquetípica como morador de rua

> *Quando falamos com uma pessoa sobre detalhes tão íntimos da vida, dificilmente nos ocorreria crer que essa pessoa é algo diferente de um agente plenamente consciente de que, em essência, não difere de nós mesmos.*
>
> Theodore Dalrymple, *A vida na sarjeta*[1]

Tinha um rato mexendo no meu lixo. O nome dele era Antônio. Estava de joelhos, com o rosto literalmente dentro do saco úmido pela chuva. Eu só via as orelhas e os cabelos. Ele mexia, mexia e tirava alguma inutilidade que minha família julgara espúria. No meu lixo, ele achou algum valor. Tirava de um saco, meu, e punha no outro, dele. As pessoas passavam por ele como se passassem por um arbusto. Haveria mais comoção se o rato do meu lixo não fosse o rato gente.

Eu voltava de uma tarde na rua. Havia deixado minha esposa no mestrado e aproveitado para perambular um pouco pela avenida universitária. Passei por dois conhecidos que não me reconheceram, e não reconheceram porque não olharam. Não sou herói de revistinha para que a ausência de óculos me faça irreconhecível, mas a ausência de trajes corretos me fazia totalmente outro. Vestido de mendigo, eu era irreconhecível porque era invisível.

Parei para olhar o rato Antônio. Nossas roupas estavam parecidas, mas eu havia descido da moto, o capacete ainda na mão. Os vizinhos me davam boa tarde, quase pisando no rato homem. Antônio juntou de volta no meu saco plástico aquilo que até para ele era lixo, deu dois nós na ponta, como que tentando compensar pela força do laço a invasão aos meus dejetos domésticos, e saiu, na quase nauseante ausência de pressa.

Antônio também não me viu. Antônio não parecia ver ninguém. Tem rato que só responde quando é pisado, se muito. Eu via mendigo todo dia, mas aquele velho à porta da minha casa não tinha a impessoalidade de um objeto de pesquisa. Quis conversar com Antônio, dizer que também sabia o que era ser rato. Tentei chamá-lo, esperançoso de revelar que estava há quase um ano fingindo periodicamente ser mendigo. Queria dar um sorriso, um aceno de cabeça, uma piscadela cúmplice de quem o entendia, esperando que isso o deixasse com menos cara de quem ainda não percebeu que morreu, mas ele não respondeu muito. Geralmente, rato não fala. Consegui um olhar lânguido, um nome que quase escorregou da boca e uma caminhada lenta à próxima lixeira. Duas semanas depois uma vizinha me apontou um rato saindo do lixo e correndo pela sarjeta até o bueiro. Demorei dois segundos para entender que não era o Antônio.

EU, MORADOR DE RUA

O dia 1º de janeiro caiu em um domingo, e era um pouco complicado começar o trabalho de campo num fim de semana de feriado mundial — na época, eu imaginava que até os mendigos poderiam estar em locais diferentes dos habituais, assistindo a fogos de artifício ou vigiando carros na praia, mas logo perceberia que não costumam se mover muito. Meu primeiro dia na rua foi em 2 de janeiro de 2017. Ainda assim, minha primeira experiência relevante com o processo de participação na vida mendicante foi mesmo em 1º de janeiro, na noite do domingo, quando fui escolher a roupa que usaria no dia seguinte. Talvez seja um trabalho imaginativo um tanto cômico contemplar idealmente sua versão morador de rua. Fui até o espelho do banheiro e comecei a trabalhar pela minha própria modificação estética.

De manhã eu já havia cortado o cabelo bem curto — "passa todo no dois", disse para o moço da barbearia da minha rua. Em casa, fui tirar os pelos faciais que cultivava com carinho havia alguns anos. Mal lembrava como era meu queixo. O plano era deixar a barba crescer sem qualquer desenho. Tirei um short vermelho e uma camiseta branca de gola rasgada do guarda-roupa. Chinelos baratos e sujos que eu costumava usar em casa ou em idas rápidas ao mercadinho da rua. Tirei os óculos de armação grossa e finalmente me olhei no espelho grande do quarto, esperando a manifestação apoteótica. Lá estava, diante de mim, o mendigo Yago.

Talvez não pareça um grande momento para quem apenas lê o ocorrido, mas a expectativa de qualquer um que tenta se disfarçar de morador de rua é encontrar diante de si um outro, algum tipo de condição de alteridade que o distinga de sua versão social anterior. Apresentadores de TV costumam adicionar maquiagem cinematográfica que lhes transforme a face. Mas diante de mim estava a mesma pessoa que horas antes usava sapatos pretos, calça de sarja e camisa social azul-marinho, bem apresentado para pregar no culto de domingo. Agora, estava realmente malvestido, um tanto engraçado com a camiseta um pouco menor do que deveria, exaltando a protuberância abdominal. Mesmo assim, era eu ali, tão totalmente eu quanto o era de barba e esporte fino.

Nós olhamos para os mendigos como se fossem outra categoria de indivíduo. É como se olhássemos para o desvalido e não conseguíssemos ver nada de nós ali. À medida que ia me olhando naquele espelho, fui gradativamente sendo convencido de que poderia ser a pessoa que vive nas ruas. "Eu sou o morador de rua. O que nos separa é muito pouco", lembro de ter pensado. "Em cada calçada feita de cama há um de mim posto ao léu noturno, senhoras e senhores." Nem sequer precisei sair de casa para ter minha primeira lição da rua.

Durante todo o período em que tentei encontrar o morador de rua, na maior parte do tempo encontrava a mim mesmo. Cada desvalido era um espelho da minha própria condição humana. O que me distinguia do homem sobre o papelão não era tão profundo. Às vezes era o nível de instrução; outras vezes, a estrutura familiar; muitas vezes, percepções morais que nos levaram a momentos distintos na vida. Por mais que houvesse distinções, nada justificava que se visse o morador da mesma forma que se via os cachorros do bairro.

Sejamos sinceros. Ninguém se sente confortável contemplando o mal no mundo. Somos rodeados de miséria, doença e morte, mas preferimos ignorar o que nos tire a paz. Olhamos fixos para a frente e apressamos o passo quando o mendigo fala conosco. Subimos o vidro do carro. Pessoas deitadas na porta da catedral são infortúnios para nosso turismo de férias. Damos esmolas mais para despachar o sujismundo que atrapalha o jantar romântico que por qualquer desejo de promover caridade. O morador de rua não é um indivíduo, tão humano como nós, mas um vírus no nosso sistema hedonista que deveria ser expurgado, se não da realidade concreta, pelo menos da nossa percepção da existência.

Você só consegue descobrir o quanto de si há no mendigo e o quanto do mendigo há em si quando se olha no espelho e sabe o que está por trás da sujeira. Quando olhamos para um homem caído na rua, tudo o que vemos é a apresentação estética de uma figura desvalida. Uma carcaça te olhando de forma constrangedora, pedindo algum recurso que lhe aplaque a fome ou o vício. Homem algum consegue fitar um par de olhos e ler a profundeza do coração. Mas, quando você olha para si mesmo nessa condição, vê sua história, seus sonhos, seus amores, suas vitórias e sacrifícios enclausurados numa casca de pobreza. Quando é sua história de vida que está pedindo esmola ao lado de quem você sempre considerou uma antipessoa, há um impacto profundo no modo como nosso olhar consegue ver para além do que o corpo apresenta.

Eu podia olhar para mim mesmo e ver tudo que já vivera, tudo de interessante que tinha para dizer, todos os pensamentos complexos que com esforço já havia formado. Mas quantas vezes olhei para um morador de rua como algo além de sua condição financeira? Quem se senta com um mendigo numa praça para saber qual a vida por trás daquela vida? Só nos sentamos com eles para falar de fome, de miséria, de dor. Só iniciamos um contato para oferecer um pedaço de pão. Ninguém começa um diálogo com um morador de rua acreditando que pode encontrar algo além da personificação da fome.

O que fazer, porém, quando souber que o homem sujo que o aborda por alguns trocados após supostamente vigiar seu carro foi professor de história por quatro anos? E quando descobrir que o idoso que carrega seus pertences sobre o ombro num saco de lixo já conheceu mais regiões do país que você? E as experiências acumuladas do aposentado que viveu uma vida social comum até os 70 anos e só foi parar na rua depois disso? E o desdentado que se formou em matemática? E o cabeludo com diploma de mestrado pela Universidade de Brasília? E o poeta escondido por vastas barba e cabeleira? E se, no carrinho de compras que ele empurra pelas ruas, existirem obras com seu nome? E se, ao negar a esmola, você percebesse que estava despachando seu desaparecido pai?

Após entrevistar com profundidade dez moradores de rua da cidade de Porto Alegre, Maira Meira Pinto concordou que "são pessoas tão normais como qualquer outra, tendo estudado, trabalhado e tido uma família antes de vivenciarem a realidade da rua".[2] Mendigos não são seres que sempre experimentaram circunstâncias extremas e que, por isso, exilaram-se como leprosos cananeus. Eles já foram o que eu e você somos hoje, e sentiriam o mesmo estranhamento que você sente agora se tivessem lido esse relato no mesmo momento de vida que o seu. É por isso que você passa a aprender sobre si neste olhar para o outro. Antes de me sentar com os outros, tive de me sentar comigo mesmo e rejeitar o modo como concebia cada um deles em seu jeito de ser. Eu queria fazer uma pesquisa sobre a pobreza e acabei encontrando um relacionamento com a figura humana. Eu queria escrever sobre economia e acabei aprendendo sobre antropologia. Sentei-me com objetos de pesquisa, e encontrei seres humanos. É chocante que nos surpreendamos com a humanidade do pobre. É chocante que assumamos em teoria que o outro é nosso igual para despachá-lo do nosso convívio como um cachorro de rua.

É muito doloroso o processo de desapego de si para encontrar-se no outro. Nós nos amamos profundamente, e não estamos dispostos a nos rejeitar por algo. Queremos que o mundo nos veja em nosso melhor. As fotos do

Instagram são sempre bem trabalhadas com os melhores filtros. Pedimos para nos cortarem dos álbuns das festas onde nosso ângulo não está bom. Só compartilhamos o melhor da glória e do luto. Ficamos ofendidos se ousam esquecer a menor de nossas realizações.

Na rua, você é ninguém. Ninguém dá nada por você. Julgam-no da pior maneira, seja como um vilão, seja como um coitado. Sua única realização notável é não incomodar muito. Nos meus primeiros dias na rua, só fiz sentar na praça. Eu, o caderno do lado e um lápis no bolso. Senhoras passaram rápido puxando seus filhinhos, às vezes com doçura, às vezes de forma quase violenta. Ninguém olhava muito para mim. Quando precisei dar algumas palestras em eventos religiosos pelo país durante meu tempo de pesquisa, pessoas pediam autógrafos nos meus livros e se colocavam ao meu lado para fotos sorridentes. Ali na praça, meio sujo, idosos entediados sentavam-se ao meu lado, mas não puxavam qualquer conversa. Pessoas iam e viam, e, mesmo se as encarasse, era como se fizesse parte da madeira do banco. Eu não era perigoso. Nem sequer incomodava. Era apenas irrelevante. Praticamente inofensivo. Uma parte da paisagem que, no máximo, atrai dois segundos de olhar curioso, mas que não basta para habitar na memória recente.

Thays Lavor escreveu para a BBC Brasil uma comovente reportagem sobre a luta de Cláudio Oliveira, morador de rua, para reconhecer o corpo de sua esposa Ana Paula, que, por ter falecido sem possuir qualquer documento, seria enterrada como indigente. "Invisíveis até na morte" era o título da reportagem.[3] Eliane Brum possuía uma coluna de jornal, que posteriormente se tornaria livro homônimo, chamada *A vida que ninguém vê*. Existe um mar de experiências e percepções que passam diante de nós diariamente e que não temos nenhum interesse em conhecer. Nesta ignorância, desumanizamos indivíduos tão vivos como nós. "Adail viu o mundo e o mundo nem sempre viu Adail",[4] escreveu Brum em uma de suas colunas, contando sobre um carregador de malas do aeroporto que sonhava em voar. Na rua, você é ungido pela invisibilidade.

É duro viver sem contato real com a sociedade de todos. O mendigo consegue relação com seus pares sem se esforçar para isso, mas ele é espúrio à vida comum. As pessoas vêm e vão. Os colegas de condição passam e somem. Há rostos aqui e ali, mas raramente um abraço demorado.

Ninguém nunca fica feliz em te ver. Ninguém para acenar com a cabeça. Em alguns dias, você espera quem vem fazer caridade mais pela companhia que pela comida. Só quer que alguém interaja com você. É engraçado como a gente percebe que precisa de sociabilidade quando a perde por completo durante algum tempo. Você fala sozinho para não esquecer a própria voz. Fica ansioso, e, quando alguém aparece com um caldo e dois ouvidos, não para de falar. Não se afasta de quem quer que venha vê-lo, dos religiosos aos à toa: antes mal acompanhado do que só.

Dalrymple diz que a epítome moderna de "sou tratado, logo existo" explica em parte muitas das idas inúteis ao médico, onde ser examinado ajuda no senso pessoal de valor e existência do homem saudável que acaba dependente de pílulas que não lhe faziam falta.[5] Alguns moradores de rua, principalmente mais idosos, acabam indo a hospitais sem qualquer motivo médico, motivados não por algum desconforto físico, mas por carência emocional. Falta quem os note, e a Unidade de Pronto Atendimento se converte em um ambiente seguro de contato interpessoal.

O que falta ao mendigo, muitas vezes, é alguém que verdadeiramente o note. Não alguém que dê comida ou que tire uma foto para as redes sociais, mas que queira um contato humano. Marcelo estava pedindo dinheiro no ônibus quando uma senhora lhe ofereceu um abraço. Ele não quis mais dinheiro. Ele conta isso com uma solenidade quase religiosa, e acredito que este tenha sido o primeiro contato com alguma manifestação do divino que teve na vida.

Após 35 anos como morador de rua, Raimundo foi visto por Shalla Monteiro. Ele estava em um canteiro movimentado de São Paulo, escrevendo poesias. Shalla ficou tocada com as poesias e com a história de vida de Raimundo, que fora do interior de Goiás a São Paulo para estudar e acabara como mendicante. Ela decidiu publicar as poesias na internet. Conversou com ele, relacionou-se com o ser humano e teve interesse real no homem caído. Ele acabou sendo visto, recebeu algum destaque na mídia e foi encontrado pela família.[6]

O abrigo de idosos Três Marias começou porque Ana Amélia queria conhecer o pai. Havia anos tinha abandonado a esposa e desaparecido. Amélia foi em busca dele e acabou descobrindo o pai mendigo, morando na rua, pouco lúcido. Levou-o para casa. Com o tempo, não conseguia parar de ver os velhos na rua. Não dava mais para ignorar aqueles que sempre estiveram no campo de visão, mas não eram vistos de verdade. Gente antes invisível agora saltava aos olhos. Levou outro velho para casa. E outro. Com doze idosos morando em sua residência, o marido não aguentou e foi embora. Ela transformou a própria casa em um lar de idosos porque aprendeu a ver mendigos e não aguentou ficar indiferente.

Não existem vantagens em ser invisível. Você olha, mas ninguém repara. Você sente que, se morresse, nem os vermes perceberiam seu corpo. É uma vida sem festa e sem luto. Se a cada quarteirão houvesse dois de mim, seria pouco provável que alguém percebesse os clones. Eu não precisava me vestir das cores do ambiente para ficar camuflado. O morador de rua não é nem um número. É possível que o Instituto Brasileiro de Geografia e Estatística (IBGE) comece a contar os moradores de rua em 2020, mas não existem dados oficiais sobre isso. Como eles só conseguem contar as praças, vias movimentadas e gente que busca assistência, não sabemos sequer quantos desabrigados dormem nas calçadas do Brasil. Na miséria, você se converte em um ser invisível. A miséria te apaga para o mundo porque nós apagamos diariamente o miserável de nossa existência.

GENÉTICA PEREGRINA

"Existimos há 20 ou 30 milhões de anos, como espécie. Como *Homo sapiens*, há 100 mil anos. Como *Homo sapiens* sedentários, há 15 mil anos. Como *Homo urbanus*, há menos de 6 mil anos. Nossa genética é peregrina, não é sedentária, tá?" Foi assim que Jorge começou a explicar por que vivia na rua. Ele tinha cabelos grandes. Usava duas camisetas ao mesmo tempo, uma sobre a outra. Portava um cabo de vassoura que servia de bengala, além de duas sacolas: uma pendurada no braço, a outra amarrada no cabo. Enquanto falava, só se viam cacos de dente numa boca banguela.

Jorge estava indo à Universidade Federal do Ceará em busca de determinado professor a fim de apresentar um projeto de intercâmbio entre moradores de rua e alunos universitários, levando homens e mulheres em situação de rua para compartilhar experiências na universidade e alunos para viver parte da experiência de rua. Ele não percebeu o gravador ligado. É difícil entender tudo o que ele diz mesmo ouvindo repetidamente a gravação. A quase absoluta falta de dentes ofusca a elocução das palavras. Mesmo ouvindo a gravação, em câmera lenta, algumas palavras se perdem um pouco.

Para ele, esse passado móvel do ser humano ainda permanece nos aspectos formadores de sua natureza: "Então, a gente tem isso dentro da gente, tanto biológica quanto psiquicamente." Ele tira essa ideia, diz ele, de Carl Gustav Jung: "Jung trabalhou com um conceito, é... Jung criou a psicologia analítica e trabalhou o conceito de inconsciente coletivo, um tipo de DNA psíquico."

Cita de cabeça o livro *Jung e o tarô: uma jornada arquetípica*, de Sallie Nichols: "Então, tem a figura do tarô, não sei se já viu o tarô, que é a figura do louco, que é um rapaz andando, um rapaz jovem, com uma trouxinha, com um cachorro mordendo o calcanhar dele. É a única carta que anda. Ou ela é zero ou 22, normalmente é 22. Todas as outras cartas têm número fixo, mas o louco percorre todas as casas. Tô dizendo tudo isso pra dizer o seguinte: Nós somos nômades. Sempre fomos."

"Os índios têm um modo de vida seminômade, tá. Eles ocupam uma determinada área por um período. Antes que os recursos daqui se esgotem" — ele faz um movimento com os braços — "de peixe, de tudo, eles mudam para uma outra localidade" — ele faz outro movimento, esticando o *ooooooooutra* enquanto move a mão em arco —, "normalmente indicada pelo xamã, né. Nessa terra em que eles passaram cinco anos, eles consumiram uma porção de coisas, desmataram e queimaram. Então você encontra no meio da floresta amazônica, que é areia, floresta e água, as famosas terras negras, os resíduos das tribos que passaram por ali". Depois de uma boa explicação sobre como devemos ao nomadismo dos índios a fecundação da terra amazônica, ele fala de si e dos outros na rua: "Nós também somos nômades."

"Eu estou em situação de rua há dois anos. Antes eu trabalhei com os catadores, a rede de catadores" — ele se refere à Rede de Catadores de Resíduos Sólidos Recicláveis do Estado do Ceará, criada em 2007 —, "que é uma máfia do caramba, manipulada pela Igreja católica e também por diversos interesses. Eles são explorados, tá. Tanto o governo... tanto a visão pública quanto a visão das ONGs é uma visão totalmente distorcida que quer captar dinheiro, pra dizer que está trabalhando com eles, e gasta 85% com ela mesma e 15% com a atividade-fim que ela diz trabalhar". Ele diz que esse dado vem de uma pesquisa feita por um grupo americano no Brasil.

Ele já tentou articular muitas vezes projetos a fim de socializar e incluir o morador de rua no cenário cultural, principalmente através da arte, mas tudo sempre deu errado. "É uma dificuldade muito grande. É um universo muito complicado. Na rua tudo é o aqui e agora. Teu horizonte não é de planejamento. Você tem que se virar pra arrumar comida, tem que se virar pra arrumar um banho, e a maioria do pessoal tem vício em álcool ou drogas, e acaba fazendo uma porção de coisas, desde trabalhar, pedir, até roubar, só pra manter o vício."

Ele fala que a universidade nos deixa burros, mas ao mesmo tempo não omite que passou em matemática na PUC de São Paulo. É algo de que ele se orgulha, mesmo que veladamente. Ele diz que a universidade deforma, porque "quem transforma é a vida", mas mesmo assim tem o sonho de relacionar os moradores de rua e a universidade. Ele percebe, no entanto, que nem todo morador de rua poderia participar desse projeto, considerando as diferenças entre os indivíduos. "Já identifiquei os que têm potencial", diz ele, fazendo referência aos que seriam sociáveis o bastante para algo deste tipo. Ele tem desenvolvido, para esse projeto, "várias dinâmicas, usando várias metodologias, para eles se empoderarem e adquirirem competência".

Ele ainda falou de psicologia social, de projetos e rodas de conversa entre estudantes e moradores de rua, de projetos governamentais e acusações de máfias das mais diversas, do PT à Igreja católica. Em toda conversa, ele se identifica com os moradores de rua, mas nunca usa o "nós". É sempre o "eles". Ele sabe que, embora na condição de rua, não é igual à maioria. Ele mesmo tem um certo distanciamento, um certo etnocentrismo em relação aos moradores de rua. Ele se vê na rua, mas não como qualquer tipo de desabrigado. Talvez esta seja também uma forma de se defender de possíveis ressalvas: "Eles são violentos, mas eu não sou", diz ele a certa altura, mas em seguida conta que reagiu a uma ameaça pessoal ameaçando de volta.

Ele não tem como fugir dos meios de sociabilidade do ambiente em que está inserido. Na hora em que recebe a ameaça de morte, ele ameaça de volta porque entende que essa é a única linguagem que "eles" entendem.

"Uma coisa é você ficar dentro de uma sala de aula escutando um professor e ler uma porrada de livros, teoria", diz ele. "O conhecimento é uma coisa dinâmica. Por melhor que seja o cara, a realidade tá mudando a cada segundo. Se você fica só na teoria, você perde as nuances. E outra coisa é você vivenciar. É a voz da experiência, não é a voz dos outros, dos livros que você leu, do que o professor falou."

Frederico Navarro diz que a "incomunicabilidade social é justamente essa impossibilidade de troca".[7] A reação natural quando você passa pelo homem na rua é não se aproximar. O que um mendigo sem dentes tem a oferecer? Se você não ultrapassar a barreira do estereótipo, você desumaniza o indivíduo semimorto que o aborda. Embora pareçam iguais, os mendigos são indivíduos diferentes, oriundos de culturas e cenários distintos, de forma que "em seu interior há tantas cidades quantas forem possíveis aos seus habitantes construírem",[8] como disse Rita Liberato. Não existe tal coisa como "o morador de rua", essa figura mística e uniforme. Eles não são uma classe, mas indivíduos unidos pela pobreza. Se desejamos construir relações humanas com os homens em situação de rua, devemos, como dizia Reich, atravessar as malhas da armadura social, da couraça de preconceitos que afastam os indivíduos.[9] A falta de contato é que impede a possibilidade de ação efetiva. Você homogeneíza o povo e acha que pode tratar cada um igual. Mas todos são distintos, e você não tem como saber disso se não sentar para conversar com o homem cabeludo que carrega a sacola no cabo de vassoura.

AS CAPAS DO VILÃO

A vida moderna me fornece muitas maneiras de formar um simulacro de personalidade pública. Posso lapidar a forma como as pessoas me enxergam através daquilo que escolho vestir, compartilhar nas redes sociais ou dizer à mesa dos bares. Minhas opiniões e meus gestos podem ser calculados para que me vejam desta ou daquela forma. Contatos mais demorados e amizades que perduram podem dar tempo para que me enxerguem como aquilo que eu desejo que enxerguem, em maior ou menor medida dependendo de minha capacidade de formar um personagem social.

O morador de rua não possui meios para criar uma persona. Seus relacionamentos não são longos o bastante para que alguém o veja como algo mais que a personificação da miséria. Quem hoje o alimenta não volta no dia seguinte. Até quem trabalha fielmente com desabrigados não se relaciona com o Pedro, o Danísio ou a Dedé. Eles se relacionam com um grupo. Muitos estão diariamente na rua sem formar relacionamentos com ninguém em especial. Ninguém adiciona o mendigo no Facebook e vê seus comentários e compartilhamentos. Ele será sempre aquilo que a compreensão popular vigente acerca dele disser que ele é. Menos que qualquer um, o morador de rua não possui controle sobre a própria imagem social, seja por falta de meios para o controle da própria apresentação pública, seja pela ausência de quem lute para ir além da carcaça de pobreza que cerca seu verdadeiro eu.

Se uma pessoa comum o vê andando em sua direção, ela vai achar que você quer assaltá-la. Mulheres logo pensam que sofrerão algum estupro. Se estão sós com você na rua, mudam para o outro lado da calçada ou literalmente correm. Entram em lojas e perceptivelmente apenas fingem conhecer alguém nas proximidades. É culpa delas temerem pela própria vida diante de alguém que se apresenta como pouco afeito a laços de sociabilidade? De forma alguma. Ninguém quer pagar para ver diante do prenúncio da facada vindoura. Mas isso tem um efeito no que sempre é visto como ameaça, ainda que ameaça não seja. Ninguém consegue enxergar além da sujeira e do rosto duro, e não há como permanecer na rua e vencer o papel social que você representa.

Parte do nosso relacionamento com quem vive em situação de rua é mediado pela cultura e por preconceitos pessoais. Existem jovens que escolhem determinadas marcas de roupa e estilos de vestuário para se posicionarem socialmente de formas que nos desagradam. Nada mais natural. Mas quem nunca ouviu a moça da C&A lhe oferecer o cartão de crédito da loja, mais que qualquer outra pessoa, não deveria ser interpretado como indivíduo pelo modo como se veste.

Mais doloroso que não possuir bens é não possuir meios de se autoafirmar como ser social. Na medida das minhas condições financeiras, eu posso comprar roupas que manifestem algo do meu ser interior. Posso ouvir as músicas que agradam meu estado emocional e ver os filmes que atiçam meu intelecto, e devolver esse relacionamento estético para a sociedade em forma de referências discursivas. Ainda que com poucos recursos, as cores do que visto, o formato das golas, o tamanho e o corte das roupas representam meu gosto pessoal.

Quem mora na rua veste o que dão, o que acha ou o que toma. Os que tomam podem se dar ao luxo de escolher dentro de um campo diminuto de possibilidades, mas os que apenas acham e recebem precisam cobrir as vergonhas com o que a caridade ou o desinteresse fornecem. Você nunca pode julgar a ética sexual da jovem na rua pelo comprimento das saias ou pelo tamanho do decote. Você não pode julgar qual o time do coração do desabrigado pela camiseta que veste. Ainda que seja bem menos comum, você também não pode julgar a sexualidade do mendigo pelo vestido que ele usa. Na rua, não existe provador. Não existe costureira fazendo pequenos ajustes. Não existe número diferente. Em termos estéticos, você é o que te deixam ser.

Com o tempo, as roupas param de significar qualquer coisa além de seu uso pragmático. Elas te cobrem as partes íntimas, diminuem a chance de se queimar no sol e esquentam noites de chuva — e frio, no caso de cidades fora do Norte-Nordeste. Muitos já não ligam para o que vestem há muito tempo, acostumados com a realidade que lhes é disponível. Enquanto assistimos a palestras motivacionais que mandam você ser autêntico, dão dicas de como se expressar e mostrar seu verdadeiro eu, enquanto os *coaches* dizem para você mostrar quem você é por dentro ao ponto de quase virar do avesso, na rua você precisa se interiorizar mais a cada dia para aguentar a realidade de nunca corresponder internamente a quem você se tornou para o mundo.

Nós chegamos nas praças com ares messiânicos, depositando sacolas de supermercado cheias de roupas doadas pelo ministério de mulheres da igreja ou pela associação de moradores do bairro, e achamos que estamos mudando a vida do desvalido. De fato, estamos sustentando a vida na miséria. O esforço vai se diluir no mar de pobreza enquanto não tentarmos vestir mais a alma que o corpo. O problema é que não dá para fazê-lo em bloco. Você não dá aos homens a chance de se sentirem bem com o que colocam sobre o corpo se não der a cada um deles a chance de se manifestar como indivíduos dotados de gosto e poder de escolha.

O morador de rua não está carente de roupa. De uma forma ou de outra, ele se veste. A caridade sempre presente dos indivíduos que se condoem com a situação do miserável mostra que resta bondade na natureza humana. Se pararem de fazê-la, a situação piora. A questão não está em pararmos de vestir quem vive em situação de rua, mas em aprofundar nossa caridade lidando tanto com o corpo quanto com o coração. É vestir a alma. Pano não falta. Graças à caridade, ninguém está de fato nu, mas seria um ato muito maior de humanidade se trabalhássemos de forma mais individualizada, mais humanizada. Você não pede a opinião do seu poodle quando paga para a petshop enfeitá-lo com um vestidinho de bolinha. Lidando com um indivíduo, deveríamos agir de forma diferente.

Moradores de rua raramente são bonitos. As moças mais bem aparentadas encontram o caminho da prostituição e logo saem da rua, ou mesmo são descobertas por oportunidades profissionais. Ainda que possuam beleza com menos valor de mercado, os homens caminham juntos na estrada da feiura. Com o tempo, a rua piora qualquer desventura física. Dentes caem, cabelos endurecem, feridas não cicatrizam, rugas se evidenciam. Não há Renew nas calçadas. Logo nos primeiros dias, percebi que, mesmo vestido como morador de rua, eu não me misturava tão bem com quem dormia na praça. Comecei a sujar os braços e mastigar pontas de lápis. Ficava sem tomar banho. Mesmo assim, era difícil não notar que algo estava diferente. Os corpos pareciam evidenciar a desolação das almas, e isso não dava para imitar.

O ator norte-americano Dustin Hoffman conta de forma emocionada sobre seu papel no filme *Tootsie*, de 1982, no qual ele interpreta um ator desempregado que resolve se passar por mulher na tentativa de conseguir um papel. Ao se olhar no espelho, Hoffman percebeu que, travestido de mulher, não era em nada atraente. Ele pediu à equipe de maquiagem que o deixasse mais bonito, mas recebeu como resposta a declaração de impossibilidade. Ele diz em entrevista: "Foi nesse momento que tive uma epifania. Eu cheguei em casa e comecei a chorar". O motivo, diz ele, é que, "quando me olho no vídeo, acho que sou uma mulher interessante. E eu sei que, se encontrasse essa minha versão numa festa, nunca conversaria com ela, porque ela não preenche os requisitos físicos e não se enquadra no padrão de beleza que estabelecemos para mulheres a quem convidamos para sair". Ele diz para a esposa: "Há muitas mulheres interessantes que eu não tive a chance de conhecer nesta vida, porque eu tinha sofrido uma lavagem cerebral."[10]

Eu precisei me vestir de morador de rua para conseguir olhar para além dos dentes quebrados. Dustin Hoffman precisou se vestir de mulher para ver além das curvas. Deveria ser mais simples nos colocarmos no lugar do outro para vermos além daquilo que nossas lavagens cerebrais de preconceito nos impõem. Não vermos o homem na rua como um igual seria motivado pelo distanciamento visual, uma vez que os miseráveis são diferentes em termos visíveis, seja em cor de pele ou aparência física? A "mendigata" faz sucesso porque gera identificação com nossos mais elevados valores estéticos. Mas o que parece diferente, cheira diferente e fala diferente não gera tanta empatia quanto aquilo que reflete você mesmo. Se o Brasil tivesse um povo de características físicas pouco variáveis, talvez olhássemos com mais ternura ao caído, como fazemos com aqueles desvalidos que foram abençoados com fisicalidades próximas ao que valorizamos?

A diferença está no distanciamento. De longe, o mendigo parece um extraterrestre. Vem de um mundo desconhecido e inabitado. Ele vive, cheira, anda e fala de forma alienígena. De perto, o homem na rua é igual a todos os outros. É a mesma antropologia. Às vezes, há mudanças externas tão profundas que acabam atravessando a pele e afetando a interioridade, mas não existem diferenças muito grandes entre o senhor comum e um mendigo bem banhado. São três da tarde de uma quarta-feira de fevereiro, e há sete sujismundos bebendo cachaça em círculo na praça. Você se senta com eles e se vê como em qualquer mesa de bar. Eles falam do tempo e da vida. Estão se gabando de histórias passadas. Todo assunto é entrecortado com comentários impublicáveis sobre o ser feminino. Eles brincam e zombam um do outro. O mais gordo, também mais velho, comissiona o jovem franzino a conseguir gelo para a água. Um amigo os vê e se junta ao bar de concreto, conta que está trabalhando, mas que não se esqueceu da galera. Senta no chão, toma uma, bate-papo com ares de grandeza e volta para a labuta.

Eu saio da rua e pego um avião. Ainda não havia terminado minha pós-graduação em São Paulo. Entre os dias de aula, o pessoal da turma vai para um pub. Peço um suco e vejo a reprodução exata das ruas de Fortaleza. Eles bebem, brincam, contam da vida, gabam-se e falam comedidamente sobre mulheres, com ares de respeito à presença de um pastor à mesa. O português é correto, as histórias são mais finas, eles pedem com educação que passem o gelo da mesa, os comentários soam mais inteligentes, mas, em termos humanos, seja no chão da praça do Ferreira ou no caro pub de São Paulo, as pessoas são bem semelhantes.

O PROBLEMA DO COLETIVISMO

Essas semelhanças, infelizmente, são levadas ao extremo da despessoalização. Por não conseguirmos perceber as unidades complexas que cada homem na rua representa, apelamos para tipos ideais. O distanciamento produz coletivizações. O coletivismo trata como massa uniforme os moradores de rua, ao ponto de gastarmos mais tempo em busca de padrões exógenos que de relacionamentos individuais. Não são poucas as obras sobre moradores de rua — e um número desconcertante de trabalhos acadêmicos publicados como dissertação ou tese em ciências sociais — que demoram quase um terço, se não metade do trabalho, para começar a discutir sobre os indivíduos que dão título às mesmas. Fala-se sobre política internacional, psicologia lacaniana, tráfico negreiro, democracia parlamentarista, epidemia de malária no tempo colonial, o perigo dos shows de Katy Perry e do terrorismo árabe antes de se apresentar um rosto humano que seja. Há um esforço coletivista que passa tanto tempo criando tipos ideais e agrupamentos que se acaba por achar que é possível solucionar o problema da rua apenas ajustando a economia, a cultura, as relações políticas e familiares — pisar na rua se torna quase opcional, para não dizer irrelevante. Não é à toa que há professores universitários que escrevem trabalhos baseados em questionários aplicados por seus alunos. Já que os desabrigados como indivíduos não lhes interessam, mas apenas padrões sociais intangíveis, eles não sentem nenhum remorso de que seus contatos com os desvalidos só se deem através da mediação dos estudantes.

Se isso já não fosse ruim o bastante, o espírito da academia também toma posse do corpo da caridade, e nem sempre as pessoas saem de casa interessadas nos homens e mulheres da rua como pessoas reais, em vez de paradigmas de classe. As nossas metáforas sociais acabam transformando os moradores de rua em um grupo uno e desindividualizado. Tendemos a reduzir pessoas a funções sociais e enclausurá-las em capas de areia. A verdadeira ação social precisa deixar de ser social para ser ação individual, ação humana. Como diz o economista Murray N. Rothbard: "Apenas o indivíduo possui uma mente; apenas o indivíduo pode sentir, ver, realizar e entender; apenas o indivíduo pode adotar valores e fazer escolhas; apenas o indivíduo pode *agir*."[11] Devemos olhar para dentro do outro e vê-lo não como meio para a satisfação de nossas necessidades pessoais de manifestar alguma bondade externa, mas como um ser dotado de alteridade, de uma individualidade própria que deve ser primeiro vista, depois decifrada e depois respondida.

Coletivismo, muitas vezes, é outro nome para preconceito. É uma maneira de julgar todos os mendigos iguais porque alguns ou a maioria são assim ou assado. Se há exceções, se nem todos os mendigos assumem as mesmas características pessoais, então não existem desculpas para acharmos que, por conhecer um, conhecemos todos. Se nossos juízos acertarem apenas metade dos casos, ou nove em dez, que seja, já é o bastante para que suspendamos nossas opiniões preconcebidas sobre todo um grupo e passemos a olhar para os homens de forma pessoal, como indivíduos distintos.

ANTROPOLOGIA PARAPLÉGICA: A INSENSIBILIDADE UNIVERSITÁRIA

Mas o mendigo não é invisível apenas para os homens comuns, e o preconceito também aparece nos padrões da ABNT. Ele também é invisível para a comunidade acadêmica, ainda que de uma forma um pouco diferente. Uma das piores formas de invisibilidade está em ser mero objeto de projeção. Projetamos nesses objetos nossas ideologias sociopolíticas e, em vez de receber deles emanações de realidade, cometemos idolatria interpretativa e torcemos o indivíduo em nossos leitos intelectuais. Se o cidadão torna o mendigo invisível ao não dar o mínimo de olhar, o acadêmico torna o mendigo invisível por não ver nele nada além das próprias ideias. Para o cidadão, o mendigo é arbusto; para o acadêmico, o mendigo é espelho.

Falam muito por aí sobre realizar escutas com os mendigos, mas sempre há quem não consiga ouvir nada além de viés. Presumimos demais sobre aquilo que pouco vimos e nunca tocamos. Eu fui para a rua com uma série de ideias preconcebidas que imaginei confirmar, mas que se desmantelaram no impacto com a realidade. Na minha cabeça, era tudo muito óbvio. Quanto engano. Há coisas que você só descobre quando abraça o mendigo. Apenas quando cansei de debater sobre pobreza na internet com outras pessoas que também estavam dentro de uma casa com internet, quando criei asco de escrever sobre economia rodeado de materiais bibliográficos, foi que decidi me infiltrar com meu objeto de estudo, e quebrei a cara mais vezes que tomei caldo de feijão com pouco sal.

Jorge Broide e Emília Estivalet Broide, em *A psicanálise em situações sociais críticas*, escrevem que, embora costumemos ouvir que a ciência deve ser construída antes de tudo sobre conceitos fundamentais e ideias axiomáticas, "o verdadeiro início da atividade científica consiste, primeiramente, na descrição dos fenômenos, para depois procedermos a sua ordenação e agrupamento, a partir das correlações evidenciadas". Por isso, falam sobre um "plano individual de atendimento", onde "um elemento-chave para o desenvolvimento do trabalho é a valorização da escuta das equipes profissionais".[12] Sem contato intenso com o objeto de estudo, não há como fazer verdadeira ciência ou mesmo caridade eficiente e eficaz. Claro que há muita utilidade na construção sociológica ou teológica do gabinete e do escritório, e eu mesmo sou produtor e leitor deste tipo de material, mas será que nosso tempo nos livros não deveria estar relacionado com tempo no chão da praça? Um teólogo, economista ou cientista social que não tem os sapatos gastos e as calças sujas pelo uso perde a chance de se posicionar no melhor lugar onde teorias sociais podem ser postas à prova: na existência concreta, na vida de verdade.

As ações públicas e privadas que querem melhorar a existência alheia são realizadas muitas vezes de cima para baixo, a partir de uma observação já enviesada da realidade que presume saber do que o pobre precisa, sem nunca lhe perguntar quais suas reais necessidades. Como descobrir a melhor maneira de servir os desabrigados em grandes cidades? Dentro de associações missionárias, nós falamos sobre "reconhecimento de campo", o tempo que um missionário passa em determinada cultura sem nada fazer além de adquirir os hábitos e conhecer as relações daquela sociedade. Poucos passaram pela experiência de viver na rua, apenas acompanharam como observadores externos seus alvos de interesse. O pobre deixa de ser um indivíduo complexo para ser visto como uma estatística.

No conto "A janela de esquina do meu primo", E.T.A. Hoffmann narra a história de um escritor paraplégico, preso a uma cadeira de rodas, que observa e descreve minuciosamente o mundo a partir da janela que dá para a praça. O conto, para mim, é um pesadelo. Como poderíamos descrever a realidade sobre o parapeito? Nossas políticas e nossa caridade no que se refere aos moradores de rua têm por base ideias feitas à janela. Olhamos de cima e conjecturamos à distância. Lemos o mundo na cadeira de rodas, e nos recusamos a vencer a paraplegia intelectual e descer os andares que nos deixam seguros no apartamento. Certa pesquisa entre mendigos de Porto Alegre só ouvia moradores de rua selecionados previamente pelos chefes dos albergues. Veja a ironia, queremos ouvir os moradores de rua, mas vamos primeiro escolher bem quem queremos ouvir. George J. Stigler já disse que a erudição não é esporte para ser praticado de arquibancada.[13] Sem participar da vida comum, nenhum teórico pode ter suas ideias peneiradas pelas chamas da realidade. Segundo Cristovam Buarque, na apresentação da obra *No meio da rua*:

> Com o olho dos salões acadêmicos não é fácil ver quem vive no meio da rua. Só um treinamento diferente permite esta nova visão. Este treinamento exige aliar sentimento às análises teóricas, coisa que a universidade teima em se negar a fazer.[14]

É sempre perigoso confiar no julgamento de especialistas. O orientador da graduação de um amigo dizia que o especialista é aquele que sabe cada vez mais de cada vez menos, até saber tudo de nada. Não quero soar demasiado humano, mas o especialista é fundamentalmente um burocrata da informação. Seu contato com a realidade não costuma ir além das fotos e dados do PowerPoint que tão efusivamente apresenta para outros especialistas. Dar palestras, escrever relatórios e tirar férias em Nova York cobra um tempo precioso, e, uma vez especialista, ele já venceu a parte de conhecer aquilo que ensina aos outros. Para ganhar esse honorável título de especialista no que quer que seja, o indivíduo precisa de recursos e contatos, e ninguém consegue isso se especializando em algo, mas participando de grupos selecionados e beijando mãos selecionadoras. São todos *coaches* que nunca empreenderam, palestrantes respeitados sobre áreas que nunca respeitaram o bastante para delas participar.

Eu não estou dizendo isso sozinho, por alguma mágoa adquirida no campo de pesquisa. O casal Broide também percebe isso e diz que "é necessária uma mudança significativa do fluxo de trabalho" com moradores de rua em albergues, uma vez que os "técnicos encontram-se, na maioria das vezes, atolados em relatórios, reuniões e em atividades que fazem pouco sentido".[15] Todo especialista em assuntos relacionados com pobreza e mendicância que conheci era mero representante de uma ideologia aprendida fora da pesquisa. O esforço do especialista costuma estar focado em como adaptar a realidade ao discurso mais conveniente.

Eu entendo isso. Contas precisam ser pagas, campanhas precisam ser financiadas, e a realidade caótica e confusa precisa ser organizada em uma história coesa, ainda que não tão coerente. O triste é que ser um especialista se resuma a ter num único mês mais fotos e vídeos com pobres ao fundo do que conversas com mendigos num ano. Em palestras sobre pobreza, pergunte quando foi a última vez que o palestrante abraçou um mendigo sem câmeras, filmagens ou equipes. O show de gaguejo, de suor frio e de improviso insincero é por minha conta. Isso é verdade até sobre aqueles que trabalham efetivamente com os pobres, não raramente.

Theodore Dalrymple cita um abrigo para moradores de rua situado em uma igreja vitoriana um tanto grande, mas fora de uso, com mais de quarenta pessoas na equipe de trabalho: "poucos deles tinham qualquer contato direto com os objetos de sua assistência",[16] disse ele. O especialista distante também não é invenção nossa. Ele descreve em detalhes esse tipo de situação:

> Os desabrigados pernoitavam em dormitórios sem nenhuma privacidade. Havia um cheiro rançoso que qualquer médico reconhece (mas nunca registra nos prontuários) como cheiro de mendicância. Depois, ao passar pelo corredor e por uma porta com fechadura de combinação para evitar intromissões inconvenientes, de repente, ingressamos em um outro mundo: o mundo higienizado, refrigerado (e hermético) da burocracia da compaixão. [...] Nero tocava lira enquanto Roma pegava fogo, e os administradores do abrigo faziam "gráficos de pizza" enquanto os residentes bebiam até cair.[17]

Quanto mais leio sobre pobreza e moradores de rua, mais me convenço de que há um volume muito além do aceitável de produções acadêmicas ou populares no Brasil sobre teoria social que não passam de uma piscina de abstrações insuficientes. A empregada doméstica, o caixa de supermercado e o pequeno empresário passam as vidas tendo metade de seus salários arrancados à força por meio de impostos para que este dinheiro mantenha alguém em uma universidade pública, apenas para formar um bacharel na vivência alheia, em axiomas sobre tudo, em teorias nunca postas em prática. Quatro anos de investimento público, quatro anos de impostos oriundos do suor de gente honesta, para que ele abstraia a realidade e dê veredictos sobre trabalhos literários que muitos não são dignos ou preparados para sequer ler, quanto mais julgar. Quatro anos dando entretenimento intelectual para que alguém saia do curso de sociologia com um TCC sobre as relações de comércio da praça do José Walter, em Fortaleza, às primeiras quartas dos meses ímpares. É ridículo que alguém se sinta confortável com isso, e, quanto mais me relaciono com o mundo universitário, menos frequentes são aqueles que fogem desse tipo de postura. Só cresce a quantidade daqueles que passam quatro anos analisando cultura sem nunca formar nenhuma outra além de monocultura de *cannabis* para consumo pessoal.

Isso, claro, é fruto de uma cultura intelectual preguiçosa e ideológica, que torce a realidade o quanto for necessário para que a dedicação séria ao campo seja desnecessária. Uma revisão bibliográfica aqui, uns dados inventados acolá, a apropriação do esforço de alunos dedicados (que só se submetem a isto porque sonham em ganhar o crédito pelo trabalho de outros alunos no futuro) e para isso necessitam de sua amizade na banca de mestrado, e você pode dar aulas sobre coisas que nunca fez e ainda impressionar um monte de gente que vai se esforçar quatro anos na sala de aula para conseguir ficar muito burro e aceitar as aulas dos professores. A preguiça motiva a desonestidade, a desonestidade fabrica a universidade atual, e a universidade atual o senta na fila da lobotomia.

ENGAJAMENTO COMO FIM

O distanciamento está na academia, mas também na própria ação social. É muito fácil olhar para ações humanitárias e esquecer os relacionamentos humanos, desejando o fim da pobreza sem desejar um encontro pessoal com o pobre. Nosso engajamento humano não pode ser apenas o meio para um fim social maior. Steve Corbett e Brian Fikkert escreveram que a "participação [social] não é apenas o meio para um fim, mas sim um fim legítimo em si mesmo".[18]

Não deve ter sido pensando nisso que Immanuel Kant escreveu a *Fundamentação da metafísica dos costumes*, mas, se tivesse sido, o filósofo prussiano teria acertado na mosca quando escreveu que o homem "existe como fim em si mesmo", de forma que "em todas as suas ações, tanto nas que se dirigem a ele mesmo como nas que se dirigem a outros seres racionais, ele tem sempre de ser considerado [...] como fim".[19] Para fins do discutido aqui,[20] Kant tem toda a razão: temos amado a humanidade sem amar o próximo, dizia Nelson Rodrigues, e temos usado o pobre como meio para satisfazer variados anseios pessoais. Infelizmente, porém, o contato com o mendigo se torna com frequência um meio para os mais variados fins — votos para deputado estadual, recursos para a ONG que garante seu salário, cargos mais elevados na sua comunidade eclesiástica e todo o resto. Mais frequentemente, a ação social garante apenas entretenimento moral a corações entristecidos pela desigualdade econômica. Falta-nos um olhar para o outro que seja realmente interessado no outro.

    Foi quando parei de olhar os moradores de rua como um grupo para vê-los como indivíduos, foi quando desisti de escrever um trabalho acadêmico de pesquisa para me infiltrar — mesmo que superficialmente — na vida mendicante que percebi que tudo o que eu pensava sobre caridade estava errado, e que havia colaborado por toda a minha vida para que novos mendigos surgissem nas ruas. Foi quando olhei os homens sem rosto que conheci a verdadeira máfia dos mendigos.

2

Parasitas da miséria

Como ONGs e igrejas têm criado novos mendigos

> *Mas, doutor, uma esmola a um homem que é são*
> *ou lhe mata de vergonha ou vicia o cidadão.*
>
> Luiz Gonzaga e Zé Dantas, "Vozes da seca"[1]

> *Eu vou sobrevivendo sem um arranhão*
> *da caridade de quem me detesta.*
>
> Cazuza, "O tempo não para"[2]

Como pastor, mais do que pregar aos domingos, uma das minhas principais atividades está em aconselhar os membros da igreja em suas dificuldades. Geralmente, casais procuram seus pastores em busca de auxílio para conflitos que persistem e que se tornam incontornáveis. Apesar de ciúmes doentios, adultérios, abusos e violências serem temas relativamente graves, eles não são tão frequentes como se imagina. Uma questão estranhamente recorrente no aconselhamento de casais é o modo como se costuma trocar presentes. Por mais mundano e pueril que isto pareça, algumas esposas ficam muito ofendidas com o modo como os maridos as presenteiam.

Certa vez, uma esposa se queixava de que o marido não dava presentes que a agradassem. Ela, mais romântica, sonhava com rosas e cestas de café da manhã. O marido, mais utilitarista, dava presentes funcionais, como celulares mais modernos e equipamentos que facilitassem a vida da esposa. Ele julgava fazer o melhor em dar coisas que fizessem diferença na vida da esposa. Ela queria coisas menos úteis, mas que tocassem mais o coração.

Meu conselho foi que o marido presenteasse a esposa olhando para ela, não para si. O que quis dizer foi que, se queremos presentar alguém que amamos, precisamos dar algo que corresponda às necessidades e expectativas da pessoa, não ao que nós achamos melhor para ela. O marido poderia achar um celular moderno mais útil, mas a esposa tinha necessidades emocionais diferentes daquilo que o marido achava mais urgente.

O padrão que se repete em muitos relacionamentos é que nós damos aos outros baseados em nós mesmos. Eu, por exemplo, dava apenas livros como presente de aniversário para os amigos. Fazia isso porque amo livros, e não há outra coisa que eu gostaria de receber de presente. O problema é que alguns colegas recebiam os livros como crianças recebem meias no Natal. Até meu ato de presentear era egoísta: eu dava o que eu queria, o que eu gostaria que fosse o desejo do outro, não o que o outro realmente preferiria. Eu queria dar ao outro aquilo que eu achava que ele deveria desejar, ao invés de perceber o que seria melhor ao presenteado. A verdade é que quando estamos preocupados em fazer o bem a outra pessoa, nós precisamos estar mais preocupados com aquele que vai receber do que com nosso sentimento de alegria em dar o que achamos superior. Devemos olhar mais para aquele que vai receber do que para aquilo que estamos sentindo ao dar.

Qual o resultado daquilo que damos na vida daquele que recebe? O verdadeiro amor se importa em não projetar no outro as próprias expectativas. Quando temos bebês nos braços, nós falamos com vozinhas esganiçadas no lugar da criança, projetando desejos e interesses, como se a criança falasse. Fazemos isso porque sabemos que a criança não possui vontades muito complexas, e se as tivesse, seria incapaz de comunicá-las. Adultos, por outro lado, deveriam ser ouvidos. Devemos prestar atenção nos efeitos daquilo que damos na vida de quem recebe, sem projetar nossa voz e nossos interesses.

Quais os resultados de nossa caridade na vida dos moradores de rua? Por darmos sem nos importarmos de fato com quem recebe, acabamos gerando efeitos negativos na vida dos recebedores. Se estamos dando o que achamos que o outro deveria precisar, achamos suficiente. O problema é que a criação de novos moradores de rua tem sido incentivada pela caridade irrestrita e impessoal que transforma a mendicância em uma experiência mais confortável que a de qualquer trabalhador comum. Assim, políticos, igrejas e ONGs estão ajudando a criar uma cultura de miséria nas grandes cidades do Brasil. Há uma "renda mínima universal" chamada *esmola*, uma renda tão certa que sequer cobra algum esforço como contrapartida. Há o suficiente para sobreviver pelo simples fato de existir. O mendigo tem comida, roupa, telefone, internet, banho e algum carinho. Isso é tão óbvio para os que já vivem próximos da miséria que muitos são atraídos a abandonar a vida simples que têm visando uma experiência existencial superior na vagabundagem. Isso infestou as ruas de salafrários, até mesmo de gente realmente cretina, que prefere a vadiagem confortável em uma cultura de caridade, vivendo de sugar o esforço de bondade alheio, graças à ingenuidade de ongueiros, pastores e políticos assistencialistas que vivem de ajudar pessoas sem se envolver com elas. Era o óbvio que ninguém queria ver, e não viam porque eram como quem presenteia sem se importar de verdade com quem recebe o presente.

Eu nunca li sobre isso em nenhum relatório governamental ou dissertação sobre a pobreza, mas, todas as vezes que expressei a ideia em voz alta para gente comum, encontrei pessoas concordando comigo automaticamente. Estas quase sempre viviam próximas da pobreza, seja na vida pessoal ou em algum trabalho com moradores de rua. Havia também os reticentes, claro, os duvidosos. Quase sempre gente bem de vida que nunca conversou com um mendigo. Com algum tempo de explicação, eles passavam a levar isso tudo a sério. Ser abastado não emburrece. Mas também precisei lidar com os que se opunham com todas as forças a qualquer declaração deste tipo. Quando eu explicava, era interrompido com alguma violência verbal. Fui tratado como higienista, filho do diabo e viúva do nazismo (o que quer que isso signifique). Esse tipo de tratamento geralmente vinha de pessoas ligadas a movimentos sociais, grupos universitários ou partidos políticos. A ideologia embrutece.

Ao que parece, quanto mais o homem se politiza, menos ele consegue acreditar que existe maldade em meio aos pobres. Ele não acredita que alguém pode tirar vantagem da miséria. Pensa, à revelia da observação de suas próprias interioridades, que o homem na rua é o mais puro dos seres, como se não ter emprego ou renda fixa redimisse e transformasse os corações dos indivíduos. É o bom selvagem urbano. Se o homem na miséria já sofre o que não imaginamos e nunca nos dispomos a conhecer, pensamos que ele também não merece nosso julgamento moral — seria demais. Só o contato real com a vida na rua pode, talvez, mudar esse tipo de homem.

Mas há aí algo mais profundo e menos nobre. Assumir que existem parasitas da miséria, gente que se vale da caridade irrestrita para viver uma vida fácil, é assumir a ineficácia da caridade governamental e das ideias políticas geralmente tidas como "de esquerda". Seria assumir, em consequência, problemas indeléveis no Estado de bem-estar social e na oferta irrestrita de serviços públicos específicos aos moradores de rua — que, no Brasil, nunca saem da promessa. Seria assumir que políticas que tentam beneficiar de forma especial populações tidas por desprivilegiadas atraem quem não conseguiria o mesmo estilo de vida através do trabalho duro. Que homem há anos dedicado à causa do pobre poderia pôr a mão na consciência e assumir parte da responsabilidade por atrair mais pessoas à mendicância? À parte alguma força sobrenatural vinda do próprio Espírito Santo, creio que ninguém.

O SMARTPHONE DO MENDIGO

Eu percebi que não estávamos preparados para lidar corretamente com o morador de rua já na minha primeira investida religiosa na praça do Ferreira. Conheci o Miguel nas aulas do seminário teológico, e foi por meio dele que me interessei mais pela questão do desabrigado. Como todo mundo, eu pensava que entendia sobre pobreza e miséria. Diz-se que, quanto menos você entende de algo, mais acha que entende. Sentados confortavelmente com os amigos, seja na mesa do DCE ou à mesa do bar na rua Augusta, em

São Paulo, podemos compor longos discursos sobre estratificação social, pontuando com convicção napoleônica os inimigos, as causas, as origens e as soluções para a pobreza e a questão do morador de rua.

Algumas certezas possuem um sistema imunológico fraco. Correm sério perigo quando em contato com o mundo lá fora. Como a maioria das visões de mundo, minhas teorias sobre a pobreza estavam muito bem fundamentadas em lufadas de ar do pensamento padrão. O pobre não possui recursos, e por isso vive num estado de miséria. Ele é oprimido por uma cultura capitalista que despreza os mais fracos. A competição exclui os mais despreparados e leva pobres coitados a situações desumanas. Nós, como sociedade, precisávamos dar dinheiro, alimento, oportunidades e espaço de socialização para os que vivem na miséria. Tudo o que eles precisam é de uma oportunidade.

Então estávamos eu, Miguel e alguns amigos na praça do Ferreira, talvez o principal bolsão de moradores de rua em Fortaleza. Dezenas, talvez mais de uma centena de pessoas dormindo nas calçadas das lojas. Cobertores se sobrepunham naquela arena, onde o centro estava repleto de homens ainda de pé. Mais de meia-noite, e jovens, velhos, homens, mulheres, crianças e cachorros se amontoavam sobre uma miríade de possibilidades alimentares fornecidas gratuitamente pelos mais diversos grupos de caridade. Levamos creme de galinha, arroz, suco e salada, além de picolé, mas eles podiam também escolher a sopa do grupo espírita, o cachorro-quente da igreja batista e o caldo da ONG. Mais tarde, haveria canja. Até o guarda noturno aproveitava a bonança. À exceção das crianças, ninguém estava anormalmente magro. Todos podiam escolher o alimento — e tomar banho de sopa e caldo, se quisessem.

Começamos a abordar as pessoas, não apenas com comida, mas também para compartilhar alguma mensagem de esperança e fé. É fácil encontrar atenção quando não existe muito entretenimento disponível. À exceção de uma pessoa ou outra mais arisca, todos os desabrigados nos olhavam nos olhos. O problema sempre eram as adolescentes. Elas estavam sempre ocupadas, aproveitando o Wi-Fi grátis da praça. Muitas delas tinham smartphones simples nas mãos e não abriam mão do que quer que estivessem fazendo no celular para nos ouvir. Os idosos não estavam excepcionalmente maltrapilhos. Camadas de roupas esquentavam as peles enrugadas de quem adquiriu experiência em diversos relevos de calçada, e a sujeira e o fedor não exalavam tanto, e não de todos. Ninguém parecia muito doente. Ninguém parecia muito deprimido. Ninguém parecia muito cansado. Ninguém parecia realmente mendigo, no sentido mais duro do termo.

Se você estiver disposto, é possível conseguir uma vida materialmente confortável morando na rua — talvez até muito confortável, dependendo do seu referencial. As dormidas são sempre o que há de pior, mas até um colchão você pode conseguir sem precisar de atos hercúleos. Os conventos deixam você telefonar para parentes de outros estados. Você corta o cabelo e faz a barba de graça ou paga bem barato para que alguém o faça por você. Documentos quase caem dos céus nos seus bolsos, já que é mais fácil conseguir uma identidade em um núcleo do governo voltado aos mendigos que pelas vias normais. Ninguém te nega um cigarro ou copo d'água. Recebi muitos caldos e sanduíches que recusei. Dizia que não estava com fome, mas chegavam com a comida na minha mão e quase punham na minha boca. O mendigo não é um monge tibetano. Ele não é inimigo das riquezas. Pelo contrário. Há um profundo desejo por conforto financeiro rondando cada guardador de carro. O problema está nos meios para alcançar algum progresso econômico.

Alguns fazem da miséria uma escolha de vida. Diego vende bala. Ele me disse à noite: "Eu não tenho o que reclamar dessa profissão. Eu consigo o básico. Com um emprego regular, não conseguiria isso." Ele zomba da tecnologia dizendo que ainda não chegou ao século XXI: "Não tenho celular, endereço eletrônico e não vejo televisão. Eu não tenho interesse nesse século." Analfabeto funcional, fez só até quarta série, e sabe escrever e ler um pouco. Lia muito na infância, mas não mais. Seus pais são testemunhas de Jeová. "A rua é muito boa, a cidade é uma mãe. Você só precisa ter cuidado pra não fazer inimigos", ele me contou enquanto guardava suas balinhas. Disse que, se eu quisesse vê-lo outra vez, podia encontrá-lo facilmente. Perguntei como. "Só ir onde eu estou. Sempre estou pelo centro", disse, sem parecer entender (ou ignorando sarcasticamente) que é uma agulha no palheiro. Diego escolheu conscientemente o desabrigo como estilo de vida.

Qualquer marxista crítico da alienação do trabalho teria um sonho molhado com meia hora de conversa com o Madeira. Ele recusava qualquer proposta de emprego formal. Preferia dormir na rua para continuar seguindo seu chamado: "Não quero me desligar da minha arte. Se fizer isso, deixo de ser quem eu sou." Perguntei se vivia bem, e ele me respondeu com confiança: "Me dá um pedaço de madeira de 50 centímetros que com meu trabalho faço ele pagar minha alimentação por um mês", nestas exatas palavras.

Mas poucos são os que oferecem algum serviço para justificar a escolha pelo desabrigo. Pedindo esmola, você sempre consegue o suficiente para três ou quatro refeições por dia, alguns cigarros e bebida. Cuidando de carros, você consegue tirar mais de cem reais por dia, sem muito esforço. Em geral, um mendigo jovem e motivado que se ocupe em guardar carros pode levar 2 mil reais todo mês sem grandes sacrifícios. Com esforço, Teixeira vai dirigindo seu Honda Civic para pedir dinheiro na região da Parangaba, em Fortaleza. Um pedinte pode ganhar até 6 mil reais se disfarçando de passageiro em aeroporto.[3] Eu não pedi muita esmola, mas sei que, aperfeiçoando minha técnica e meu olhar de sofrimento, podia dobrar meus rendimentos.

Os moradores de rua são um desperdício de força humana. São plenamente capazes de sobreviver e servir à sociedade, como todo mundo. Para Maira Pinto, que estudou a experiência de auto-organização de moradores de rua no sul do país, "o morador de rua é pleno de capacidades e não é alguém incapaz, que consegue apenas se manter vivo, e de forma precária. Pelo contrário, ele vive de forma relativamente plena, conseguindo inclusive inventar novas formas de viver".[4] Isso foi o que Dalrymple percebeu ao servir como médico ao redor do mundo subdesenvolvido:

> Tais moradores de rua, portanto, fizeram uma escolha que podemos até dignificar como uma escolha existencial. A vida que escolheram não é privada de compensações. Uma vez superado o asco inicial das condições físicas em que decidem viver, encontram segurança: mais segurança, na verdade, que a maioria da população que luta para manter um padrão de vida e que não possui nenhuma garantia de sucesso. Esses homens sabem,

por exemplo, que existem abrigos em vários lugares, em cada bairro e cidade, que estes o aceitarão, o alimentarão e o manterão aquecido, não importando o que aconteça ou se o mercado está em alta ou em baixa. Não temem o fracasso e vivem sem quaisquer restrições da rotina: a única tarefa diária é aparecer na hora da refeição e a única tarefa semanal é sacar o dinheiro da previdência social. Além disso, são automaticamente partes de uma fraternidade — conflituosa e, por vezes, violenta, mas que também é tolerante e, muitas vezes, divertida. A doença segue no território, mas um hospital nunca está longe demais, e o tratamento é gratuito.[5]

Serviços voltados à população de rua acabam se tornando atrativos aos moradores comuns. Quantos parentes e amigos meus não iam aos "bandejões" comer barato o alimento destinado aos miseráveis? Se existem ações tanto governamentais quanto privadas que são efetivas para os homens na rua, oferecendo prioridades no recebimento destes ou daqueles benefícios, a rua vai se tornando um atalho para pequenos progressos econômicos. Há tempos que se percebeu que existem documentos, cursos, abrigos e emprego à disposição de quem estiver sujo o bastante no lugar correto, e quem mais se aproveita disto são os safados, os mafiosos da rua, pessoas que não precisavam estar ali, mas que estão por meio de esforço deliberado. Elas sonham em *cair pra cima*. Nós ficamos preocupados com o número crescente de moradores de rua, mas lutamos para fazer com que a vida na rua seja cada vez mais confortável.

Infelizmente, quem mora na rua por inadequação à vida comum não vai aproveitar essas oportunidades dadas por ações governamentais, e os preguiçosos que poderiam ser produtivos vão se dar bem usando a rua como um passo para trás a fim de dar dois para a frente. Fingem miséria para comprar sucesso subsidiado, e passam na frente de quem realmente necessitaria de ajuda. Theodore Dalrymple foi muito preciso ao dizer, em *A vida na sarjeta*, no qual descreve o círculo vicioso da miséria moral, "que a miséria aumenta para satisfazer os meios disponíveis para reduzi-la".[6] Para ele, a abundância de meios livres e gratuitos de reduzir a pobreza tem atraído pessoas a situações de carência, criando uma ampla comunidade de parasitas da miséria:

Não há dúvida de que esses homens vivem de maneira completamente parasitária, em nada contribuindo para o bem comum e abusando da tolerância da sociedade para com eles. Quando famintos, têm apenas de comparecer à cozinha de um abrigo; quando doentes, vão ao hospital. São profundamente antissociais.[7]

A literatura sobre moradores de rua questiona o crescimento da população mendicante, ao mesmo tempo que propõe melhorias na condição de vida dos moradores de rua de forma geral. Não me parece inteligente você criar atrativos para a vida na rua enquanto se questiona por que muitos estão sendo atraídos para ela. Estou convencido de que as igrejas, as ONGs e os governos são grandes incentivadores da vida mendicante. Ao mesmo tempo que argumentamos com os mendigos para que saiam dessa vida, contribuímos com zelo missionário para que homens e mulheres em dificuldade considerem a rua uma ótima opção para a fuga dos problemas comuns.

Usando a mochila de travesseiro, o rapaz me dizia que saíra da casa da irmã porque não gostava dos amigos dela. Estava na rua fazia três meses por isso: "A vida tinha muita dor de cabeça. Aqui, vivo mais tranquilo." Outro possuía uma casa na praia do Futuro, mas preferia "comer de graça na praça e conversar com os *parças*" (ele mesmo compôs a rima). O Mandala tinha uma casa alugada, mas preferia dormir na rua porque a casa era quente e o karaokê do restaurante de baixo incomodava muito. Luiz trabalha de segurança noturno em uma das lojas do Centro, mas tira a farda e se mistura com os mendigos para jantar toda noite. Três vezes por semana, sua esposa sai de casa para acompanhá-lo na refeição: "É mais fácil que preparar quentinha", argumentam. São vários os exemplos de pessoas que encontrei na rua, mas que estavam lá por pura e simples escolha e preferência.

Nem todo morador de rua é um náufrago, um homem agarrado aos tocos de caridade para sobreviver. Há uma comunidade de bobos da corte nas ruas. Gordos, sobrevivem de atuar para entreter nossa culpa moral. Creem que tudo é dado, tudo é de direito, tudo lhes pertence. Há tanta caridade sobrando, descoordenada e preguiçosa, que muitos descobriram que, se atuassem no teatro da miséria, poderiam fazer a vida no lucrativo negócio do exibicionismo moral e do consolo às consciências desinformadas que querem fazer o bem, sem qualquer interesse de ver a quem. Neste mundo de caridade frequente e abundante, você realmente acredita que o mendigo precisa de mais sopa? O que eles precisam, com certeza, é de uma transformação moral de ordem psicológica e espiritual, além de uma transformação socioeconômica que só pode ser encontrada como aquecimento do mercado e da iniciativa privada.

Falando de grandes centros, a rua não dá a roupa que você quer, mas dá roupa. A rua não dá os amigos que você quer, mas dá amigos. O morador de rua não tem sempre o tipo de comida que quer à hora exata que quer, como se tivesse uma geladeira disponível, mas tem sempre comida — tem alguma fome, mas nunca passa fome. Não há segurança alimentar, mas há comida disponível. Há alguma questão de ordem material na rua, é claro. No entanto, esta questão está muito mais no espectro de escolhas e possibilidades disponíveis que na ausência de escolhas e possibilidades. A questão acaba sendo sobre os efeitos morais e psicológicos que isso gera no indivíduo, quase nunca sobre alguma miséria realmente econômica. Escreveu Olavo de Carvalho ainda nos anos 2000:

> Quanto custa um frango? Assado, com farofa. Cinco reais no máximo, em geral menos. Quer dizer que um mendigo, pedindo esmola em qualquer das grandes capitais do Brasil, pode comer pelo menos um frango por dia, se não dois, e ainda lhe sobra o dinheiro da condução. Para você fazer uma ideia de quanto um país onde isso é possível é um país rico e generoso, tente esta comparação. Quando Franklin D. Roosevelt lançou o New Deal, um dos objetivos principais do ambicioso plano econômico foi assim anunciado pelo rádio: "Assegurar que cada família deste país tenha em sua mesa um frango por semana". Ouviram bem? Um frango por semana para quatro ou cinco pessoas. Na época pareceu um ideal quase utópico. Pois bem: estamos numa terra onde velhas desamparadas que se arrastam pelas ruas comem um frango por dia, onde os meninos de rua pedem esmola em frente ao McDonald's para completar o preço de um Big Mac com fritas de três em três horas, onde os bebês famintos exibidos pelas mães em prantos usam fraldas descartáveis, onde as casas dos bairros miseráveis têm antenas parabólicas e os catadores de lixo se comunicam com seus sócios por telefones celulares.[8]

Apesar de existirem estudos mais antigos, foi principalmente a partir da década de 1990 que a mendicância se tornou um fenômeno universalizado, mensurável e previsível, quando iniciaram os estudos que paravam de tratar a miséria como "preguiça" ou "vagabundagem", vendo-a como mera consequência do capitalismo, do adensamento urbano etc., tornando-se alvo de políticas públicas mais sérias. Foi neste período, também, que as populações de rua passaram a encontrar formas de organização e proteção social. No Brasil, em 23 de dezembro de 2000, o presidente da República assinou o decreto nº 7.053, que instituiu a Política Nacional para a População em Situação de Rua e seu Comitê Intersetorial de Acompanhamento e Monitoramento.[9] Estes esforços públicos visavam diminuir o número da população mendicante no Brasil, mas sabemos que ela só aumentou com o passar dos anos. Por quê?

O modo como se configura uma sociedade de moradores de rua hoje também depende um pouco (e é fruto em parte) do Estado de bem-estar social que o Brasil busca propor e da série de benefícios que são oferecidos pelas iniciativas públicas sem nenhuma contrapartida do indivíduo morador de uma nação. Ninguém espera muito que o governo cumpra suas promessas, mas a discrepância nas promessas de benefícios — gratuitos para uns e custosos para outros — faz com que muitos ajam buscando vantagens parasitárias daquilo que toda a sociedade constrói, já que não há cobrança de envolvimento social ou profissional aos alvos das ações públicas. Então, enquanto um indivíduo pode se beneficiar do que a sociedade tem construído e do que outros têm trabalhado para tornar disponível — tudo isso gerenciado por um governo centralizador que tira via impostos boa parte do fruto da força de trabalho do cidadão —, outros indivíduos se beneficiam disso para além das intenções daqueles que organizavam a distribuição de renda. A ausência de cobrança de qualquer contrapartida daquele que se beneficia de determinados bens e serviços é um absurdo que permite a existência parasitária de uma comunidade de homens funcionais.

Mas a questão não é só pública. Em nosso caso, o governo é o menor dos culpados. Se for depender de ajuda pública, o mendigo definha cadavérico. É a iniciativa privada que tem feito a rua tão atrativa. É o problema da caridade abundante e irrestrita, a caridade que não procura entender a realidade de quem serve, e ajuda quem quer que esteja à mão, seja um sofredor sincero ou um ator cínico. Foi Onora O'Neill quem fez a famosa pergunta: "Deixar as pessoas morrerem [de fome], quando alguém pode ajudar a salvar algumas vítimas, não seria moralmente equivalente a matá-las?"[10] No entanto, criar uma estrutura de incentivos que torna a vida mendicante mais atrativa ao ponto de mendigos não quererem deixar de sê-lo e outras pessoas considerarem as ruas uma possibilidade de sustento não seria também moralmente equivalente a mantermos e trazermos homens na e para a rua? Por que alguém iria se esforçar para conquistar o próprio alimento se jovens crentes só faltam mastigar a comida em seu lugar e alimentá-lo como um pássaro? Por que alguém se ofereceria para cargos de trabalho se tudo o que poderia ser comprado com o salário pode ser encontrado gratuitamente através da caridade irrestrita? A assistência social existe porque há pobres, mas também há pobres que só existem porque há assistência.[11] Aquele que ampara o *mendigo de ocasião* contribui para seu tipo de vida, e é em parte responsável por manter tal indivíduo em mendicância. Diga-se que todas as famílias que conheci que enfrentaram risco real de fome viviam em favelas, nunca nas ruas. Isso indica algo sobre o que a caridade está gerando.

"Fortaleza é uma mãe", disse Karlos antes de morder o sanduíche. Eu estava com ele procurando por seu Luciano, um mendigo que Karlos resolveu ajudar com uma vaquinha online. Seu Luciano queria dinheiro para uma daquelas carroças usadas por catadores. Ele disse que uma custava R$ 600,00, e Karlos conseguiu bem mais que isso na internet. O problema é que seu Luciano desapareceu, e, sempre que Karlos tentava contato e marcava de vê-lo, ele não aparecia sequer para pegar o dinheiro. Já era perto da meia-noite, e estávamos em frente à Catedral Metropolitana, tentando em vão descobrir se algum dos moradores de rua conhecia seu Luciano.

Não houve surpresa quando explicamos o que estávamos fazendo. Parece que os mendigos já estavam acostumados com esse tipo de micro-heroísmo que toma jovens com arroubos de transformação social. Fortaleza é uma mãe, explicaram, porque todo mundo ajuda todo mundo, e é um excelente lugar para ser mendigo. Em outras cidades, nem sempre as pessoas são tão generosas, mas Fortaleza ajuda todo mundo. Não foi difícil perceber que muitos moradores de rua vêm de outras cidades do país encontrar refúgio na capital cearense. Pedi esmola ao lado de muitos sotaques. Homens saem de suas pequenas cidades para serem moradores de rua em grandes metrópoles cheias de mendigos como empreendedores que abrem franquias em grandes shoppings. De fato, James Wilson está certo quando percebe que pessoas "de todas as raças têm trocado a vida rural pelas metrópoles, onde há mais coisas roubadas, porque, entre outras razões, há mais coisas para roubar".[12] Em seu livro sobre centros urbanos, Edward Glaeser diz que, embora geralmente apresente algum sinal de declínio da cidade, a pobreza também costuma mostrar "que uma cidade está funcionando bem. As cidades atraem pessoas pobres porque são bons lugares para pessoas pobres viverem".[13]

O que acontece é que mendigos são atraídos geograficamente para regiões onde há mais atuação pública e mais caridade privada. Falando sobre o contexto de miséria e pobreza em Brasília, Marcel Bursztyn e Carlos Henrique Araújo argumentam que, "paradoxalmente, quanto mais eficiente for uma política de inserção, maior será a atração demográfica".[14] Esta atração, porém, não se restringe aos aspectos geográficos. Pessoas pobres têm visto nesta série de incentivos uma oportunidade onde a mudança de estilo de vida fornece mais oportunidades que a permanência em uma cultura comum de dignidade profissional.

É também por isso que, quando alguém pergunta o que será dos mendigos caso seja excluída a ação estatal, no velho mote "sem o Estado, quem alimentará os pobres?", deixa claro que provavelmente nunca esteve num bolsão de pobreza, em contato com o miserável no seu dia a dia. Se por alguma casualidade já esteve, então deve apenas ter projetado suas ideologias contra o mundo pré-teórico da realidade. Você não precisa ser muito esperto para perceber que o Estado não está alimentando mendigo algum efetivamente, em lugar algum, com exceções tão pontuais que nem podem ser consideradas. As igrejas e ONGs, por outro lado, dão tanta caridade que estão ajudando a criar uma nova leva de mendigos e tornando a rua atrativa. Trabalhadores pobres também deveriam ser alvos do Estado de bem-estar social proposto pelo governo brasileiro, mas sabem que pouco realmente é concretizado. Entre esperar pela incerta caridade governamental e receber a abundante caridade privada, muitos preferem escolher a boa parte.

A iniciativa privada não só é a mais eficaz de todas as iniciativas possíveis para o fornecimento de filantropia. Ninguém melhor que os indivíduos para cuidar dos pobres, e qualquer mendigo concordaria com isso. Toda e qualquer ação governamental a favor do miserável poderia acabar da noite para o dia, e ainda assim a vida do mendigo não pioraria nem um pouco. Mesmo assim, a iniciativa privada também pode cometer erros e exageros em suas atividades. Se o governo é incapaz, as igrejas e ONGs podem ser desastradas. Ajudam tanto e tão abundantemente que não percebem que estão ajudando de forma errada. Os indivíduos são muito melhores que o governo civil na promoção de quase qualquer atividade, mas não são isentos de falhas de percurso.

FOME NAS RUAS

A longa pesquisa coordenada por Maria Antonieta da Costa Vieira, Eneida Maria Ramos Bezerra e Cleisa Moreno Maffei Rosa sobre os mendigos de São Paulo encontra muita semelhança com o que vi pelas ruas de Fortaleza. Em seu livro *População de rua*, as autoras explicam que não existe fome nas ruas de grandes cidades:

> A população que se encontra na rua, ao se apropriar dos espaços públicos, usa de estratégias próprias de sobrevivência, sendo que a principal delas é recorrer às chamadas *bocas de rango*, locais de distribuição gratuita de comida, feita predominantemente em espaços públicos: praças, viadutos e parques. Concentram-se no centro da cidade, na maioria das vezes nos finais de semana, e são feitas por instituições filantrópicas de caráter assistencial.[15]

É de conhecimento comum de qualquer mendigo que há distribuição constante de comida em pontos específicos da cidade. Em Fortaleza, a praça do Ferreira é o ponto favorito de quem distribui comida pela presença sempre abundante de mendigos que se reúnem em torno da expectativa sempre satisfeita por quem distribuirá mais comida. As outras praças do centro, a região da beira-mar e pequenos bolsões de bairros também contam com quem alimente e quem seja alimentado. Acaba existindo uma retroalimentação na presença concentrada de mendigos e de filantropos. Mais mendigos atraem mais caridade, que atrai mais mendigos, que atraem mais caridade, *ad infinitum*:

> A existência de pequenos grupos que frequentam com certa assiduidade determinado lugar e da intensa rotatividade nos lugares de distribuição de comida levou a investigar como se dá a trajetória desses indivíduos na busca pelo alimento. A escolha de determinado lugar ocorre em função de como os indivíduos organizam seu cotidiano e pode estar relacionada à dinâmica de funcionamento dos pontos de distribuição da alimentação, uma vez que funcionam em dias e horários diferenciados. A proximidade de lugares onde costumam permanecer é apontada como fator de preferência, assim como a possibilidade de encontrar pessoas que pertençam ao seu grupo de referência.[16]

Falando sobre o problema da "doação generalizada", Marie-Ghislaine Stoffels diz que os mendigos de São Paulo costumam expressar coisas como "Aqui, as pessoas têm dó; não é possível passar fome", ou "São Paulo é bom porque aqui não é possível passar fome".[17] A comida é abundante. Desta forma, mendigos chegam ao luxo de poder escolher o tipo de comida que querem. Robert D. Lupton, autor de *Toxic Charity*, diz que, durante "mais de quatro décadas de ministério", não consegue se "lembrar de sequer uma criança em estado de inanição" nas ruas.[18] Quando eu via homens apáticos e inertes diante de quem servisse algo nas proximidades, perguntava se não iriam comer. As respostas costumavam ser "não gosto de tal comida" ou "vou na próxima" — a existência de outra possibilidade de cardápio e de uma nova rodada de pratos sendo servidos eram sempre certezas, pelo menos até determinado horário, quando a presença de caridosos rareava. As pesquisadoras de *População de rua* concordam:

> Outro fator determinante da preferência por determinados lugares é o da qualidade da comida. Em meio à variedade de alimentos distribuídos, a refeição completa — arroz, feijão, carne, pimenta, farinha — como a oferecida na Igreja do Senhor dos Passos e a sopa da Federação Espírita, ambas

servidas à mesa, são as preferidas dos frequentadores, em detrimento das sopas, cafés e lanches oferecidos por outras instituições. [...] A população de rua conhece e informa dias e horários de distribuição em cada ponto, bem como a qualidade e tipo de refeição servida, podendo as pessoas, se quiserem, agendar-se de segunda a domingo. [...] É interessante observar que a população de rua não menciona pedir comida em residências como uma alternativa de alimentação.[19]

Talvez não exista forma mais clara de explicar como a mendicância é confortável que dizendo como foi difícil para mim desistir de morar na rua. Quando você percebe a facilidade da ausência de posses, basta um dia inutilizado pelo Detran para fazê-lo pensar se não seria melhor largar tudo. As coisas começam a ir mal no trabalho, alguma desmotivação o acerta nas relações sociais, o casamento causa alguma chateação, o prazo para entregar livros aperta e você já está novamente cogitando o que poderia levar em um saco plástico. Eu precisei enfrentar o desejo de me juntar aos outros esmoléus, e cheguei a invejar o mendicante. Viver sem complicações ou compromissos além da frequente satisfação das necessidades imediatas não soa tão mal, soa? O banco da praça pode ser o tesouro no fim do arco-íris para muita gente, e por pouco não o foi para mim. Conhecer o que a rua dá atrai muito mais do que assusta. Em um ou dois dias foi difícil voltar pra casa.

NOBRES MISERÁVEIS

O que é pobreza? Esta é uma definição importante. Pensamos a pobreza em termos de não ter as coisas que julgamos importantes ou mesmo básicas. Estes valores, no entanto, são muito relativos a comparações históricas, sociais e pessoais. Muito do que hoje nos parece absoluta necessidade era impensado nos séculos passados, e apenas reis e nobres podiam usufruir do que hoje é comum até mesmo em favelas. Quando uma dama da aristocracia bizantina, na Idade Média, começou a fazer uso de um objeto parecido com os garfos modernos para levar seus alimentos à boca, em vez das próprias mãos, os venezianos consideraram isto um luxo tão cruel que desejaram que alguma doença terrível acometesse aquela senhora, por tamanha extravagância. No século XIX, um banheiro dentro de casa era um luxo impensado até mesmo para os ricos ingleses. Não existia automóvel antes do século XX, e possuir um era coisa dos mais ricos entre os ricos.

Pense no ventilador (ar-condicionado seria exagero). Trabalhando com um ventilador ao lado, você nem sempre se dá conta de que, até poucos séculos atrás, apenas os mais ricos entre os ricos podiam encontrar ventilação nos períodos de calor. Escravos balançavam folhas de palmeira para confortar reis e imperadores. Talvez um ou outro nobre, no topo da cadeia alimentar, tivesse um servo que fizesse o mesmo. O povo, porém, tinha que lidar com o calor de formas criativas. Hoje, qualquer um com salário doloroso possui em casa não um, mas dois ventiladores — equipamentos muito mais eficientes que qualquer folha de palmeira. Qualquer homem na periferia vive em melhores condições de controle climático que reis e imperadores de séculos atrás.

Hoje, muitas casas de periferia possuem aparelhos celulares, televisão a cores, fogão, geladeira, muitas vezes micro-ondas e aparelhos de DVD. Thomas Sowell não me deixa sozinho nesta questão:

> Pobreza costumava significar passar fome e não possuir as roupas adequadas para vencer o mau tempo, assim como passar longas horas em um trabalho desgastante para conseguir pagar as contas no fim do mês. Mas hoje a maioria das pessoas que vivem abaixo da linha da pobreza oficial não só tem bastante comida como, em geral, é provável que esteja acima do peso. Há tantas vestimentas que os jovens delinquentes brigam por causa de roupas de grife ou tênis de marca. Quanto à ocupação, hoje existe menos trabalho em lares de baixa renda do que entre os mais ricos.[20]

Se o conceito de pobreza está relacionado em algum nível com a configuração socioeconômica do mundo ao longo da história, as percepções pessoais de pobreza passam pelas configurações históricas e vivenciais de cada indivíduo. Suas experiências de vida afetam o que você tem como riqueza ou pobreza. Situações impossíveis a uns são normais para outros.

Eu estudei em colégio público aqui no Ceará até o que é hoje o sexto ano do ensino fundamental. Na época, participei de uma olimpíada de matemática realizada nos colégios públicos do Nordeste. Por algum evento sobrenatural, fiquei entre os primeiros lugares. Então, uma das melhores escolas da minha cidade me chamou para estudar lá de graça. Fui. Como as mensalidades eram absurdamente caras, a amplitude social dos alunos estava entre classe média alta e podre de rico, de forma que todos ostentavam um estilo de vida impossível para mim.

Eu só ia para as aulas com a grana da passagem de ônibus certinha no bolso. Se perdesse 10 centavos, não tinha como voltar para casa (na verdade, eu perdi uma ou outra moeda em dias aleatórios, mas a bondade dos cobradores fortalezenses não tem limites). Assim, após a habitual caminhada de vinte minutos até a parada de ônibus, debaixo do sol cearense de meio-dia, eu sempre sentia muita sede, mas não tinha grana para comprar qualquer coisa na rua. Contava as moedas, mas nunca dava o suficiente para uma garrafinha d'água. Eu dizia para mim mesmo, então, com minha mente infante e uma obstinação memorável: "um dia vou ser rico o suficiente para comprar água sempre que tiver sede". Uma década depois, mesmo que eu não esteja com tanta sede, sempre compro uma garrafinha d'água na rua. Não importa quão mal eu esteja, não importa o que esteja dando errado, não importa o tamanho da dificuldade, esse simples gesto costuma me animar por dias. A felicidade é uma questão de perspectiva. Em nível psicológico, riqueza e pobreza são muito relativas.

Por ser ministro religioso, converso constantemente com missionários que moram ou fazem visitas regulares a outros países. Os relatos de pobreza na África e na Ásia costumam nos dar outra compreensão do que realmente significa ser pobre e miserável. Condições que julgamos inadmissíveis são o sonho e realização de talvez bilhões. Depois de um tempo morando, por exemplo, em Cabo Verde, alguns missionários criam uma percepção mais apurada do nível de riqueza em que estamos metidos. Missionários no Timor-Leste falam de coisas que os fazem parecer perdidos em algum momento escuro de alguma distopia literária. Três dias na Índia traumatizam famílias com uma facilidade desconcertante.

Theodore Dalrymple, médico psiquiatra que atendeu em vários países de terceiro mundo e na subclasse europeia, descreveu a mesma percepção:

> Nos Estados de Bem-Estar social modernos, a luta pela subsistência foi abolida. Na África, onde também trabalhei, o pobre tem de entrar numa batalha cruel para conseguir água, alimento, lenha e abrigo para passar o dia, mesmo nas cidades. A luta confere sentido às suas existências, e um dia a mais vivido sem fome, digamos, em Kinshasa [capital da República Democrática do Congo], é um tipo de vitória pessoal. Sobreviver lá é uma façanha e ocasião de comemoração.
>
> Não é assim na minha cidade, onde a subsistência é mais ou menos garantida, independente da conduta. Por outro lado, existe um grande número de pessoas que são destituídas de ambição ou de interesses. Desse modo não têm nada a temer e nada por esperar, e se é que trabalham, são trabalhos que não oferecem quase nenhum estímulo. Sem a crença religiosa para dar um sentido exterior de transcendência à vida, não são capazes de conferir a si mesmas um sentido interior.[21]

Não poucos trabalhos sobre mendigos os descrevem como homens que se encontram no limite da sobrevivência e dignidade humanas, mas os que dormem na rua não são exatamente miseráveis, pelo menos não no sentido absoluto de miséria. Sua miséria é relativa. São pobres em comparação com a riqueza de quem imediatamente os rodeia. No entanto, considerando as possibilidades reais de miséria que se manifestaram ao longo da história da humanidade e que podem ser encontradas em vários países subdesenvolvidos da Ásia ou da África hoje, não existe miséria real na vida do mendigo comum das grandes cidades de países economicamente mais prósperos. A maioria dos homens e mulheres de coração grande e óculos de armação cara que vai às ruas bater fotos perto de pobres não consegue entender quão elástica é a possibilidade humana de enfrentar situações adversas.

MEZ MCCONNELL E O TEATRO DAS RUAS

"Eu tenho que ensinar sobre o pobre para esses *hipsters*", disse-me Mez McConnell pouco depois de passar um tempo no Brasil palestrando sobre pobreza. Ele nasceu na Irlanda do Norte. Perdeu os pais, começou a morar nas ruas na adolescência, viveu em orfanatos, foi preso, esfaqueou pessoas, foi preso novamente, passou por uma conversão religiosa, escreveu alguns livros e estava na minha casa. Mez passou um tempo trabalhando com crianças de rua em lixões do Maranhão, mas hoje trabalha nos conjuntos habitacionais na Escócia. A igreja que pastoreia é cheia de *gente doida*, diz ele, que veio ao Brasil dar palestras e trouxe um homem que duas semanas antes era um dos principais traficantes do bairro. Ele estava fugindo da polícia por conta do último esfaqueamento que cometera e, mesmo muito drogado, percebeu que algum poder superior devia estar cuidando da vida dele. Encontrou o Mez, que o evangelizava havia dez anos, e decidiu mudar de vida. Ele também estava na minha casa.

Quando conversei com Mez sobre minhas percepções sobre caridade, mendicância e miséria, como quem revela os últimos segredos do Apocalipse, recebi de volta o olhar de quem ouve o óbvio desinteressante (quando contava a mesma coisa para meus colegas mais politizados, muitos me achavam um maluco fascista que estava inventando história). Mez confirmou para mim tudo o que eu tinha visto no Brasil, e disse que a realidade era idêntica na Europa, onde vive: o morador de rua comum é tudo, menos financeiramente miserável. Os mendigos assumem, muitas vezes, um personagem de pobreza. A marginalidade também é um padrão que a sociedade constrói e dá a eles um lugar social que os enquadra em algo. Até mesmo o marginalizado precisa estar dentro de estereótipos e padrões para poder se encaixar na figura construída socialmente para ele e que lhe facilita a vida.

Já podres de mimados, os homens da rua criam exageros quanto aos sofrimentos do passado e do presente como estilo de vida e ganha-pão. Histeria, melancolia e vitimização são sequelas reais e frutos da dor humana, mas também podem ser teatrinhos de fantoches para inglês ver. O comportamento que marca o mendigo brasileiro não é condição necessária à mendicância. Em Paris, por exemplo, a maioria dos moradores de rua "não bebe e muitos têm noções de higiene".[22] Em Washington, os mendigos estão tão bem-vestidos e asseados como qualquer membro da subclasse trabalhadora. No Brasil, parece que o mendigo *precisa* parecer cada vez mais miserável para poder continuar recebendo da pena alheia.

Sabemos que "existem algumas vantagens, psicológicas e sociais, decorrentes da manutenção dessa farsa",[23] de forma que "as vantagens para o malfeitor de parecer desamparado são, hoje, tão evidentes que ele quase não precisa ser encorajado a fazê-lo",[24] como lembra o também europeu Dalrymple, que não morou nas ruas, mas certamente concordaria com McConnell, que viveu como sem-teto por quase vinte anos e narra isso muito bem em uma de suas obras:

> Eu vivi nas ruas desde a minha adolescência até quase os meus 30 anos. Sempre fui capaz de encontrar lugares que me dariam café da manhã, roupas limpas, banho e algum alimento. Aqueles de nós que viveram e respiraram essa imensa subcultura invisível sabem como o sistema funciona. Sabíamos exatamente o que fazer e dizer para obter o que queríamos com pouquíssimo compromisso. As igrejas eram, particularmente, alvos fáceis, pois as pessoas eram geralmente boas e gentis conosco, mas menos espertas do que as agências do governo; sendo assim, tudo o que se precisava fazer era ouvir algum papo sobre Deus e, quem sabe, pegar um livreto deles. Depois disso podíamos ir embora. A constância das perguntas podia até ser irritante, mas, uma vez que você descobria o que as pessoas da igreja queriam ouvir, não era difícil aplacá-las. Elas conseguiam dizer coisas boas a respeito de Deus e ser gentis com o necessitado, que, por sua vez, conseguia o que queria. O que parecia ser um próspero ministério de misericórdia era, na realidade, um alvo fácil de pessoas egoístas.[25]

Se Sartre estava certo quando escreveu que "raramente um homem sozinho sente vontade de rir",[26] então ninguém é verdadeiramente só nas praças. Há risos por todos os lados. Fora dos horários típicos de alimentação, ninguém está chorando suas misérias. É um ambiente de socialização relativamente simpático, onde gemidos raramente são ouvidos. Nunca há risos nos pedidos de esmolas, por outro lado. Há geralmente uma voz trêmula, rouca, arranhando a garganta com mil agulhas de desespero.

Um dos mendigos que acompanhei na mendicância chegava a sorrir entre uma lágrima e outra: voz e tom de dor com a mão estendida, assobio enquanto caminhava em direção a algum desatento transeunte. O desinteresse da população pelos mendigos é tal que ninguém precisa disfarçar demais. É por isso que, segundo Mez, muitas vezes as ajudas de caridade incentivam a destruição da vida de muitas pessoas:

> Alimentar um preguiçoso simplesmente encoraja o pecado e o capacita a evitar as consequências de suas ações. Dar roupas a um viciado em drogas pode simplesmente fornecer a ele algo para vender em troca de mais drogas. Fornecer abrigo para um sem-teto pode desmotivá-lo de se reconciliar com a família.[27]

Muitas vezes, você reforça os erros que levam a pessoa à situação de rua. Mez diz que uma coisa é dar alimento para uma pessoa que trabalha (ou que deseja trabalhar, mas não consegue) e está simplesmente faminta, enquanto outra coisa é dar alimento para uma pessoa cujas falhas morais a levam a não trabalhar ou mesmo a achar que merece doações.[28] O problema é que ninguém deseja peneirar o mar de desfavorecidos e encontrar quem precisa de qual cuidado. O desabrigado, por vezes, é um ganancioso. Ele deseja riqueza fácil, e está disposto a muito para consegui-la. Diz-se que o preguiçoso tem na língua o que não tem nas mãos. O morador de rua costuma ser rápido em inventar histórias, apresentar contextos e desculpas, a fim de comprar caridade com a moeda da comoção. Sempre desconfie das histórias de fracasso e penúria.

Tem morador de rua que é antes de tudo um mentiroso. Nelson Rodrigues dizia que a grande dor não se assoa. A dor do mendigo profissional é tudo, menos catarrada. Ele inventa histórias mil para facilitar a vida, justificar seus atos ou fornecer propósito a si mesmo. Mas a mentira do miserável não é externa. Há o morador de rua que mente para si ao ponto de conseguir se convencer da própria fantasia. Assim, ele vence a batalha contra a realidade, reconstruindo a própria história ao seu interesse. As vidas que contam aos funcionários do governo são idênticas às que contam aos colegas. Não existe um complô de mendigos que conhece a verdade sobre seus membros. A mentira geralmente é uma só, e a mentira única e repetida vira história de vida. Eles passaram a calar a consciência. O sonho livra da loucura. Quando a realidade é cruel e inescapável, foge-se do real. Seja na droga, seja no sonho, seja na mentira, na construção de um passado que nunca existiu. Eles mentem aos outros na tentativa de acreditar na própria história. Mesmo que mais raros, há quem, no teatro das ruas, esqueça que está atuando e se confunda com o personagem. Ainda assim, a maioria usa as mentiras de forma totalmente consciente.

Ricardo achou uns óculos quebrados no lixo. Segurando aquele amuleto, tenta convencer as pessoas entre o Pici e o Benfica de que precisa de dinheiro para comprar lentes novas e poder trabalhar. Ricardo é viciado em crack. Raramente come. Não liga muito para conseguir ver ou não. Como ninguém se dispõe a levá-lo a um oculista, ele leva uns trocados que teoricamente o ajudariam a comprar lentes novas. Ricardo continua sendo alimentado no seu consumo de drogas por gente que paga para não se envolver com seu problema.

Para alguns, a sopa é salvação. Para outros, a caridade é mais uma pá de cal na miséria moral. O serviço que para uns é vida física, para outros é morte da alma. Às vezes, a caridade mata. Você precisa saber quem está ajudando. É a fase da relação humana que estamos evitando em nossa caridade. Distribuir igualitariamente benesses gratuitas é um alento aos perdidos, mas uma ajuda aos cretinos. A rua abriga demônios, anjos e intermediários de diversos graus. Pessoas que foram às ruas porque destruíram vidas e pessoas que foram às ruas porque tiveram as vidas destruídas — pessoas que foram às ruas porque destruíram e foram destruídas simultaneamente. Vítimas e vilões. Assaltantes e assaltados. Assassinos e assassinados. Céu e inferno porta a porta.

Lúcio e Mariana tanto sabem que ninguém deseja se envolver que apostam nisso para conseguir dinheiro. Casados há uma década, vão de porta em porta dizendo que seu bebê está passando mal e que precisam de alguém que os leve ao hospital. Eles não têm nenhum bebê, mas sempre saem com algum dinheiro para o táxi. As pessoas preferem pagar para não se relacionar. Fazer o bem sem ver a quem é fazer mal a quem precisa parar de se aproveitar da bondade alheia. Nossa caridade precisa de envolvimento individual. Não tem escapatória. Só podemos modificar a realidade das ruas ao tratar cada morador de rua — *veja o absurdo* — como um indivíduo.

Parar de lidar com um grupo uniforme para lidar com nomes. Sentar com cada um e cuidar de cada um de forma individual. Um por um. Parar de dar dinheiro. Dar envolvimento pessoal. Ouvir antes de falar. Perguntar antes de responder. Isso é mais difícil. É mais trabalhoso. O governo não consegue fazer, mas é a única abordagem eficiente.

É no distanciamento que mora o ridículo da caridade inútil. Tais homens possuem uma função social importante. Eles são entretenimentos morais. São para a caridade o que a pornografia é para o sexo. Não representam a experiência real, mas enganam bem quem não tem interesse na coisa de verdade, ou complementam relacionamentos complicados. Assim como uma prostituta representa para homens cansados da complexidade de seus casamentos um escape de simplicidade, ir a uma praça com sanduíche e suco, distribuindo abraços e pregações bem ensaiadas, representa uma traição do verdadeiro relacionamento caridoso que sacia desejos morais básicos do ofertante sem a dificuldade de uma aproximação real e de longo prazo com quem deveria receber aquela energia. Nisso, o morador de rua sabe que precisa fornecer gozo psicológico para sair com algum dinheiro a mais, e se rebaixa a uma escada moral, o ópio dos caridosos.

Por isso, do modo como configuramos nossa sociedade moderna, as pessoas precisam dos mendigos mais do que os mendigos precisam das pessoas. Os moradores de rua são necessidades psicológicas, uma vez que são uma maneira de fazer o bem sem nenhum risco ou sacrifício real, uma vez que são meios de saciar necessidades de apaziguamento moral a baixo custo. Trata-se de uma manifestação de miséria controlada e limpinha. Ninguém tem lepra, ninguém está morrendo de fome na sua frente, ninguém está gemendo de dor, ninguém grita de lamento agarrado a sua perna. É um teatro bem humilde: uns fingem que ajudam enquanto outros fingem que precisam — e ambos saem com a recompensa que procuram.

O PREÇO DA APOSENTADORIA PRECOCE

Aristóteles escreveu em *Ética a Nicômaco* que "a riqueza não é evidentemente o bem que procuramos: é algo de útil, nada mais, e ambicionado no interesse de outra coisa".[29] Ter dinheiro no banco ou um salário gordo é apenas um meio para um fim. Se minha conta é rechonchuda, mas por algum motivo eu não consigo fazer uso desses recursos — imagine, por exemplo, um cenário de catástrofe global que encerrou todo o comércio —, a riqueza se converte imediatamente em inutilidade, já que o extrato positivo não é o fim em si mesmo, mas um meio para adquirir outras coisas, como bens e serviços. Amartya Sem diz que a "utilidade da riqueza está nas coisas que ela nos permite fazer", de forma que geralmente "temos excelentes razões para desejar mais renda ou riqueza", não porque "elas sejam desejáveis por si mesmas, mas porque são meios admiráveis para termos mais liberdade para levar o tipo de vida que temos razão para valorizar".[30] A pergunta, no fim das contas, é: o que queremos quando queremos dinheiro?

O morador de rua alcançou uma versão fácil do sonho do trabalhador médio, a saber, o ócio. O homem comum não quer ser rico ou milionário para comer pratos de trezentos reais. O caixa do supermercado não aposta na Mega-Sena acumulada porque sonha com um jatinho particular. Por mais que acabe comprando todas essas coisas e torrando cada centavo em pouco tempo, o sonho do homem comum está menos na aquisição de produtos impossíveis e mais na possibilidade de viver sem trabalhar. As conversas na mesa do bar ou nas confraternizações familiares sempre param sobre quanto você precisa ganhar para viver dos juros da poupança sem nunca mais trabalhar na vida, ainda que não seja a vida de sheik árabe. Riqueza sem esforço trabalhista é o sonho do profissional médio tanto quanto é o fetiche das utopias socialistas.

Em um episódio do antigo programa de TV *Os trapalhões*, um dos personagens encontra o outro numa rede em pleno horário de serviço. Ao ser questionado sobre não estar trabalhando, responde dizendo que o objetivo de quem trabalha é ganhar muito dinheiro para se aposentar bem e passar o dia descansando na rede. Ele só havia pulado o processo. É um erro acreditar que o homem médio deseja simplesmente ser rico. Ele deseja viver sem preocupações ou esforço, e crê na riqueza como o melhor instrumento para isso. Na rua, o homem encontrou uma versão manca do sonho médio.

Conversei com Jorge em uma noite de São Paulo. Ele está na rua há dez anos, desde seus trinta e pouco. Divorciou-se, teve problemas pessoais, começou a beber — testemunho padrão. Toda semana ganha roupas e cobertores, principalmente de igrejas, mas diz que outros moradores de rua sempre o roubam. A igreja do bairro já o mandou para casas de recuperação algumas vezes, financiando tudo, mas ele nunca se dispõe a permanecer por muito tempo. Quando na rua, sempre diz que quer voltar para as clínicas. Alega ter trabalhado no SBT do interior de SP como cinegrafista: "Eu operava Betacam", dizia, "levava câmera no ombro." Convidei-o para comer comigo, mas ele preferiu ficar comendo na calçada da rua: "Quero deixar minha cabeça à toa." Diz que encontrou nas ruas a vida mansa que sempre quis.

Na rua, não há hora para dormir ou acordar. Não há compromissos, patrões, autoridades a obedecer ou horários fixos. Não importa a que horas você passe pela avenida Eduardo Girão, as mesmas pessoas estão deitadas nos mesmos colchões, no mesmo descanso continuado. A senhora gorda, sempre com um lençol, estará brigando com o marido metade do dia. Os outros adultos se revezam entre pedir dinheiro no sinal e sentar nos sofás velhos que ficam perto do canal. Sempre há um ou outro dormindo. Na praça do Ferreira, homens adultos totalmente funcionais estão sentados durante todo o dia, bebendo, falando de mulheres e jogando conversa fora sobre uma miríade de assuntos. Saem apenas em busca de algum alimento, gelo para suas garrafas d'água e necessidades fisiológicas. Em algum sentido, o mendigo consegue uma versão da vida do rico. As pontas dos extremos se tocam. A vida na rua é uma capenga aposentadoria de baixo custo. De fato, creio que não existe padrão na forma como moradores de rua dormem. Alguns dizem que eles dormem de dia e ficam acordados à noite por se sentirem mais seguros, mas na verdade eles dormem e despertam das formas mais aleatórias possíveis. Dentro do meu recorte, não encontrei padrão observável. O que acontece é que eles dormem bastante, geralmente sempre que querem.

Mas o trabalhador médio não quer viver na rua. Ele não trocaria seu sonho da Mega-Sena acumulada por dormir na praça. A realidade é que o homem comum quer viver sem trabalhar, mas quer também o status social que vem atrelado a isso. Ele não quer só viver sem trabalhar, mas quer viver sem trabalhar comendo e bebendo com dignidade, conquistando seu próprio espaço no mundo. Há sensos de valor, de propósito e de dignidade que fazem o homem preferir uma vida inteira de esforço na expectativa da aposentadoria do que férias imediatas nas banquetas da cidade. O problema do homem na rua é que, ao desejar viver sem esforço, ele abre mão destes mesmos sensos de valor, propósito e dignidade que deveriam formar seu psicológico. É essa desumanização que representa a desgraça das ruas. A pobreza de si é a verdadeira miséria. São mendigos de humanidade.

Marcão estava na rua desde os 15 anos. Hoje, tem 49. Quando perguntei o que ele fazia durante o dia, ele disse que dormia. Só dormia o dia todo: "Minha vida é essa, é liberdade". É estranho que muitos movimentos sociais, principalmente os mais à esquerda, costumem ver a mendicância como uma escravidão de miséria por consequência do capitalismo contemporâneo, não como um exercício de liberdade individual. Pelo menos, é assim que Marcão se vê. "Durmo quando Deus quer, acordo quando Deus quer. O vento me leva." A linguagem religiosa vem do seu passado como filho de pastor da Assembleia de Deus no interior do Ceará. Ele diz que não quer outra vida: "Gosto de viver sem lei, mas não mexo com ninguém." Sterza Justo resume bem esse sentimento mendicante:

> Alguns falam da sensação de liberdade que sentem como andarilhos: não há a voz da esposa e de familiares se queixando, cobrando soluções, "atormentando" o tempo todo; nem o patrão ou o capataz "azucrinando", vigiando cada movimento, pressionando o ritmo do trabalho, humilhando, escravizando, explorando; não há mais o crediário e credores de cada mês exigindo um pagamento com dinheiro que não se tem; as dívidas aumentando e se tornando cada vez mais impagáveis; não existem acidentes de trabalho e as doenças que rotineiramente aumentam o infortúnio pelo total desamparo enfrentado nessas ocasiões; nem as estafas que não permitem um momento de descanso e sossego; não há as intermináveis desavenças afetivas, brigas e agressões que explodem no relacionamento com a mulher, filhos ou com os pais; [...] nem a infidelidade da mulher no relacionamento sexual-afetivo e outras frustrações que podem surgir na pobreza; nem intrigas afloradas no ambiente de trabalho, na vizinhança e entre os conhecidos e familiares; nem as ansiedades, pesares causados por uma autoimagem negativa e corrosiva; não há culpabilizações e desesperança em relação ao futuro; tudo isso, enfim, fica para trás na errância, embora outras dificuldades e sofrimentos possam aparecer.[31]

Por que os homens costumam preferir pagar por uma vida de descanso o preço de trabalho duro ao preço da rua? A rua cobra mais que o desconforto do trabalho se você estiver apegado a questões familiares, espirituais, morais e existenciais. Você precisa perder a possibilidade de desenvolver um núcleo familiar tradicional, abandonar valores típicos da espiritualidade comum, como trabalho e ordem, desistir de valores de certo e errado já impregnados na cultura (e, por que não, na natureza humana), abandonar sensos de valor e propósito pessoal que costumam ser formativos do psicológico individual. A vida vai ficando mais fácil à medida que nos afastamos da dignidade. O preço da rua vale a pena para adiantar a aposentadoria, com os abatimentos de conforto que sua versão desabrigada cobra? Sterza Justo novamente:

> Para o sedentarista é insuportável a ideia de ter que viver constantemente no improviso, na incerteza, trafegar sem um mapa, sem uma direção, um objetivo, um planejamento, sem provisões básicas e tantas outras providências que permitam antecipar minimamente situações vindouras e a ocorrência de problemas e dificuldades.[32]

Nas minhas primeiras noites na rua, eu só conseguia me sentar de costas para a parede, no chão, tentando ao máximo me posicionar em algum lugar onde pudesse enxergar toda a movimentação de quem se aproximasse, e repetir mentalmente "meu Deus, meu Deus!" quase em mantra, de tanto medo de morrer. Homens drogados passavam por mim, olhos que já contemplaram ambos os lados da arma em punho me fitavam, e o temor sentava do meu lado, abraçado comigo. A cada inspiração, era como se medo e ar entrassem em meus pulmões. Eu, configurado emocional e psicologicamente para uma vida comum, não estava preparado para aquela experiência. Aparentemente, eu era o único ali com medo. Enquanto eu tremia sentado no chão abraçando os joelhos, homens galanteavam mulheres, muitos contavam histórias, focos de gargalhadas e usos de drogas eram visíveis. Na busca pela felicidade, nós somos rápidos em racionalizar nossas próprias situações a fim de vencermos o mal-estar das circunstâncias, ainda que isso cobre uma transformação pessoal que leva ao abandono de fatores de humanização como senso de valor, busca de propósito, esperança quanto ao futuro, poder de conquista, privacidade, segurança, limpeza.

Para alguns homens, este é um preço que vale a pena pagar. Mendigos sofrem um regramento em termos de bens materiais, mas encontram um tipo diferente de conforto material por vezes desconhecido e até incompreensível à maioria de nós. Dependendo da intensidade e desconforto de sua vida de trabalho, de sua intolerância à disciplina e submissão ou de sua intimidade com pobreza, criminalidade ou comportamento antissocial, há uma vida mais simples e mais fácil disponível, sem contratos de aluguel, sem patrões, sem jornadas de trabalho. Acaba que há uma retroalimentação da desumanidade. Você abre mão de certos valores para viver de pernas para o ar, e a ausência destes valores acabam formando um ser humano deformado, de alma torta, rota de propósito e felicidade. A parábola bíblica sobre o filho pródigo que pede ao pai um adiantamento de sua herança a fim de viver hoje uma vida de riqueza acaba servindo de ilustração para a existência de quem se aposenta por antecipação. O filho pródigo precisava viver a vida inteira com o pai para aprender o valor de seus bens e recursos. A aposentadoria, uma vida de conforto ocioso, só forneceria prazer se fosse fruto de uma vida inteira de aprendizado sobre poupança, investimento, trabalho duro, valor, propósito e ordem. Sem isso, abrindo mão da própria humanidade, o indivíduo se torna um pequeno Esaú, que vendeu seu relacionamento familiar por um prato de comida. Ao sacrificarmos coisas maiores por pretensões moralmente menores, somos os principais prejudicados por isso.

Ainda assim, a aposentadoria precoce fornece uma vida ociosa que não possui todos os meios para o aproveitamento desta ociosidade. Isaiah Berlin já falou sobre a diferença entre liberdade negativa — ausência de coação contra sua vontade — e liberdade positiva — ter meios de realizar sua vontade.[33] O morador de rua é "o homem que conta com a possibilidade objetiva de gozar desse descanso", mas "não possui os recursos subjetivos adequados para o fazer".[34] Mesmo assim, o principal problema do homem na rua não está na qualidade de vida, mas na despessoalização, na falta de humanidade necessária para se adaptar a essa vida mais simples.

Você se destrói na sua autocompreensão para ter uma vida mais confortável. A maior necessidade na rua não é dinheiro. Não é sopa. Não é roupa. É humanidade. E é isso que nossa caridade não está dando.

O CHÃO DAS DELÍCIAS

Euclides da Cunha poderia dizer que o morador de rua é, antes de tudo, um fraco. Possuidor de certo raquitismo moral um tanto exaustivo, costuma ser alguém que desistiu de encontrar prazer no propósito, na criação, no progresso. Culpando todas as circunstâncias sociais, políticas, econômicas e astrológicas que lhe eximam de qualquer responsabilidade pelo próprio juízo, ele paulatinamente assume que o fracasso o define, ao ponto de sentir prazer nele. O raciocínio oculto parece ser o que se segue: não há como cair se se está por baixo, então a posição mais segura da existência é deitado de bruços no chão. Enquanto algumas pessoas odeiam estar por baixo, outras veem no chão seu jardim florido.

Cruzei com dois ou três senhores adultos que voltaram às ruas por pura saudade dos paparicos psicológicos disponíveis nas praças, vindos de mãos macias de jovens católicas. Dois ou três seres humanos que encontraram meios de sair da mendicância, mas que não se adaptaram à frieza da rotina comum. Será que estamos dando em nossa caridade aquilo que negamos na parada de ônibus? Deus o julgue, mas parece mais fácil encontrar carinho e atenção de quem o vê como uma pobre vítima do destino. Quando você se torna um igual, sujeito às mesmas obrigações e oportunidades, não recebe qualquer mimo do mundo. Há quem retorne às ruas como um filho pródigo à casa do pai.

Qualquer um de nós pode assumir que há um prazer vergonhoso em ser alguém inferior. Estar perpetuamente na posição de cuidado, nunca de cuidador; protegido, nunca protetor; recebido, nunca recebedor. Não acho que não existam, mas nunca conheci ex-morador de rua que não lute diariamente para manter o coração longe dos becos da autocomiseração e da posição de vítima. Uma vida vivida com outros resolvendo seus problemas não pode ser suplantada com facilidade. Mas não é só isso. Por pouco eu também não fiquei psicologicamente viciado na morbidez decadente da existência mendiga. Eu gostaria de saber explicar melhor, mas há uma força quase atômica na tristeza diária que deixa a pessoa abstinente. Durante os intervalos das aulas, eu me pegava lembrando das ruas escuras do Centro com alguma nostalgia recente.

A droga das ruas acaba por ser duplamente poderosa. A solidão mórbida atrai homens sozinhos e melancólicos, e a caridade impessoal fornece entretenimento emocional a baixo risco e sem qualquer cobrança de transformação pessoal em contrapartida. Sacia-se o desejo pelas trevas de um lado e a necessidade de alguma emulação de calor humano por outro. Assim que se é retirado das ruas, entra-se na fissura pela atenção, pelas horas de monólogo sem rumo, pelo carinho gratuito das jovens com frases de efeito nas camisetas. Nossa caridade tem formando nestes homens um tipo de personalidade normalmente considerado abjeto, deixando-os cada dia mais inaptos ao convívio comum. Se não passa por um amoroso e paciente processo de educação comportamental, seja por vias laicas ou espirituais, o mendigo sai da rua, a rua não sai do mendigo, e ele acaba retornando como uma porca lavada para o mesmo chiqueiro. Um banho e um carimbo na carteira de trabalho não resolvem o problema de que deitar no chão continua a ser gostosinho.

PARE DE OFERECER UMA VIDA MELHOR

Você não convence um homem a sair da rua dizendo que ele pode ter uma vida melhor. Poucas coisas são mais chocantes neste tipo de relacionamento do que atestar que, se o mendigo sair da rua, ele provavelmente vai viver uma vida que, para ele, é consideravelmente pior que a mendicância. A pessoa não quer apenas sair da rua, ela quer sair da rua para ter uma vida próspera e sustentável. Ofereça uma casa alugada e 12 horas de trabalho carregando botijões de gás e muitos preferirão a calçada. A maioria poderia sair da rua, mas não quer a vida que a existência comum lhes ofereceria.

O cálculo é simples. Em vez de buscarmos criar uma economia que favoreça o mercado ao ponto de melhorar a qualidade de vida dos mais pobres, nós voltamos às mesmas políticas que dificultam os trabalhadores mais fracos, enquanto tentamos alavancar a qualidade de vida daquele que não trabalha. Chegamos então à situação absurda de que alguém na escala mais baixa do mercado de trabalho tem uma vida pior do que a de quem decidiu dormir nas calçadas e ruas. O trabalhador braçal possui incentivos financeiros para largar tudo e morar na rua, e só não há uma migração em massa do mercado de trabalho para a mendicância confortável por barreiras morais, noções de honra, valor, propósito e orgulho — ou desconhecimento sobre o que está por trás do teatro da miséria. Passa fome quem ainda se agarra à dignidade e ainda quer morar numa casinha, comer a própria comida e mandar os filhos para a escola. Quem desiste dos padrões socialmente estabelecidos de vida digna encontra uma existência fisicamente mais recompensadora do que quem tenta a ferro e fogo levar uma vida comum.

O homem na rua não costuma ter formação acadêmica ou larga experiência profissional. A maioria não sabe ler. Estão há tempos desacostumados com disciplina e ordem. Caso saiam da rua, não se tornarão médicos ou advogados. Entrarão na escala mais baixa da pirâmide trabalhista. Ganhando pouco e trabalhando muito, terão acesso a menos bens e serviços do que tinham quando mendigos. Não terão mais celulares roubados, roupas doadas, comida entregue nas mãos e absolutamente nenhuma responsabilidade na vida. Terão agora que cansar, aguentar patrão, pagar aluguel, comprar as próprias roupas e comida. Em termos meramente financeiros, não parece muito atrativo sair da rua. O morador de rua e o trabalhador na base de escala social vivem vidas não tão distantes, mas o trabalhador tem um esforço muito maior. Se você estiver disposto a abrir mão de certos compromissos humanos e sociais, faz muito mais sentido morar na rua que estar na base do mercado de trabalho. Escrevem as autoras de *População de rua*:

> Baseando-se na lógica da sobrevivência na rua, é muito alto o custo que o trabalhador paga para ter teto e comida: o trabalho extenuante, o tempo controlado, para uma precária qualidade de vida, de alimentação e

habitação. Uma vez socializado na rua, como retomar a um estressante cotidiano na construção civil ou em serviços gerais, aliado muitas vezes a problemas de saúde e alcoolismo?[35]

Você pode argumentar que há uma possibilidade de progresso, que essa situação inicial pode representar apenas o retorno ao mercado de trabalho, mas o morador de rua não acredita muito que a vida possa ser diferente. Quase todos vieram de famílias pobres — boa parte das histórias de sucesso passado são mentiras para chamar atenção, desmentidas quando a sopa vai embora —, sem qualquer vislumbre da possibilidade de riqueza. Com dois ou três meses como borracheiro ou caixa de supermercado, o homem desiste e prefere passar o dia inteiro sentado com os amigos bebendo Ypióca de uma garrafa de bolso.

Se queremos convencer um homem a sair da rua, precisamos ser instrumentos em um esforço de longo prazo para fazê-lo recuperar seu senso de dignidade. Esse processo se dá por vias negativas e positivas. Por um lado, o morador de rua precisa perceber que é um ser humano miserável. Um ser tão desfigurado que, se não houvesse uma dignidade intrínseca ao simples fato de ser humano, não representaria nada para o mundo e a única coisa que o diferenciaria de uma lata de lixo seria a lata. Isso, infelizmente, ninguém tem coragem de dizer. À exceção de alguns pregadores mais virulentos, todo mundo passa a mão na cabeça de quem julga sofrer injustiças da vida. O problema é que a única injustiça que essas pessoas sofrem é viver bem sem produzir qualquer bem, tomando força de caridade que deveria ir para quem realmente vive algum mal injusto. É uma injustiça que tenham comida todos os dias. Elas precisam receber consciência de que não estão conquistando nada, não estão produzindo nada. Precisam assumir que o espaço que chamam de casa é um espaço público destinado a todos os cidadãos de que elas se apossaram indevidamente, que as práticas que chamam de trabalho são na verdade atos de coação a homens trabalhadores que lhes dão algum dinheiro por simples medo de algum ataque violento. Nisso, estão muito distantes dos verdadeiros desvalidos que precisam de cuidados assistenciais por não terem capacidade de produzir, mas que são minoria entre a população de rua. Até porque alguém que dependa integralmente de assistência não sobreviveria na rua.

Agora, existe também uma via positiva. Alguma mensagem de esperança e consolo precisa fornecer ao homem instrumentações para a volta por cima. Ele precisa ser convencido de que é melhor que aquilo, ser lembrado de que não deveria viver das migalhas dos outros. Eles podem nunca ter mais, mas precisam saber que podem ser mais. É preciso devolver ao desvalido uma antropologia mais elevada, que o faça crer-se indigno daquela situação. Aqui, há espaço para manifestações mais claras de amor humano e condoimento moral. Oferecer um abraço, uma mão, uma ajuda — um ombro que seja.

Mas quem possui essa mensagem? Pela via negativa, vez por outra, até muito raramente, surge algum moleque gritando impropérios, um dono de loja irritado com o abrigo xexelento que enfeia sua fachada ao ponto de declarar monstruosidades, ou alguém que se recusa a oferecer esmolas, mas que dá exortações de bom grado. A via positiva é sempre mais comum, vinda de ongueiros e religiosos — em ano bissexto, de algum agente governamental um pouco mais condoído.

Quem geralmente consegue intercalar as duas vias na mesma mensagem de forma inteligente são os membros de igrejas protestantes históricas, geralmente associados ao presbiterianismo e a movimentos batistas mais tradicionais. Pela forma como a doutrina do pecado e da dignidade humana costuma ser harmonizada nestas tradições, é comum que toda mensagem comece com a via negativa e encerre com a positiva. Costuma haver uma combinação sutil entre condenação e redenção. Infelizmente, membros de tais confissões religiosas são escassos na rua, aparecendo muito pouco, quase raramente. As mensagens evangélicas costumam seguir a via da condenação irrestrita — sobretudo a partir de grupos facilmente identificados como pentecostais — ou da aceitação irrestrita — vinda de grupos protestantes mais modernos ou de pastorais do povo da rua. Que diferença seria se protestantes históricos estivessem mais presentes nas praças e vielas, e que outros grupos, religiosos ou não, assumissem o mesmo tipo de abordagem. Não existem certezas ou promessas, mas pelo menos haveria conversas antropologicamente mais completas ecoando pelas esquinas.

* * *

Tornou-se moda falar da multidimensionalidade da pobreza. A miséria não está mais atrelada apenas ao poderio financeiro, mas a outros fatores humanos que muitas vezes faltam a quem vive em situações de vulnerabilidade. De fato, os moradores de rua convivem com uma pobreza multidimensional que vai além de meras questões financeiras. O que não se percebe é que a questão financeira é a menor das pobrezas dos mendigos. Eles possuem outras misérias mais profundas, mais graves, mais preocupantes e mais urgentes. O que mantém o homem na rua não é a miséria financeira, mas a falha moral. É sobre esses aspectos multidimensionais da mentalidade mendicante que falaremos na próxima parte da pesquisa.

Que quimera é, então, o homem? Que novidade, que monstro, que caos, que motivo de contradição! Juiz de todas as coisas, imbecil verme da terra, depositário da verdade, cloaca de incerteza e de erro, glória e escória do universo. Se ele se gaba, eu o abaixo; se ele cai, eu o louvo. E sempre contradito, até que ele entenda que é um monstro incompreensível.

Blaise Pascal
Pensées, 1671[36]

PARTE 2

AS RUAS ESCURAS DA ALMA

3

Escombros de um naufrágio moral

Cruzando os limiares da miséria de alma

> *Se você pegar um cão faminto e torná-lo próspero,*
> *ele não irá mordê-lo. Esta é a principal diferença*
> *entre um cão e um homem.*
>
> Mark Twain, *Pudd'nhead Wilson*[1]

A realidade é complexa demais para ser analisada dentro de um escritório. Com um ano na rua, você percebe que ideias preconcebidas não sobrevivem ao teste da realidade. Respostas fáceis, imagens bem lapidadas, obviedades e truísmos só são comuns nos livros, no gabinete, nos centros acadêmicos e nas redações. Não existe ideologia que resista intocável quando passa pela prova dos nove da existência. Era muito fácil para mim ter certezas e planos de salvação para a comunidade pobre, até parar para viver a vida comum.

É deprimente ler a romantização de Jorge Amado, dizendo que "vestidos de farrapos, sujos, semiesfomeados, agressivos, soltando palavrões e fumando pontas de cigarro, eram, em verdade, os donos da cidade, os que a conheciam totalmente, os que totalmente a amavam, os seus poetas".[2] Ou mesmo a de Milton Santos, tido como o mais importante geógrafo do Brasil, que tratava a população em termos quase idílicos.[3] Ainda vivemos sob as superficiais definições do pobre segundo Victor Hugo. Os mais variados trabalhos universitários, como é comum na academia, parecem idealizar os mendigos como pessoas que suplantaram as barreiras da sociedade de mercado, transcenderam o capitalismo e encontraram algum tipo de nirvana social entre o lixo e a gonorreia.

Por outro lado, dói na alma de quem insiste em possuir uma que ainda haja quem trate o desabrigado como um anti-homem, um ser menos humano do que os outros por conta de sua condição social. Vez por outra surgem notícias de moradores de rua sendo espancados até a morte em diferentes cidades do país. Ficou famoso o caso em que Galdino, um índio pataxó, foi queimado vivo por adolescentes no Distrito Federal na madrugada de 20 de abril de 1997, e em que, tentando se justificar à imprensa, um dos rapazes declarou ter pensado que a vítima era apenas um mendigo.

Quando achei que encontraria um mar de pessoas escravizadas por um passado que as perseguia, presas pelas circunstâncias da vida, encontrei preguiçosos, gente que passa o dia dormindo, bebendo e se divertindo às custas dos outros. Quando pensei que encontraria vítimas, encontrei um mar de vilania. Já quando ia sendo tomado por visões mais duras, pensando encontrar apenas desgraça moral, vi crianças fugindo de abusos sexuais, senhoras claramente doentes da cabeça, totalmente enlouquecidas. Vi jurados de morte por crimes de familiares e senhores que fracassaram em achar emprego na cidade grande. Quando pensei que enfrentaria a crueldade, fui sugado pelo vácuo de vida. Vilão e vítima se confundem porque são muitas vezes a mesma pessoa: culpada, tão absolutamente culpada como se pode ser, mas também vítima, tão absolutamente vítima como se pode conceber. Se algum padrão pode ser encontrado em todos os indivíduos que moram na rua, é que todos precisam ser resgatados de si mesmos. Eles se enrugaram contra a própria natureza, e se mantiveram numa situação que vitima a si próprios. Muitos são vítimas do outro, mas muitos são vítimas e culpados de si mesmos. Quando na comédia *Asinaria* o dramaturgo romano Tito Plauto disse pela primeira vez que o homem é o lobo do homem, ele não parecia querer dizer que somos também lobos de nós mesmos, mas é inescapável que o homem também pode ser lobo de si. Existe uma voz recíproca na miséria das ruas. Empobrece-se, dificulta-se, criminaliza-se, desumaniza-se, mata-se.

O morador de rua é incógnito e contradito. Pequena esfinge que nos devora todos os dias, seja com o crime, seja com o olhar de dor que nos deixa rubros. Olhar para o morador de rua gera em você sentimentos inéditos. A figura complexa do desabrigado complexifica sua interioridade. Há simultaneamente pena, ira, compaixão e desprezo, não como sensações separadas, mas como um sentimento só. Os olhos não marejam, mas se enfebram. Você não sente bem tristeza, mas uma angústia quase física dentro do tórax. Você se senta na rua e não consegue chorar. Só consegue gemer baixinho. Não sai uma lágrima, mas seu suco gástrico quer subir pelo esôfago. É uma escola para os sentimentos. Você forma em si emoções complexas que nunca havia sentido.

A MALDIÇÃO DA VONTADE

Possivelmente, a constatação moral mais dolorosa que podemos fazer sobre os desabrigados é a de que a rua é uma escolha consciente, um exercício de vontade. É uma escolha do descanso em detrimento da humanidade. Os mendigos precisam ser tratados como seres humanos responsáveis que, se incapazes de fazer escolhas melhores, são os únicos responsáveis finais por isso. Muitos são vítimas do outro, mas a maioria é vítima de si, logo culpada de si mesma, vítima e algoz da própria história. Tanto fascinado quanto aterrado pelas ideias de seus pacientes no presídio, Dalrymple diz que "eles mesmos são a fonte da própria miséria",[4] de forma que não são vítimas, mas sim coautores da própria desgraça.

Infelizmente, poucos têm sentado ao lado dos mendigos para conhecer suas particularidades. Isso promove a uniformização do pobre, e gera respostas uniformes para a miséria. Falar de escolha pessoal cobra atuações sob medida e gera falência da indústria do tamanho único. A manufatura de soluções é muito cansativa e não enriquece ninguém além do mendigo. O fordismo da caridade gera resultados mais palpáveis para quem o gerencia, mesmo que não seja muito útil a quem afunda na miséria. Por isso, em vez de fornecer meios para que o homem caído saia da pobreza, muitos se esforçam por produzir em larga escala uma série de desculpas para que o desabrigado se veja vítima de vilões intangíveis.

Parece que nós não podemos aceitar que a miséria do mendigo seja outra além do infortúnio financeiro. Se tirarmos a questão das oportunidades econômicas, precisaremos acreditar em doutrinas arcaicas e já desprezadas na academia, como imaginação moral, natureza humana e — oh, o horror! — escolha pessoal. A maior desgraça é que muitos mendigos já estão convencidos disso. Aqueles com quem eu conseguia alguma conversa já estavam besuntados de psicologuês barato. Assumiam vitimizações diversas, culpavam a sociedade, a família, a infância, Deus e o diabo. Se estes homens já acreditavam nestas coisas antes de se tornarem mendigos, eu não sei. O que eu sei é que sempre há quem vá às ruas alimentar este tipo de pensamento. Quando um psicólogo aparece nas ruas — sempre raros, mas sempre em bandos, como os caranguejos-vermelhos da Ilha do Natal —, ele está geralmente focado em colocar ainda mais doideiras na cabeça dos mendigos.

> A ideia de que a pessoa não é agente, mas uma vítima indefesa das circunstâncias, ou de grandes forças ocultas sociológicas ou econômicas, não surge naturalmente, como uma companheira inevitável da experiência. [...] foi propagada incessantemente por intelectuais e acadêmicos que não acreditam nisso no que diz respeito a eles mesmos, é claro, mas somente no que concerne a outros em posições menos afortunadas.[5]

Acho que era uma terça-feira quando a menina se sentou do meu lado, no banco da praça. Ela não tinha comida, mas quem estava com ela distribuía alimentos logo à frente. Era de alguma igreja não sei das quantas, estudante universitária de alguma coisa do centro de humanidades da UFC — Letras, talvez? História? Ela também era professora, tenho certeza, mas não lembro de quê, e estava fazendo um belíssimo trabalho humanitário conversando com mendigos perto da meia-noite. A conversa seguia algo mais ou menos como "você não pode deixar a sociedade fazer isso com você", passando por "você não tem culpa de estar assim" e desaguando no clássico "Deus tem um plano maior para sua vida". Eu não levantei a cabeça porque sempre evitei contato visual muito direto com quem me abordava (o capuz e o chapéu ajudavam), mas ficou claro que, para a jovem de voz irritantemente fina e tênis branquinho, eu não era um agente livre, capaz de um exercício de vontade. Eu parecia tão responsável pela minha vida mendicante, julgava ela, quanto pelo alinhamento de astros no céu.

É comum que psicólogos e assistentes sociais confundam explicar e entender com justificar e vindicar. Dalrymple argumenta em *Evasivas admiráveis* que a psicologia atual subverte a moralidade, evadindo os homens de suas responsabilidades. Vemos isso na prática clínica de rua. Se há um motivo plausível para que alguém prefira a calçada à cama, então não há culpa ou exercício de vontade nessa preferência. Se alguém mora na rua porque tem uma família desestruturada, então temos um tipo de justificativa moral para a mendicância. Mas o que separa duas pessoas que viveram a mesma experiência, sofreram as mesmas dificuldades, lutaram com a mesma família e escolheram vidas completamente distintas? O que leva um filho a permanecer em casa e outro a dormir em rodoviárias, se ambos possuem características filogenéticas parecidas e ambientes ontogenéticos e culturais quase idênticos? Em última análise, o que separa boa parte dos moradores de rua dos que moram em suas casas é um exercício consciente de vontade, uma escolha tão autônoma quanto uma escolha humana pode ser. Já havia dito o doutor:

> A importância daquilo que se passa na cabeça dos seres humanos individuais é [...] implicitamente negada em favor de grandes forças impessoais reveladas por regularidades estatísticas [família, educação, economia, racismo, sociedade etc.] que, supostamente, determinam o comportamento das pessoas. [...] ao negar qualquer importância à consciência na conduta humana. Por esse prisma, o pensamento é irrelevante à ação.[6]

Para evitar um apego completo à romantização do miserável, imagina-se que nem todo pobre é honesto, que existe um ou outro que *fez por onde*, que não há unanimidade nas ruas. Mas tudo é apenas um aceno de sanidade para justificar a loucura. Precisamos de uma virtualização do morador de rua para que ele seja uma âncora mental do problema socioeconômico de nosso tempo. Ele representa a *hubris* econômica, o lapso social, a queda antropológica. Ele é o caos controlado cuja redenção não nos cobra muito mais que uns trocados.

A verdade ignorada é que o desabrigado comum se esforça por permanecer mendigo. Há um exercício diário de vontade. Muitas forças concorrem para tirar o homem da mendicância, e só com diligência alguém permanece nela. Sempre há uma tia, um amigo, um hostel, uma locação de valor ridículo, uma casa compartilhada ou um motel de 15 reais a noite. São os destinos comuns de quem não aguenta a rua, diga-se. Há sempre uma igreja oferecendo banhos, cortes de cabelo, roupas limpas, produção de currículos, cursos profissionalizantes, empregos e comunidade. As oportunidades são várias. Todos os dias, sem uma única exceção, alguém o convida a sair da vida mendicante.

Eu lido com as exceções a isto no capítulo 5, mas normalmente o desabrigado se mantém mendigo com o esforço de um faquir. Ele é mendigo por escolha de consciência. Os moradores de rua possuem demandas que, quando saciadas, tornam-se descartáveis. Pedem clínicas de reabilitação que são abandonadas depois de alguns dias, imploram por empregos aos quais nunca compareçem, clamam por oportunidades que desprezam sumariamente. Depois de receberem ajudas governamentais ou privadas, continuam na mesma vida de antes, quase sempre: "após um mês, o aluguel do apartamento continua sem pagamento e o dinheiro doado foi gasto", diz mais uma vez Dalrymple, "não em refrigeradores ou fornos de micro-ondas", mas em satisfações imediatas, "o que lhes assegurou períodos curtos, porém gloriosos, de extrema popularidade no bar à custa do pagador de impostos [ou dos dizimistas das igrejas]".[7] Ele continua:

> Para a maioria de nós é difícil aceitar que esse tipo de vida, tão pouco atraente na superfície, seja livremente escolhido. Pensamos, por certo, que deve haver algo errado com aqueles que escolheram viver dessa maneira. Sem dúvida devem sofrer alguma doença ou anomalia mental que explique tal escolha e, portanto, devemos ter pena deles. Ou ainda, [...] são vítimas de infortúnios dos quais não têm culpa e que estão além de seu controle. A sociedade, como é representada pelos assistentes sociais, deve, portanto, resgatá-los.[8]

O exercício de vontade acaba evidenciado no relacionamento dos mendigos com os abrigos gratuitos disponíveis em certas cidades do país. Comumente, mendigos rejeitam a oferta gratuita de moradias, o que normalmente dá um nó na cabeça dos justiceiros sociais. Os especialistas criam um mundaréu de desculpas e justificações para que mendigos rejeitem os abrigos governamentais. "Não podem levar seus animais de estimação" — como se todo morador de rua vivesse as aventuras de Rin-Tin-Tin. "Eles têm medo de serem roubados", como se a calçada da praça da Sé só fosse acessada com senha alfanumérica e rigorosa biometria. É difícil entender que, se fosse para morar em algum albergue, o mendigo não estaria dormindo na rua? José Sterza Justo retrata o que dizem os mendigos sobre isto:

> Aqueles que procuram os albergues das cidades encontram conforto maior: chuveiro quente, uma cama, lençóis, televisão. Porém, muitos dispensam esse conforto, consideram o ambiente de albergues ruim e, como dizem, preferem "dormir no mato mesmo". Nos albergues, pernoitam em dormitórios coletivos, às vezes trancados do lado de fora como se estivessem presos em uma cela, e mesmo ali não estão livres de umas desavenças, discussões, brigas e roubos.[9]

A verdade é que eles preferem as ruas. Você cria albergues na hipótese de que eles não dormem em casas porque elas não estão disponíveis, mas os albergues acabam rejeitados por muitos mendigos. Se eles quisessem um quarto, teriam. Se quisessem dormir fora das ruas, dormiriam. O contraditório é que, mesmo assim, os albergues estão lotados. São desejados sempre por muitos como uma oportunidade gratuita de moradia.

Assumir isso pode cobrar toda uma mudança na cosmovisão paternalista das sociologias contemporâneas, mas é inegável que o mendigo médio não só está na rua porque quer, mas se esforça diariamente para permanecer nela. Diz o doutor que

> a existência de pessoas que moram nas ruas, ou que não têm estadia fixa, é geralmente tomada, ao menos pelos esquerdistas, não como uma indicação do compromisso de nossa sociedade com a liberdade, mas do compromisso com a injustiça, com a desigualdade e a indiferença ao sofrimento humano. Não há assunto mais provável que moradores de rua para gerar

pedidos de que o governo intervenha para pôr fim ao escândalo; e não há assunto que melhor satisfaça a mais agradável das atividades humanas: a preocupação compassiva.[10]

Talvez estudantes de psicologia encontrem nos moradores de rua um excelente campo de pesquisa sobre como funciona o processo de desresponsabilização. Quanto mais conversava com os mendigos, fingindo-me de igual, mais eu me convencia de que há um esforço consciente para calar uma voz interior que os acusa de serem responsáveis pelo próprio fracasso. A vítima de si não pode culpar ninguém além do reflexo, mas teima em tentar fazê-lo. Quando as conversas chegavam nos motivos de morar na rua, o problema quase sempre era alguma situação do passado, algum desastre familiar, alguma expectativa disruptiva, alguma organização socioeconômica desfavorável etc. Mil bodes surgem na boca para expiar pecados que precisam ser punidos em si, não nos outros.

O mais interessante eram as diferenças entre o modo como falavam de si para os colegas de rua e para os caridosos de todo dia. Eles sempre se incluíam mais em suas condições quando estavam entre iguais, mesmo que sem especificar muito bem o que exatamente haviam feito para estar ali. De qualquer forma, o uso da primeira pessoa era mais dominante. Diante de quem lhes oferecesse ajuda, a linguagem de pronto se transformava em algo mais passivo. Havia um "fatalismo desonesto com que as pessoas buscam explicar-se para os outros, especialmente quando os outros estão em posição de ajudá-las de alguma maneira", como diz Dalrymple, que ficava "fascinado com o uso da voz passiva", uma vez que os prisioneiros que entrevistavam se descreviam "como marionetes do acaso".[11]

Esta linguagem passiva sempre justifica a miséria e a imoralidade. Assassinos muitas vezes descrevem suas violências em termos como "a faca entrou",[12] quando pressionados a narrar a situação. É como a mídia brasileira e suas manchetes malucas em que carros, em vez de motoristas, atropelam pessoas. O doutor conta um caso que beira o cômico, caso não fosse diário em terras brasileiras:

Outro assaltante pediu para que eu lhe explicasse por que ele repetidamente invadia casas e roubava videocassetes. Perguntou-me agressivamente, como se "o sistema" o tivesse desapontado por não lhe oferecer essa resposta; como se fosse meu dever, como médico, proporcionar-lhe o segredo psicológico oculto que, uma vez revelado, poderia levá-lo, infalivelmente, ao caminho da virtude. Até lá, continuaria invadindo as casas e roubando videocassetes (quando estivesse livre para fazê-lo), e a culpa seria minha.[13]

Frequentemente, os desabrigados jogam nos objetos a responsabilidade por seus atos. O álcool e a droga são os principais culpados da miséria, como se substâncias químicas fossem agentes morais. "A cachaça é uma coisa maldita" é um mantra que justifica a preguiça, a desordem e a destruição da vida doméstica, como se o vício em álcool não fosse fruto, antes de qualquer coisa, de falha pessoal — pelo menos, ninguém jamais falou sobre ter sido injetado à força com conhaque nas veias. Muitos de nós passam por problemas variados, assim como muitos possuem criações familiares ou genéticas que supostamente favoreçam o vício, mas nem todos cedem à tentação moral da bebedeira. Circunstâncias explicam e atenuam, mas nunca justificam ou desculpam.

Popularmente, a análise do comportamento de mendigos só considera fatores que sejam suficientes para justificar e retirar a responsabilidade. Fatores filogenéticos e culturais sempre se sobressaem a fatores ontogenéticos. A combinação de predisposições hormonais com aprendizados culturais justifica qualquer comportamento e retira do indivíduo qualquer responsabilidade de desenvolver repertórios pessoais para solucionar seus problemas. Parece que poucos estão dispostos a assumir que "o crime é um problema moral e não um problema de disposição de ânimo".[14] Como psiquiatra, Dalrymple descreve bem essa psicologia das ruas:

> Ao descrever, por exemplo, a perda de equilíbrio que os leva a agredir quem quer que os desagrade suficientemente, dizem, "tenho a cabeça quente", "perdi a cabeça".
>
> O que exatamente querem dizer com isso? Querem dizer que consideram sofrer de uma forma de epilepsia ou outra patologia cerebral cuja

única manifestação é a fúria involuntária, e que é dever do médico curá-los. Muitas vezes, põem-me de sobreaviso dizendo que até que ache a cura para tal comportamento, ou ao menos prescreva as drogas que solicitam, matarão ou mutilarão alguém. A responsabilidade, quando o fizerem, será minha e não deles, pois sei o que farão e terei fracassado em tentar evitar. Assim, suas doenças putativas não somente explicam e absolvem as más condutas anteriores, como também os exoneram de qualquer conduta imprópria no futuro.

Além disso, por me advertirem das intenções de efetuar futuros ataques, colocam-se como vítimas e não como perpetradores. Dizem às autoridades (no caso, eu) o que farão, e mesmo assim as autoridades (eu, de novo) nada fazem. Então, quando voltarem à prisão após cometer outro crime horroroso, sentir-se-ão prejudicados, pois "o sistema", representado pela minha pessoa, mais uma vez os decepcionou.[15]

Por isso que basta meia hora no sólido dos calçamentos para que as explicações marxistas para a origem da pobreza se desmanchem no ar. Teóricos tentam tratar por malvados aqueles que veem no próprio miserável a causa mais comum de sua miséria, como se tal declaração fosse tão horrenda como a tentativa de enviar favelados a campos de trabalhos forçados. Mas não há maldade, necessariamente. Há uma consideração simples sobre a natureza humana: todos tentam passar de um estado de menos satisfação para um de mais satisfação. O teólogo John Piper já dizia que tanto quem foge *da* guerra quanto quem foge *para* a guerra busca a mesma coisa, a saber, um estado de maior felicidade naquilo onde depositaram o valor e propósito. O economista Ludwig von Mises postulou que toda ação humana se resumiria à busca por estados mais satisfatórios de existência. Por mais simplista que pareça, o mendigo padrão é mendigo porque entendeu que vive melhor como tal, e só. A rua satisfaz. A rua dá descanso. A rua alimenta. A rua veste. A rua vincula. Coisa que só esquerdista do Alphaville consegue negar.

OS CRIMES DA INVEJA

Ninguém rouba porque precisa. Eu posso acreditar que haja furto por motivo de fome, mas nunca um assalto. Todos — repito sem medo de injustiça, todos — os que roubam na rua o fazem porque querem avançar mais fácil na escala social, porque desejam algum bem supérfluo que não lhes é disponível ou porque almejam posições que julgam inalcançáveis em uma economia de mercado. Absolutamente ninguém, em uma grande cidade, tem justificativa moral para o crime. Sinceramente, é necessário muito mais esforço para cometer um delito que para receber uma ajuda voluntária. Quem rouba, rouba porque prefere o crime à humilhação da esmola.

Se você andar com um sanduíche pelas ruas à noite, o suposto faminto vai roubar seu celular. O morador de rua criminoso não tem fome; tem desejo, e um desejo estritamente materialista. Nelson Rodrigues falava da fome "plástica", quase fingida, que, entre assaltar a padaria ou a igreja, preferia a comunidade religiosa: "As hordas da fome costumam ter o mais aristocrático desprezo pelo pão",[16] escreveu no século passado. O morador de rua não é alguém que transcendeu as imposições da sociedade e por isso vive livre, como muitos se interpretam, mas é alguém que está preso a vícios morais tão sérios que o tornam antissocial. Ele não está acima, mas abaixo da vida comum. O mendigo não está acima do capitalismo, como julgam nossas esquerdas. Ele está abaixo. Não superou a economia de mercado, mas se pôs abaixo dela e se sujeita à expropriação forçada do fruto do trabalho alheio. Toma à força os resultados do exercício econômico. Só na cabeça do ideólogo existe qualquer aversão mendicante pela riqueza, pela propriedade privada ou pelo sucesso financeiro. Mendigos que se entregam a crimes amam tanto a propriedade privada que desejam as suas. Desejam sucesso tanto quanto qualquer um, talvez até mais. São movidos, tanto quanto boa parte de nós, pela inveja e pelo desejo de posse.

De quem é a culpa disso? Uma forma comum de negar o exercício de vontade dos mendigos está nos debates sobre desigualdade, e muitos dizem que está na própria existência de desigualdades sociais ou de ambientes inalcançáveis ao homem comum. O mendigo rouba porque, ao contrário dos trabalhadores comuns, vê-se incapaz de progredir financeiramente como os outros. Diante das posses alheias que os esbofeteiam diariamente, cansam de contemplar a criminosa ostentação e tomam aquilo que lhes é negado pela desigualdade social.

O que espanta neste tipo de explicação é que se ignora a questão moral de como o pobre responde à desigualdade para projetar o problema na desigualdade em si. É como se existisse um lapso externo, como se o problema do mundo não fosse puramente interior aos indivíduos, e que bastasse corrigir as distâncias econômicas para que o mundo fosse habitado por pessoas melhores. Fala-se muito sobre as imperfeições do sistema, mas pouco sobre as imperfeições humanas, e, como problema humano, certas falhas morais independem do sistema econômico. Em nossa predileção pelo bom selvagem, fantasiamos uma bondade na rua que não encontramos nem fora dela. A inveja, e os crimes derivados dela, existirão em qualquer nível de diferença financeira entre os indivíduos. Corrige-se isso corrigindo o interior, não amputando todos os privilegiados.

Qual o problema moral com a desigualdade econômica? Uns possuírem mais e outros menos por si só representa uma imoralidade, um problema social que cobra alguma intervenção externa que solucione esta intempérie, como esperaríamos em qualquer caso de violência contra inocentes? Somos ensinados a pensar assim, mas isto não parece correto. As pessoas são diferentes por natureza, as pessoas fazem escolhas distintas, possuem capacidades diversas, erram e acertam cada uma a seu modo. Pais deixam conquistas para filhos que progridem ou destroem o que herdaram. Nasce um irmão gênio e outro marginal. Desigualdade, por si mesma, não significa nada.

A desigualdade social não é um problema de ordem econômica, mas de ordem psicológica, moral e espiritual. A desigualdade em si não é boa nem má. É um dado do mundo natural que pode ou não ter relação com problemas sociais. Por si só, acusar uma economia de ser desigual não comunica nada realmente relevante. A questão sempre será como respondemos ao sucesso do outro, e sempre se espera que respondamos com honra, não com crime. Historicamente, temos chamado as más atitudes diante das posses dos outros de inveja. É uma falha moral condenada por religiosos e poetas, pela filosofia e pela educação doméstica. Tomar o que pertence ao coleguinha costuma ser tratado por boas mães com uma boa bronca, alguns dias de castigo, a devolução dos haveres indevidamente apropriados e pedido público de desculpas. As ideologias, por outro lado, justificam e diminuem a gravidade do crime motivado pela desigualdade, o que significa que o crime foi motivado pelo simples fato de o assaltado ter mais coisas que o assaltante. Não parece honesto dizer que a desigualdade gera criminalidade. O problema não é externo. O crime nasce no coração, no destempero dos desejos e por um exercício imoral de vontade.

Há quem interprete que a desigualdade gera a mendicância, mas parece mais natural perceber que a mendicância é que gera desigualdade. O exercício de vontade, por mais que não seja livre de influências relacionais ou não chegue próximo de ser totalmente autônomo, tem levado alguns à miséria mendicante e aumentado a desigualdade social. Enquanto as esquerdas apontam os miseráveis e culpam a desigualdade, meu tempo de pesquisa me faz apontar a desigualdade e culpar boa parte dos miseráveis que poderiam estar produzindo bem para a sociedade através da força de trabalho, mas preferem parasitar o esforço alheio.

Dalrymple diz que "a noção disseminada de que a desigualdade material é, em si, um símbolo de injustiça institucionalizada também ajuda a fomentar o crime".[17] É o que acontece quando tal discurso chega aos ouvidos dos bandidos. Em julho de 2015, o SBT mostrou uma matéria jornalística onde o preso Rafael Costa, após ter baleado uma atendente de uma loja de celulares, dá um depoimento dizendo que fez o que fez porque é vítima da sociedade, e que por isso não se arrepende do que fez.

É triste que muitos ideólogos, principalmente de esquerda, tenham elegido certos crimes como sendo culpa não de quem os comete, mas da sociedade de modo geral. Se um garoto negro rouba um iPhone, a culpa é da classe média que ostenta seus bens na cara das raças oprimidas. Se alguém rouba um carro, a culpa é da opressão social contra os pobres que não conseguem alcançar os padrões de consumo. Pode parecer piada, mas os discursos esquerdistas sempre seguem por esta linha. O discurso sobre aborto sempre acaba seguindo o mesmo rumo: "Mas mulher nenhuma comete aborto porque quer", como se alguém colocasse uma arma na cabeça das assassinas que preferem matar seus filhos a arcar com a responsabilidade de seus atos. Mas não se engane, a direita também tem seus vexames. Já vi vários comentários a respeito de casos de estupro onde algum direitista imbeciloide berrava: "Mas também, com uma saia deste tamanho."

Muitos já morderam a isca da vitimização do criminoso e da criminalização da vítima. A esquerda brasileira crê num mundo da fantasia, onde a única distinção entre o Batman e o Coringa é que Bruce Wayne teve mais oportunidades na vida e que a desigualdade social é o verdadeiro culpado da loucura do vilão dos gibis. Muitos assumiram o ensino de Godwin de que são apenas as circunstâncias que separam os criminosos dos homens mais altos da sociedade,[18] e que o criminoso é uma "pobre vítima", tanto das punições quanto das circunstâncias que o levaram ao crime.[19]

O blogueiro Leonardo Sakamoto escreveu que andar por aí portando bens caros — o que ele chama de ostentação — em um país como o Brasil "deveria ser considerado crime pela comissão de juristas que está reformando o Código Penal". Ele ainda diz que "os chefes de quadrilhas puxam os gatilhos, mas nós é que colocamos as balas na agulha que matam os corpos e o futuro dessa molecada".[20] E como colocamos estas balas? Ao simplesmente possuir bens de consumo que outros não possuem.

Sakamoto não está sozinho. Em 2003, quando tinha 16 anos, um rapaz conhecido como Champinha sequestrou, estuprou e matou a adolescente Liana Friedenbach em Embu-Guaçu, na região metropolitana de São Paulo, além de seu namorado Felipe. Comentando o caso, Túlio Lima Vianna, professor de Direito Penal da PUC Minas, diz que Felipe e Liana "foram vítimas da desigualdade brutal que tanto os distanciavam de Champinha, seu suposto algoz".[21] Perceba: o sequestrador, assassino, torturador e estuprador é um "suposto algoz", enquanto o verdadeiro criminoso era a desigualdade social. A culpa maior do crime, por assim dizer, não foi de quem estuprou e matou, mas da diferença de renda entre os personagens do fato.

Esse é o maior perigo dos discursos de nossos esquerdistas chiques, é quando tal conversa chega ao ouvido dos assaltantes e assassinos e dá a eles alento para o crime. Quando você oferece as justificativas teóricas para o crime, está ajudando a ser mentor de tal crime. Quem justifica o crime ajuda a puxar o gatilho. Temos uma sociedade que não só é vítima de bandidos, mas também é vítima dos intelectuais da esquerda. Talvez haja aí um bom motivo para criminalizar este tipo de esquerdismo como "incitação ao crime".

Se a pobreza ou a desigualdade são as causas últimas do crime, diz Dalrymple, então "os assaltantes não decidem invadir as casas mais do que as amebas decidem mover seus pseudópodos para pegar uma partícula de alimento. São autômatos — e, talvez, devam ser tratados como tais".[22] Para psicólogos e sociólogos de esquerda, o homem não é mais que um *host* de *Westworld*, seriado da HBO onde robôs humanoides têm seus comportamentos, personalidades e caráter escritos por funcionários do parque que os disponibilizam para entretenimentos variados. O seriado questiona a autonomia dos robôs em suas buscas por singularidade, em uma versão bem mais adulta e interessante do *Pinóquio*. Se as circunstâncias movem o homem em nível tão absoluto, então a rebelião das máquinas seria vã: a Dolores humana seria tão programada quanto a Dolores robô.

Eu não consigo acreditar nesse tipo de coisa. Como cristão, levo muito a sério o que a milenar tradição bíblica diz sobre responsabilidade diante da falha moral. Escrevendo aos coríntios, Paulo diz que Deus não permitiria que eles fossem "tentados além do que podem suportar", de forma que, quando fossem tentados, o Senhor lhes providenciaria "um escape, para que o possam suportar" (1 Coríntios 10,13). Todo convite ao pecado — quanto mais ao crime — seria acompanhado de um escape possível, uma vez que ninguém seria tentado além dos próprios limites. Ninguém pode argumentar que errou por falta de forças ou que as circunstâncias o obrigaram. Isso será uma realidade apenas aos crentes? De forma alguma, já que Deus trouxe a mesma mensagem ao impiedoso Caim: "Se você fizer o bem, não será aceito? Mas, se não o fizer, saiba que o pecado o ameaça à porta; ele deseja conquistá-lo, mas você deve dominá-lo" (Gênesis 4,7). João interpreta o ocorrido com o filho de Eva nos seguintes termos: "Não sejamos como Caim, que pertencia ao Maligno e matou seu irmão. E por que o matou? Porque suas obras eram más e as de seu irmão eram justas" (João 3,12). Todos escolhem o pecado — ou o crime — porque querem. Quem comete um crime não é um coitadinho influenciado pela sociedade, pela cultura, pela ostentação ou pelo desprezo, mas alguém que deliberadamente puxa para si a corda da punição. A culpa é toda do criminoso. Excluindo-se os casos de prisões indevidas e erros de julgamento, na cadeia só existem voluntários.

INFLUÊNCIAS MALDITAS

Muitos teimam em acreditar que o problema final do homem é influência, contexto ou cultura. Que um indivíduo acaba no crime, na droga ou na miséria porque foi moldado a isto pelo contexto socioeconômico, não por escolhas pessoais. Isso parece bonito de se dizer, mas a verdade é que nós não sabemos o que deixa um homem internamente quebrado. Confiamos demais nessa figura mística chamada de "ciência", achando que temos conhecimento ilimitado sobre o homem. No entanto, nem toda psicologia e ciência social conseguem desvendar em nível último os mistérios da figura humana. Eu não sei o que leva um irmão a morar na rua e o outro a resgatá-lo. Os homens são influenciados, mas também são dotados de poder volitivo.

O exercício de vontade não significa vontade completamente autônoma e livre de influências. A psicologia das ruas está errada, mas possui seus momentos de verdade. Se a maioria dos desabrigados vem de situações de pobreza, e se a maioria dos assaltos e roubos são praticados por pobres e moradores de zonas de risco, isso não seria um argumento cabal para provar a causa profundamente social da criminalidade, eximindo os homens de suas responsabilidades finais sobre o bem e o mal? Você não vê nenhum mauricinho se esgueirando nos becos com uma faca na mão em busca dos celulares de transeuntes desavisados. Eu não consegui encontrar nenhuma pessoa de classe média alta que tenha largado tudo para dormir na praça da Estação. Desta feita, o fim da mendicância e da criminalidade relacionada a ela não estaria disponível em um progresso social vasto em educação e bem-estar públicos?

De fato, ainda que o homem seja responsável por suas escolhas e atitudes, ele não é totalmente autônomo em seus desejos, de forma que o modo como o crime se manifesta passa pela contaminação mimética de que tanto fala René Girard. O caráter dos homens é moldado, em parte, pelo ambiente a sua volta. O apóstolo Paulo já alertava no primeiro século que o homem sem Deus imita e segue os pecados que o rodeiam, andando segundo o curso, o modo de viver deste mundo caído: "Vocês [...] seguiam a presente ordem deste mundo" (Efésios 2,1-2). Em vez de seres autônomos, dizia o pregador, os homens sem Deus obedecem ao fluxo de pecado que os rodeia. Como peixes mortos, só conseguem nadar no sentido da maré. Em vez de refletir a glória de Deus, são espelhos dos pecados da cultura. É por isso que Paulo diz que más companhias e más conversas corrompem nossa moralidade (1 Coríntios 15,33). Salomão, séculos antes, aconselhava o povo judeu: "Não se associe com quem vive de mau humor, nem ande em companhia de quem facilmente se ira; do contrário você acabará imitando essa conduta" (Provérbios 22,24-25). O homem é uma fábrica de imitação social, de forma que há sempre um relacionamento com a comunidade na falha moral.

Os moradores de rua geralmente se moldam às circunstâncias com mais facilidade que o esperado de um homem adulto. Enquanto somos ensinados a permanecer livres de más influências, mendigos costumam se localizar socialmente em considerável submissão às intempéries comuns. Geralmente pensamos o contrário, considerando a sobrevivência em situações econômicas adversas, mas é uma sobrevivência movida pelas ondas das circunstâncias. O antissocial, o mendigo que poderia deixar de sê-lo e o criminoso das ruas também se manifestam, assim como todos os homens, como seres histórico-culturais, interagindo com seus meios através das práticas mendicantes ou criminosas. Suas buscas por pertencimento se dão através de inter-relações sociais. Como diz Luiz Bonin, até mesmo o jeito de andar, os hábitos de higiene, as formas de expressar emoções são adquiridos, em certo nível, das relações pessoais com outros membros da sociedade que ajudou a formar o indivíduo.[23] O que significa que o que uma pessoa é em sua identidade psicossocial, como membro de certo grupo de indivíduos, é determinado em parte pelos papéis que desempenha — ou seja, como diz Paiva, o "múltiplo produto de tentativas de localizar-se no sistema de papéis".[24]

As falhas de um indivíduo se manifestarão de forma a espelhar a sociedade que o rodeia. É pouco provável que o jovem rico tenha como padrão de sucesso a figura do traficante, como acontece com garotos na favela. O rico vai manifestar sua pecaminosidade no consumo de drogas chiques e na sexualidade desenfreada em baladas da zona sul do Rio de Janeiro, como seus amigos. Da mesma forma, o político fará o mesmo com subornos, tráfico de influência, desvios de verbas e lavagem de dinheiro. O morador da favela, por sua vez, manifestará sua pecaminosidade com os crimes do dia a dia, que afetam o cidadão em sua esfera mais superficial, como o assalto e o roubo à mão armada.

O "homem de bem", de classe média, também possui os crimes de seu meio. Ultrapassar limites de velocidade, sonegar impostos, subornar guardas de trânsito etc. Ainda que haja gradações morais variadas nestes tipos de comportamentos, não podemos negar que tipos diferentes de crimes surgem em cada estrato da sociedade como uma manifestação daquilo que é valorizado pela cultura de cada hierarquia social. Jovens da favela não farão caixa dois em oligopólios estatais porque não possuem meios para tal, da mesma forma que grandes burocratas não vão assaltar transeuntes da pracinha porque existem meios mais fáceis para abocanhar montantes imensuravelmente maiores. Nossos erros sempre serão um reflexo dos pecados que nos rodeiam, tanto por conta da influência de más companhias e más conversas que corrompem nossa moralidade, como também em razão das possibilidades de pecaminosidade que se manifestam em nossa vivência diária. O que se aplica ao crime aplica-se ao abandono da vida doméstica. Ainda que o homem seja plenamente responsável, ele não deixa de ser influenciável, uma vez que

> dizer que a escolha deles é livre não é negar que careça de influências externas. Uma parcela significativa do contexto social desses moradores de rua é uma sociedade preparada a nada exigir deles. Está, de fato, preparada para subsidiá-los na bebedeira — na embriaguez até a morte. Todos eles, sem exceção, consideram isso parte da ordem natural e imutável das coisas que a sociedade deve prover; todos, sem exceção, chamam o ato de receber pensão da previdência social de "ser pago".[25]

Existem dois extremos nas conversas populares sobre a antropologia do comportamento antissocial, como o crime. Um é dizer que nada justifica o crime, e que a responsabilidade é toda do criminoso; outro, atribuir a culpa ao sistema, ignorando a responsabilidade humana. Em vez de ficarmos com um meio-termo, onde o criminoso é em parte responsável e em parte vítima do meio, devemos abraçar simultaneamente as pontas, onde todo criminoso é totalmente culpado de seu crime, independentemente das causas sociais para o mesmo, enquanto o tipo específico de crime se manifestaria de acordo com a sua cultura. Tanto ricos quanto pobres cometem crimes, assim como negros e brancos, heterossexuais e homossexuais. O pecado afetou a todos, indistintamente, e a criminalidade é uma possibilidade de caminho para todos os que possuem o pecado dentro de si. Há quem rejeite este caminho em todas as esferas sociais, assim como há quem o siga em cada espectro da sociedade. A criminalidade só poderá ser erradicada com a erradicação da natureza adâmica de todo ser humano, com o fim do pecado. Só com a redenção divina ou com o desaparecimento do homem.

Ainda que o contexto social ou a história de alguém seja importante para formar seus processos de tomada de decisão e seu caráter, não temos como ajudar ninguém a mudar sua história já vivida, e existem poucos meios de transformação do contexto socioeconômico geral que possam transformar alguém já imerso em determinado ambiente. Tudo o que podemos fazer é indicar que se mudem as atitudes, que se mude a si mesmo, que se mude a própria percepção de si no mundo. No fim das contas, só podemos fornecer meios para mudar a pessoa, e só podemos pedir à pessoa que mude. Qualquer coisa externa a ela está além da capacidade de qualquer indivíduo. No fim, tudo volta a devolver para as mãos do mendigo a responsabilidade pela própria vida.

AS DORES DA ALMA

Essas influências não podem ser desprezadas. Existem traumas reais que levam o homem à vida mendicante. Os que dizem que não poderiam voltar para casa geralmente encontrariam o que muitos de nós encontramos. Lares desestruturados, brigas, mágoas e orgulhos feridos. Nem todo mundo consegue superar certas tragédias, e acaba sucumbindo a situações miseráveis. Há dores que para uns são superáveis, mas que destroem outros por completo. Muitas destas circunstâncias adversas contribuem para que o homem abrace a mendicância. Para Alberto Engel, baixa autoestima, pouca percepção de futuro, dependência química, vínculo familiar fragmentado, baixa estrutura socioeconômica, alienação em relação à liberdade, conformismo da atual situação, saúde precária e falta de rede de apoio social contribuem para que os moradores em situação de rua permaneçam engessados nessa condição social.[26]

Soares diz que foi policial militar. Está com 59 anos e mora na rua há três. Fala entre goles de cachaça. A mulher morreu de leptospirose. Ele não teve coragem de ir ao enterro. Diz que pegou o carro do filho, acelerou o máximo que pôde e bateu em um poste. Dias de coma e algumas cirurgias. Não morreu, obviamente. Foi do hospital direto para a rua porque não aguentava olhar para os filhos. Bebia e chorava, e falava entre soluços. "Por que Deus fez isso comigo? Por que Deus fez isso comigo?", repetia e bebia. "Ela era tão boa! Era minha primeira mulher. Nunca quis outra. Quando as meninas vêm se oferecer, eu pago pra irem embora." Bebe e chora. Traga e soluça. "Por que Deus fez isso comigo? Ela era tão boa..."

Muitos homens e mulheres já perderam seus cônjuges e não viraram mendigos, seguindo e reestruturando suas vidas. É difícil julgar a força e a fraqueza que levam alguns a enfrentarem a vida e outros a definharem na rua. O que sabemos é que o mesmo trauma que derruba uns, fortifica outros. Na maioria dos casos, já existia uma propensão ao comportamento antissocial antes mesmo do gatilho que tirou o indivíduo da vida doméstica. Soares, por exemplo, gostava de falar mal da família, mas muitas vezes é evidente que ele era o problema. Soares dizia que nunca podia receber os amigos, que o proibiam de ter colegas, mas você descobre fácil que eram os amigos que o levavam para as bebedeiras, e que os filhos queriam impedi-lo de sofrer ainda mais na mão da cachaça.

Ouvi sobre um mendigo que já havia sido evangélico, diácono em alguma comunidade cristã. Ele havia conhecido uma moradora de rua que tinha um filho pequeno e, condoído, trouxe-os para morar dentro da própria casa. Deu comida e roupa para a mulher e o filho dela. Depois de uns bons anos morando juntos, ele chega mais cedo do trabalho e encontra a mulher e o filho tendo relações sexuais em sua cama. O choque foi tão grande que ele ficou desconectado com a realidade. Aquela cena de pedofilia incestuosa na própria casa o atormentava tanto que ele não conseguia mais trabalhar. Começou a perder as próprias coisas, acabou ficando sem casa e virou ele mesmo um morador de rua. Mais dinheiro resolveria o problema deste homem? O homem na rua não é pobre de dinheiro. É pobre de força interior, e essa força se esvai cada vez mais com a vida mendicante, e esmola nenhuma pode solucionar isso.

TROCANDO-SE PELO PÃO

A rua é uma escolha, mas uma escolha transformadora. A facilidade mendicante cobra um preço da alma. Para aproveitar as benesses da esmola, homens que poderiam conquistar o próprio sustento através do serviço à sociedade no mercado de trabalho entregam a própria dignidade moral no altar da preguiça. Trocam-se pelo pão. Para permanecer fisicamente vivo, o mendigo aceita a morte interior. Ele prefere perder algo de si para conseguir algo dos outros. Dalrymple percebe bem que o "morador de rua sofre, certamente, mas nem sempre da maneira ou pelos motivos que imaginamos".[27] Sua miséria não é de alimento, mas de dignidade. Ele prefere a rua às intempéries da vida comum. Podemos perceber que "há, a partir desse processo de transformação de valores, uma tendência de rompimento social desses grupos com as expectativas sociais médias da sociedade brasileira",[28] como dizem Bursztyn e Araújo.

Na única vez que tentei comer lixo, eu vomitei. Não vomitei pelo gosto ou pelo cheiro. Vomitei por comer o que para outros é dejeto. Vomitei pelo que aquilo representava, não pela alimentação em si. Tenho ânsias de vômito só de escrever isto. Mas Marcelo come lixo e não vomita. Para ele, é natural. O que precisa acontecer no psicológico de uma pessoa para que ela consiga se contentar em comer dejetos domésticos?

Uma vez que ser morador de rua "significa, também, adquirir outros referenciais de vida social, diferentes dos anteriores baseados em valores associados ao trabalho, à moradia, às relações familiares",[29] entendemos que, dentre as muitas formas que o homem encontra de se perceber humano, a desumanização continua sendo uma delas. Mendigos não são iguais às outras pessoas, e muitas vezes não conseguem ser iguais, nem podem ou querem ser iguais. Se o fossem, perderiam as facilidades da desigualdade. É na diferença que encontram o ganha-pão. Sobrevivem de se desumanizar, e sobrevivendo permanecem menos vivos. Assim, os homens "que vivem nas ruas sofrem um processo de transformação em seus valores societais originários",[30] de forma que suas existências são miseráveis "de um modo especial de miserabilidade que lhes é próprio".[31]

Desta forma, o mendigo — principalmente aquele que o é há muitos anos — não é alguém que se caracteriza pela simples ausência de bens. Ele é alguém carente do que haveria de melhor em si e nos outros. Pela sua escolha, ele acaba enegrecendo a alma e se tornando um tipo diferente de ser humano que voluntariamente se indignifica. "A inserção no mundo da rua não se dá de forma repentina", dizem as pesquisadoras de *População de rua*. "Gradativamente o indivíduo vai abandonando hábitos, costumes e conceitos, para pouco a pouco ir vivenciando e adquirindo um novo entendimento da rua e — por que não dizer? — da vida."[32] Elas continuam:

> *Cair na rua* ou adentrar no mundo da marginalidade são formas de passar para o *outro lado*. Significa uma ruptura com as formas socialmente aceitas de sobreviver [...]. Viver na rua não significa necessariamente viver sem dinheiro, mas em grande parte significa adquirir o essencial à sobrevivência sem passar pelo mercado. Não significa a eliminação do trabalho, mas o abandono do compromisso constante e cotidiano de emprego.[33]

Viver sem casa é se acostumar com a incerteza e a insegurança. Uma caixa de tijolos não serve apenas para guardar seus bens, mas também representa uma série de valores sociais que poucos estão preparados para abandonar sem escoriações.

Pedrão chorava por não ter onde guardar suas coisas, e dormia mal todo dia por medo de ser roubado. Com o tempo, aprendeu a viver desconfiado. Abraçava a mochila com violência, o tempo todo, até deitado — principalmente deitado. Dormir é o grande drama da rua. Não há como ao mesmo tempo ser um nômade urbano e alguém dotado de propriedades. De tanto ser roubado, já que dormia com seus pertences ao léu, Pedrão tornou-se mais antissocial do que é comum nas ruas. As particularidades da mendicância proporcionam experiências formativas para o caráter que nem sempre o fazem progredir como ser humano.

O mesmo acontecia com o Madeira. Roubaram seus equipamentos, que lhe permitiam algum sustento com a venda de artesanato. Primeiro, foram R$ 800,00 em material. Depois, R$ 400,00. Roubaram a mala enquanto ele dormia. Hoje, ele demora dez vezes mais para montar uma peça. "Quem faz isso é rato", disse-me ele quando perguntei se ele era roubado por outros mendigos. "Só rato te rouba sem olhar na sua cara. Não tem coragem de te roubar acordado porque tem medo de te enfrentar." Ele quase sentava em cima da mala enquanto falava comigo, talvez com medo de que eu não fosse um rato e quisesse roubá-lo a olhos vistos. É fácil falar da moradia ou da propriedade privada como fetiche burguês, mas a vida sem a caixa de tijolos é árdua.

A ausência de uma casa não molda o homem apenas por aquilo que ele perde de segurança e conforto, mas também por aquilo que ele perde de posição social. Para Robert Gutman, a casa "representa um critério para a localização de indivíduos e famílias em papéis sociais", mais que uma localização meramente espacial, de modo que "a casa contribui também para a imagem que cada um de nós tem de si mesmo e de sua posição na hierarquia social". Assim, "a casa, em vista de sua condição de objeto possuído, tem outra significação além de sua significação física. Tem também um sentido simbólico. Para o próprio ocupante e para seus vizinhos e amigos, a casa é um índice de uma nova posição social"[34]. Sem uma casa, você está impedido de participação civil completa. Você não tem amigos como todo mundo tem, nem se posiciona culturalmente como todos os outros. Ainda que tente retornar à existência comum pelas próprias pernas, comprovantes de residência são mais requeridos do que a gente percebe. Isso não apenas dificulta, mas humilha e deforma.

Bastaria dar a estes homens a possibilidade de retornar à vida doméstica que seus problemas estariam resolvidos? Muitos mendigos acham que sim, e com frequência dizem que só precisam de uma casa para mudar de vida. O problema é que estes efeitos formativos na vida do desabrigado oferecem grupos de referência distintos e às vezes indeléveis a almas mais suscetíveis. A tabela abaixo apresenta de forma resumida alguns estágios do abandono da vida doméstica para a identificação com o desabrigo.

ESQUEMA DAS SITUAÇÕES DE PERMANÊNCIA NA RUA[35]

	Ficar na rua	Estar na rua	Ser da rua
Moradia	Pensões, albergues, alojamentos (eventualmente rua)	Rua, albergues, pensões (alternadamente)	Rua, mocós (eventualmente albergues, pensões)
Trabalho	Construção civil, empresas de conservação e vigilância	Bicos na construção civil, ajudante geral, encartador de jornal, catador de papel	Bicos, especialmente de catador de papel, guardador de carros, encartador de jornal
Grupo de referência	Companheiros de trabalho, parentes	Companheiros de rua e de trabalho	Grupos de rua

Dependendo do nível de apropriação da rua como habitação formal, o homem assume percepções diferentes quanto a grupos de referência, amizades, meios de subsistência etc. Mover um homem de um estado de desabrigo para dentro de uma casa, então, não muda os resultados da mendicância da alma, e não será suficiente para mudar quem vive neste tipo de circunstância. Mudar as circunstâncias econômicas têm pouco poder para mudar o homem interior.

> Cortando cada vez mais seus vínculos, o indivíduo vai socializando-se no mundo da rua. Quanto maior o tempo na rua, maior a dificuldade de restabelecer os laços anteriores: obter um trabalho, alugar um cômodo, procurar parentes. Sua aparência vai mudando: as roupas, o andar lento fazem com que seja identificado socialmente como *um homem de rua*. Dessa forma, ele cria uma relação de dependência cada vez mais forte com o mundo da rua.[36]

Nosso constante fracasso na tentativa de vencer a pobreza, sobretudo nos casos mais extremos, está em achar que banho, corte de cabelo, casa e oportunidade vão transformar os problemas internos que são alimentados na rua. Sem transformação da vontade, sem mudança na alma, toda anunciação de nova vida será vã:

> [...] a noção de exclusão social não pode ser reduzida a uma mera exclusão econômica, do trabalho e do consumo. Essa noção ou categoria pode ser utilizada do ponto de vista sociológico. A exclusão social seria, portanto, mais que uma exclusão econômica, seria uma exclusão moral e cultural. Estaria ligada diretamente a uma exclusão dos valores médios societais e de uma sociabilidade excluída. [...] Os catadores seriam mais que miseráveis econômicos, seriam miseráveis sociais e culturais. [...] Em outros termos, trata-se de entender a desumanização.[37]

A própria percepção do espaço público ou de toda a teia de significados sociais não permanece a mesma depois da vida mendicante. Para Vieira, Bezerra e Rosa, as pessoas que se sujeitam a morar na rua "possuem um modo de vida próprio, ou seja, desenvolvem formas específicas de garantir a sobrevivência, de conviver e ver o mundo. Têm sobre a cidade um outro olhar, atribuindo novas funções aos espaços púbicos, às instituições".[38] O mendigo sofre de um problema holístico, que deve ser encarado em sua inteireza e complexidade. Passa pela sua percepção de si e dos outros, por seus compromissos morais e espirituais, pelo modo como interpreta a realidade. É uma questão de cosmovisão mendicante mais que de situação financeira.

Para Marie-Ghislaine Stoffels, há um processo psíquico que leva à formação da personalidade que costuma ser comum aos mendigos dentro desta dinâmica social peculiar. Ela o chama de desintegração ou dessocialização da personalidade, constituída nos níveis psíquicos e sociais. Esta desintegração da personalidade, então, passa por rupturas com valores do passado, caracterizando às vezes uma postura agressiva, assumindo também fases regressivas de recôndito, que caracteriza uma assimilação e uma familiarização com as situações e culturas de rua. A dessocialização acaba por ser tornar um tipo de fixação e absorção mais completa do sistema vigente e uma acomodação resignada com a existência neste novo universo que agora define a realidade concreta do indivíduo.[39]

Quando assumimos que o problema do mendigo é externo a ele, ou mesmo ignoramos que existem efeitos de ordem interna muito profundos naquele que passa por este tipo de experiência, não lidamos com o cerne do problema da pobreza e do crime. Passamos tempo demais lidando com os sintomas em vez das causas. As causas geralmente moram no indivíduo, e em sua responsabilidade como ser humano.

CHANTAGEM E COAÇÃO

Quando o teatro das ruas não funciona, o desabrigado precisa de métodos mais agressivos. Quando há refém, crueldade e racionalização disponíveis, a coação passa a ser o meio mais comum, seja por meio de assaltos integrais ou parciais. Não se engane, poucos moradores de rua são realmente assaltantes acintosos e contumazes. Se o fossem, estariam fora das ruas. O mendigo costuma ter preguiça até de roubar. Um assalto completo e cinematográfico, que vira história na mesa do bar, um assalto de raça, com pedigree, banho e tosa, com arma, ameaça, grito e tiro, não é tão comum. O assaltante geralmente é favelado, não mendigo; assim como o deputado desonesto tira férias em Londres, enquanto o vereador tira em Guaramiranga. Quando consegue uma arma de fogo, o mendigo automaticamente deixa de sê-lo, tanto para guardar a arma quanto para estocar seus novos haveres e usufruir das benesses financeiras de sua nova atividade. O morador de rua costuma ser como um índio que só caça a comida do dia, e, para isso, caso entre na criminalidade, só precisa de assaltos parciais, assaltos menos cinematográficos, vira-latas, que não se tornam histórias de grande sofrimento.

Para o pequeno assalto, o mendigo não precisa de armas. Ele pode usar a própria condição social como instrumento de coação. Ao usar o medo de si como ferramenta para conseguir recursos, ele alimenta a visão negativa que os membros da sociedade têm dele. Pedir esmola com olhar compenetrado, muito perto da pessoa, ameaçando com o corpo o que a boca não declara. "Tem certeza que não vai dar nada, tio?", depois de uma negativa, não é uma tentativa de confirmação, mas uma ameaça não tão velada ao que recusa algumas moedas.

Existe, assim, toda uma economia do pequeno assalto. Quando um morador de rua diz que vai trabalhar, ele vai muito certamente cuidar de carros estacionados. Na teoria dos gabinetes da justiça social, é uma indignidade muito simples de entender. Pobres coitados bonzinhos vigiam os carros da maldita classe média contra a atuação de outros pobres coitados que só não são tão bonzinhos por culpa do estilo de vida da mesma maldita classe média, em troca de alguns trocados que os mantêm pobres coitados até o fim da vida. Essa visão de escritório não condiz com a vida comum, a vida da verdadeira máfia — no uso mais estrito do termo —, que ameaça a vida e a propriedade do homem médio. Usando a própria figura de violência atrelada a quem vive de cuidar de carros alheios sem ser requisitado, homens cobram altos valores adiantados que você paga por medo, na tentativa de se proteger não de outros bandidos, mas do próprio cuidador — que, se pago, vai cuidar de não arranhar seu carro ou furar seus pneus — o carro que o banco deixa você usar desde que pague em dia por meia década suadas parcelas.

Por outro lado, quando não há ímpeto violento, o mendigo age como quem rouba sua arma e aponta para a própria cabeça. Há um tipo de chantagem suicida: "me ajuda, se não morro de fome", como quem pede comida para não pular da ponte. Ele sabe que não vai morrer de fome, mas você não tem certeza, então acaba dando alguns trocados. Alguns dos que seguem esse caminho acabam por se adornar com elementos que contribuam para essa imagem, como fraldas de bebês nunca concebidos, curativos que cobrem pernas saudáveis ou mesmo sujeiras e trapos que não foram lavadas ou trocadas por escolha, não por falta de oportunidade. Em vez de ameaçar seu carro ou sua integridade, eles ameaçam seu senso moral e sua humanidade. Arranham sua compaixão e furam os pneus da comunidade humana em busca de trocados fáceis. Alguns mendigos parecem tão falsos e tão artificialmente paramentados quanto eu.

Estes, muitas vezes, pedem comida em vez de dinheiro. Sabem que sair do seu caminho para comprar um sanduíche é incômodo e que receberão cédulas mais valiosas por conta do destino nobre que prometem para elas. O problema é que, à exceção das crianças, geralmente, quem pede comida costuma possuir dinheiro suficiente para uma farta refeição, mas prefere gastá-lo com bebida, cigarros e prostitutas. Crianças são um caso diferente porque precisam dar dinheiro o bastante aos pais depois de um turno de mendicância, e se gastarem algo com comida podem sofrer sanções pouco criativas. Mendigos não se importam com bobagem montessoriana. Batem para marcar. Alguns mendigos mais antissociais que fogem dos bolsões e não têm força para pedir esmola com frequência também podem acabar neste estado de fome, tanto quanto quem sofre de problemas psicológicos.

No clássico *Introduction à la sociologie du vagabondage*,[40] Alexandre Vexliard narra a história da mendicância e da vida vadia desde a antiguidade até hoje, delineando os diversos modos de repressão que tentavam dirimir a vida mendicante, como as chicotadas, os encarceramentos, as torturas e até mesmo a pena de morte. Ainda que o crime de "mendicância" (art. 60) tenha sido revogado em 2009, a Lei de Contravenções Penais mantém o crime de vadiagem formalmente em vigor, conforme previsto pelo seu art. 59. É positivo que a LCP seja considerada pelo STF incompatível com a Constituição Federal de 1988,[41] mas também não deveríamos ter estruturas que incentivassem a vida mendicante. Que cada um dê conta de si. A caridade deve se envolver com quem ajuda para ter certeza de que está ajudando.

Eu creio que quem quer viver na rua deveria ter liberdade para fazê-lo. Nenhuma lei deveria impedir alguém de habitar um espaço social pelo tempo que desejar. As pessoas devem ser livres para vadiar, desde que não prejudiquem ninguém além de si mesmas. Prefeituras não deveriam dificultar a existência terrena de quem dorme em calçadas a fim de obrigar que se abriguem em casas governamentais. Descreio na eficácia de criminalizar os sem-casa por sua permanência na rua.

Mesmo assim, existem práticas quase indeléveis na vida do mendigo que já são ou deveriam ser crimes. Coação, desordem pública, invasão de propriedade, sequestro de bens e roubo estavam tão presentes à minha volta nas calçadas que eu não sei como as viaturas nunca demonstravam o menor interesse de parar quando passavam por nós. Se a chantagem emocional é um ato socialmente desagradável, a coação pisa nos terrenos da criminalidade. É imoral cobrar pelo uso do espaço público, é indecente ameaçar senhoras veladamente ao se aproximar delas de forma virulenta.

Não existe hoje um tipo penal que preveja criminalização do simples ato de "vigiar carros", até porque o flanelinha está regulamentado como profissional em lei federal. Existe o crime de ameaça (art. 147 do Código Penal), segundo o qual constitui crime "ameaçar alguém, por palavra, escrito ou gesto, ou qualquer outro meio simbólico, de causar-lhe mal injusto e grave". Seria complicado tipificar penalmente o ato de "vigiar carro", pois, para uma ação humana ser crime, ela precisa cumprir alguns requisitos, como concretizar em ação qualquer intenção. Nenhuma intenção é crime, nem poderia. Alguém pode ter uma grande intenção de roubar o carro do vizinho, mas, se nunca realizar qualquer tentativa, não há como tipificar penalmente. Como seria a avaliação da intenção de quem está na rua vigiando carros? O direito também impede criminalizar coletivamente a priori. Sobre algumas tipificações da Lei de Contravenções Penais, o ministro Gilmar Mendes, do STF, diz que não se pode "admitir a punição do sujeito apenas pelo fato do que ele é, mas pelo que faz", de modo que acolher "o aspecto subjetivo como determinante para a caracterização da contravenção penal equivale a criminalizar, em verdade, a condição pessoal e econômica do agente, e não fatos objetivos que causem relevante lesão a bens jurídicos importantes ao meio social".[42]

Mesmo assim, a cidade de São Paulo tem sido um modelo de sanidade, pelo menos no papel, sobre como lidar com o microassalto dos flanelinhas. A lei nº 16.816, de 2 de fevereiro de 2018 (Projeto de Lei nº 365/17, do vereador Fernando Holiday), estabelece como ilícito administrativo a coação exercida por guardadores de carros, multando "quem ameaçar ou coagir, de qualquer forma, mesmo que velada, o motorista a contratar os seus serviços ou dar remuneração", e quem "sugerir, mesmo que de forma velada, qualquer espécie de preço tabelado ou que não fique à livre escolha do motorista". Trata-se de algo a ser copiado por toda cidade brasileira. A polícia deve agir contra quem circunda zonas públicas de estacionamento cobrando taxas fixas e adiantadas. Isso é por si só "violência simbólica" (Bourdieu) e ameaça de violência real, é apropriação do espaço público que pertence ao pagador compulsório de impostos. É o sitiamento das propriedades. Que moradores de rua chamem isso de trabalho só evidencia seu embotamento psicológico e espiritual, e que tratemos isso como um mero infortúnio de domingo só evidencia nossa resignação diante do sequestro da liberdade e segurança.

INGRATIDÃO ASSASSINA

Estender a mão para um estranho é terrível. Às vezes é mais fácil comer lixo que pedir esmola. O lixo não olha pra você com pena. Para mim, era sempre profundamente humilhante receber caridade alheia. Para os mendigos profissionais, no entanto, não parece ser tão humilhante assim. A questão não é se nossa caridade está humilhando o morador de rua, mas sim o que acontece no psicológico de um homem para que ele não se sinta mais humilhado pela caridade e quais são os efeitos disto em toda a sua compressão da realidade. Os moradores de rua encontraram artifícios psicológicos que lhes dão paz quanto à parasitagem. Para a maioria deles, esse artifício é o ódio resignado da obrigação. Surge um senso de que as pessoas possuem o dever de lhes dar alguma coisa, e quem não dá é odiável e justificadamente digno de prejuízos. Surge uma ira contra a sociedade que se manifesta em uma ira contra os membros da sociedade.

Eles perdem a vergonha de pedir quando julgam que receber esmola é um direito fundamental: "Olha pra mim, eu sou um mendigo, você precisa me dar alguma coisa." Há poucos, mas marcantes casos de espancamento, violência verbal, coação e ameaça contra quem se recusa a dar alguma esmola. Há quem se gabe de cusparadas. Tanto que o simples sentimento de gratidão é considerado uma justa paga pela esmola recebida. A gratidão exagerada do mendigo, os muitos e delongados votos de saúde e bênçãos religiosas costumam ser entregues como produtos que justificam aquela relação de troca. Depois de proferidas as consagrações, está consumado o relacionamento e nada mais é devido. As bendições são como uma nota fiscal, ou mesmo um produto que justifica o recebimento do dinheiro.

Marcelo foi resgatado por pessoas que se reuniam em uma igreja no Maracanaú, no Ceará. Pagaram uma clínica de reabilitação. Depois de meses, trouxeram-no para a vida da comunidade. Levaram-no para tirar documentos, pagaram um curso técnico e conseguiram um emprego para ele. Pedro, dono de uma pequena metalúrgica, abriu as portas para Marcelo. Ele tinha um salário, um abrigo e uma comunidade. Mas começou a ficar relapso nos afazeres que lhe haviam dado. Faltava com frequência, e sem dar satisfação. Marcelo voltou para as drogas. Pedro, membro da comunidade religiosa que o resgatara, depois de muitas conversas e ajudas, não teve escolha senão demiti-lo. Na semana seguinte, Marcelo arrombou e roubou todo o material da empresa onde trabalhava. No processo, matou Pedro, seu ex-empregador, como vingança por ter sido demitido.

Este tipo de história é mais comum do que se imagina. Ajudar mendigos a sair da vida miserável em que se meteram é lidar com pessoas que podem ter se desumanizado ao nível da animalidade mais profunda. Você nunca sabe realmente onde está se metendo. Esse tipo de assassinato é motivado por compensação. É racionalizado na mente do mendigo como uma justa paga pelas "humilhações diárias" em cobrar horário de chegada no trabalho, e tem como racionalizador final o processo de que a demissão, depois de tudo isso, equivalia em ofensa ao mesmo que a morte.

Na rua, quase ninguém se gaba desse tipo de covardia mais acintosa. Você ouve das vítimas este tipo de história. Por mais que crimes diversos sejam narrados como peças de publicidade em madrugadas tediosas, os relatos sempre envolvem outros mendigos ou inimigos remotos, nunca quem intentou em vão alguma bondade. Nesses casos, há gozo na morte. Os mendigos fazem gestos de armas disparando repetidamente como brincadeira, contam aos risos sobre assassinatos que presenciaram, tratam a morte como pizza no fim de semana. Mesmo assim, não contam sobre crimes contra ongueiros ou religiosos. Talvez haja algum remorso até nas mentes mais abjetas. Mesmo na rua, mesmo criminosos, mesmo assassinos às vezes, existem gradações variadas de miséria moral que precisam ser percebidas com cuidado em cada relacionamento redentor.

Isso não significa, claro, que não existam tipos abjetos no dia a dia da mendicância. Em uma das inúmeras idas à praça com amigos da igreja a fim de alimentar os mendigos, demos um copo de suco na mão de um rapaz que pegou o copo, bebeu quase todo o conteúdo e cuspiu em nós o pouco que sobrou em sua boca. Depois de perguntar como era viver na rua, fingindo-me de novato na vida mendicante, um rapaz assustadoramente magro compartilhou o conselho: "Aqui é cada um por si, meu irmão. Tem que saber entrar e sair de todo lugar. Se alguém pede ajuda no chão, você ajuda é a matar. Não pode descascar o fio dos outros. Cada um por si, tá me entendendo?" Eu presumo que descascar o fio dos outros signifique tentar ajudar outras pessoas a resolver seus problemas. No meu primeiro evangelismo com mendigos na rua, minha esposa me perguntou a que horas eu voltaria. Eu respondi que não sabia se ia voltar. Nesta mesma noite, dois mendigos roubaram os tênis de um dos rapazes que estava conosco distribuindo comida.

Essa violência externa contra inocentes é mero fruto de uma autoviolência interna que todos os dias assalta a humanidade do miserável. O homem, por escolher as facilidades da vida mendicante, precisa se violentar diariamente, torna-se algo diferente do que sempre foi e precisa de um processo longo de transformação moral e espiritual para conseguir conviver novamente em sociedade. Dar dinheiro nas mãos deste tipo de indivíduo não vai solucionar seus problemas interiores, só vai lhe dar novos meios para vilipendiar a existência alheia.

CIDADE SITIADA

Vivemos em um país onde as ruas pertencem teoricamente a toda a sociedade. Nossas ruas não são privadas. Se fossem, bastaria que cada corpo administrativo criasse suas próprias regras quanto à habitação de mendigos. Como a administração das ruas pertence ao poder público e deve estar a serviço do pagador de impostos, cabe ao governo civil a missão de gerir bem as ruas, os parques, as calçadas e as praças para que estes cumpram suas funções sociais. Então, se ruas e praças são espaços públicos, em tese pertencem a todos os membros da sociedade. Isto tira o direito de um grupo específico de tomar para si o uso destes espaços, como se fossem propriedade privada.

Eu não consigo acreditar que Henri Lefebvre não imaginava que suas ideias seriam tomadas de assalto por defensores da desordem urbana quando falou do "direito à cidade"[43] em seu livro *O direito à cidade*, um dos clássicos do debate sobre urbanização. É claro que a cidade pertence a seus habitantes (citadinos), e não apenas a quem o governo civil reconhece como tal (cidadãos), mas o uso que cada membro da vida social faz da cidade cobra alguma ação pública que proteja certos cidadãos de outros.

Os mendigos nos roubaram as ruas. Tiraram do homem comum o direito de coabitação segura nos espaços que este coercitivamente financia. Claro que, dotados de pouco capital social, é fácil que mendigos sejam retirados de suas zonas de habitação. Eles não têm a quem recorrer quando a polícia aparece. "A população de rua de maneira geral, diante de uma proposta de remoção, aparentemente não oferece resistência", escreveram Vieira, Bezerra e Rosa, "no entanto, raramente acolhe o encaminhamento dado. Vai em busca de outro lugar, ocupando áreas que propiciem abrigo e assistência e onde sua presença não provoque reação da vizinhança e do poder público".[44] A cidade é grande, e há sempre um viaduto pouco policiado que consegue receber mais gente e papelão.

Dessa forma, encontrar na rua sua moradia "implica ter aí o seu hábitat, o que promove uma reutilização dos espaços públicos, conferindo-lhes novos significados. Passa a se realizar no domínio da rua o que habitualmente faz parte do domínio da casa".[45] As autoras continuam:

> O que é privado, comer, dormir, lavar-se, é agora público, feito diante de todos. Essa inversão tem uma outra consequência: ao tornar público o que é privado também privatiza o que é público. Espaços definidos socialmente para o trânsito, a circulação, a diversão, as solenidades tornam-se espaços de morar, preenchidos com objetos pessoais e atividades próprias do âmbito doméstico. Essa apropriação privada do espaço público subverte uma regra social básica do uso do espaço, o que torna conflitiva a ocupação das ruas como moradia [...]. O fato de os moradores de rua viverem e circularem numa área circunscrita demonstra que a rua não é para eles um espaço indiferenciado. A apropriação de determinados lugares se faz em função de um conjunto de fatores que vão desde a permissão social para ocupação, menor pressão do poder público e dos municípios, até as possibilidades de sobrevivência oferecida pela região.[46]

Enquanto o espaço público permanecer como tal, a realidade deve se conformar com a lei. Talvez essa seja a melhor coisa que o poder estatal pode fazer em prol da sociedade: devolver-nos os pontos da cidade que nos foram roubados. O cidadão doméstico também tem seu direito à cidade. Enquanto o bem público puder ser tomado de assalto, continuaremos diante de uma massa informe de filhos da sanguessuga e continuaremos ignorando a miséria verdadeira e pungente que os mafiosos das ruas escondem muito bem para roubar-lhes a devida caridade. É urgente conseguirmos ver o verdadeiro mendigo por detrás da multidão dos falsos necessitados.

4
Peregrinos do ocaso

Salvando os vampiros de Robert Neville

> *O modo errante de viver do andarilho pode ser tomado como um espelho que acentua nossa própria imagem, de tal forma que podemos compreender, por meio dele, o nosso próprio mundo e forma de viver.*
>
> José Sterza Justo, *Andarilhos e trecheiros*[1]

Poucos escritores modernos trataram tão bem a figura do homem sem propósito como Richard Matheson em *Eu sou a lenda*, na figura da personagem Robert Neville. Em uma terra pós-apocalíptica, o último homem do mundo não consegue se perceber no tempo e espaço: "Em vez de continuar sofrendo, tinha aprendido a se entorpecer até a introspecção." O álcool acompanhava aquele que não conseguia mais se localizar na existência: "O tempo tinha perdido seu escopo multidimensional", de forma que "havia apenas o presente; um presente baseado na sobrevivência diária, não marcado por picos de alegria ou pelas profundezas do desespero". Neville sentia-se abaixo da humanidade: "Eu sou quase um vegetal, ele pensava com frequência. Era assim que ele queria que fosse."[2]

Essa é a situação comum do homem de rua quando ele assume todo o *ethos* da mendicância ociosa e desobjetivada: "o coração está batendo sem sentido, as veias estão correndo sem motivo, os ossos, os músculos e os tecidos estão todos vivos e funcionando sem nenhuma razão de ser".[3] Qual seria a solução para Robert Neville? Ele sabia que "a esperança intensa não era a resposta, nem nunca seria. Em um mundo de horror monótono, não podia haver salvação, nem nos sonhos mais loucos. Ao horror, ele se ajustou. Mas a monotonia era o grande obstáculo a ser ultrapassado".[4]

Quando pisei na rua em janeiro de 2017, desejava escrever um épico. A ideia era narrar as experiências emocionantes que encontraria nas praças e calçadas. Por quantas vivências incríveis eu não passaria? No fim de fevereiro eu já estava passando pela primeira crise como escritor. Nada muito substancial acontecia. Minha vida doméstica era mais aventureira que na praça. Eu teria mais emoções a descrever nas idas ao supermercado que nas idas aos becos. Vivenciava muitas coisas, sentia muito dentro de mim, analisava bastante e ouvia histórias, mas as ruas eram um mar de monotonia. Os mesmos tórax tatuados estavam à mostra, as mesmas pernas cambaleantes passavam, os mesmos grupos me ofereciam caldos, sopas e cremes de galinha. Eu chegava, sentava, perambulava um pouco, deitava mais um tanto, conversava com um e outro, e então voltava para casa quase impoluto.

Pensei que algo tinha de estar errado. Será que todo mundo que fala pela causa do mendigo é um pouco mentiroso, um pouco marqueteiro e um pouco poeta, já que precisa transformar em palavras o que não existe na realidade? Onde estavam as investidas policiais? As viaturas passavam impassíveis por mim. E a violência? Eu havia até elucubrado sobre como descreveria a sensação de levar uma facada sem parecer sensacionalista, mas a faca nem chegou a brilhar à luz dos postes. Por um ano, não vi um canivete sequer. Nenhum linchamento. Ninguém ateando fogo para animar a madrugada. Em abril, já estava convicto de que meu projeto teria que mudar de rumo. Um épico sobre as ruas seria falsear sobre os mendigos uma vida que absolutamente não existe. O marasmo berrava, e marasmo não costuma dar boa literatura.

SEM COMEÇO, MEIO E FIM

A vida do morador de rua não possui capítulos. É um livro único, de leitura seguida, sem pausas. Tem começo, meio e fim, mas não tem estações, interrupções ou interlúdios. É tudo um constante presente contínuo de existência vazia. Uma "dor monótona",[5] como diria Sartre. Eles caminham sem norte, como zumbis de seriados norte-americanos, atraídos apenas por algo que lhes alimente o corpo. Para Edmond Jabès, os peregrinos encontravam no deserto "um espaço onde um passo dá lugar ao próximo, que o desfaz",[6] no sentido de que cada novo caminho apaga os caminhos anteriores, e os novos dias ofuscam os que já passaram. Tudo se resume ao agora; no máximo, ao futuro próximo: o próximo prato de comida, a próxima dormida, o próximo destino. São andarilhos do ocaso. Vivem uma existência sem objetivos concretos, sem rumo fixo, sem norte moral. Vivem um eterno domingo, num feriado excessivamente prolongado. São a quietude de quem se habitua com o trecho da vida, com o meio do caminho da existência. José Sterza Justo escreve em *Andarilhos e trecheiros*:

> Os andarilhos vivem o espaço. O tempo praticamente não existe: ontem, hoje e amanhã estão fundidos na sua percepção. É como se eles não tivessem história: seu passado não está no seu presente (não há uma linearidade na sua história de vida, o antes não se conecta com o agora), não há um prolongamento, mas uma ruptura que o lança no vácuo temporal. Depois da deserção para o nomadismo, não há mais tempo propriamente dito, não há mais o desenrolar de uma narrativa, um projeto, a possibilidade de um futuro. Simplesmente os acontecimentos passam desconexos e casuais, não deixando resíduos. Não produzem um acúmulo de experiências capazes de transformar o cotidiano ou a vida; ao contrário, os acontecimentos do dia a dia do andarilho apenas se repetem, paralisando o tempo, como se ele estivesse andando sem sair do lugar.[7]

O marasmo das ruas é fruto do marasmo das almas. Longe de fotografias ou contatos familiares, os desabrigados acabam sem elos com o passado. Tudo o que possuem são memórias mais ou menos vívidas que tendem a se apagar com o tempo. Eles vão esquecendo a voz da antiga esposa, demoram para lembrar os nomes de todos os filhos e se confundem nos relatos do passado, sempre nos deixando em dúvida se aquilo é verdade ou não, já que nem eles possuem convicção da própria narrativa. Quando conseguem voltar das ruas, não encontram de volta aquilo de que tanto tinham saudade. Tudo mudou, tudo sumiu, e eles acabam de volta na mesma miséria de antes. Sete demônios se apossam da casa mal exorcizada.

Eles perdem o passado, mas também o presente. Não sabem o que aconteceu com esposa e filhos, amigos e parentes. Temem que os pais tenham morrido, que o cachorro tenha sido atropelado ou que a prole não tenha seguido um bom caminho na vida. Permanecem pais de garotos que nunca crescem, porque nunca foram vistos crescidos. As esposas, raramente descritas como belas, permanecem dionisiacamente jovens em uma memória que nunca é atualizada. Abraçados com a estátua de sal de anos passados, eles não possuem muito interesse em reencontrar as versões atuais de sua própria história de vida. Sabem que a boa lembrança se desfaria em contato com a realidade. Por isso que "não são, definitivamente, apenas migrantes: são *perambulantes*".[8] Não estão no meio do caminho geográfico, mas no meio do caminho existencial. Ao se libertar do passado, libertam-se daquilo que dá forma e concretude à existência.

Formados então nesta escola, eles se movem por ambientes estranhos da existência e passam a tomar decisões baseadas apenas no mal de cada dia. "Seu modo de vida não permite planejamentos, prospecções ou adiamentos de gratificação", diz José Sterza Justo, de forma que "não há espaço para projetos, previsibilidade ou antevisões do amanhã".[9] O roubo ou o estupro também nascem em corações que não sabem adiar prazeres e esperar o dia seguinte, uma vez que suas vidas se resumem a um grau avançado de atemporalidade psicológica. "A errância", então, "por não ter um projeto", e por isso ser uma atividade profundamente destemporalizada, "por não ter um ponto de partida e outro de chegada, faz o sujeito percorrer o espaço a esmo". O desabrigado acaba por se assemelhar a caules de samambaia, "procurando cobrir toda a superfície sem fincar raízes em lugar algum e sem elevar-se do chão". Ainda que esteja preso ao solo por uma necessidade física, não o está por obrigação de mentalidade. Os pés que literalmente deslizam representam seu relacionamento com o chão que pisam. Eles escorregam pela vida. "A errância é atemporal porque não produz história, aliás, ela nem permite uma ligação ou um vínculo suficiente com algum objeto ou lugar, capaz de prover uma experiência historicizante, ou seja, que logre colocar algo no indivíduo que possa ser transportado para outro lugar."[10]

Essa relação de desengajamento se explica, num primeiro momento, pela fragilidade de uma vida sem paredes. Uma análise fria vê a rua como um ambiente tão pacífico quanto uma grande cidade pode ser, mas que certamente proporciona inseguranças variadas. Não há argumento que dê paz profunda a quem escolhe dormir desprotegidamente em uma calçada. Na rua, você não imagina todo dia que vai morrer, mas eu imaginava. Desacostumado, como todos os que chegam na rua e ainda estão se adaptando à nova realidade, ou como pessoas de bem que não estão dispostas a se envolver com qualquer tipo de ilicitude civil, eu via na rua uma grande cova pronta a lançar terra sobre minha cabeça. Andando pelas ruas escuras de paredes acinzentadas, rodeado de portões e grades pichadas, você perde a esperança de que permanecerá vivo até a próxima esquina. A existência iminente deixa de ser uma certeza psicológica. Não se acredita que haverá futuro quando não se acredita que haverá o próximo quarteirão. Falando de crianças desabrigadas, Rosa Maria Fischer Ferreira diz que "as expectativas para além do momento presente não são elaboradas porque não há segurança de se passar dessa [isto é, deste momento] para o momento futuro".[11] O morador de rua adulto, no entanto, não parece viver esse terror o tempo inteiro. Parece que se desvencilhou tão profundamente da necessidade de existência contínua que consegue a sobrevivência psicológica. É por isso que muitos moradores de rua passam a noite em bolsões. Mas alguns ficam sozinhos, dormindo sem companhia.

Os que com o tempo conseguem vencer o medo da morte iminente precisam lidar com a lembrança daqueles que não tiveram a mesma sorte e passaram para o outro lado da eternidade. Todo morador de rua conhece um morador de rua que foi morto — seja por doença, por drogas, por atos de violências. Para Jorge Broide e Emília Estivalet, no caso da população de rua, seja de crianças, adolescentes ou adultos, eles têm "muitas vezes, em virtude da magnitude das perdas sofridas, uma alteração da noção do tempo e do espaço".[12] Com isso, é "muito comum que o tempo seja marcado pelas perdas radicais que sofreram, e o espaço vá se condensando em determinado local onde se dá a sobrevivência imediata e no qual podem satisfazer suas inúmeras necessidades e desejos que incluem os laços, a alimentação, a aprendizagem etc.".[13] A rua ainda sangra na mente de quem sobrevive, e é preciso se desvencilhar da própria realidade para sobreviver emocionalmente em um mundo tão sombrio.

A imagem geral é a de que o morador de rua é um tipo de monge secular. Ele vive em algum isolamento, sofre alguma privação, sobrevive da generosidade alheia e é visto como um ser exótico pela população. Zygmunt Bauman faz uma relação entre a vagabundagem e a fuga de eremitas religiosos para o deserto:

> O deserto do eremita cristão foi estabelecido à considerável distância do burburinho da vida familiar, longe da cidade e da aldeia; longe do que é mundano e da pólis. O deserto significava colocar uma distância entre o homem e seus deveres e obrigações. Ele o afastava do calor e a agonia de estar entre seus semelhantes, de ser observado pelos demais e ser enquadrado e moldado pelo escrutínio, demandas e expectativas de outras pessoas. [...] Aqui, para onde quer que se mude, qualquer pessoa estaria em um lugar, e estar em um lugar significaria estabelecer-se, e realizar a manutenção exigida por ele. O deserto, por outro lado, era uma terra que ainda não havia sido fatiada em lugares, e, por esse motivo, era a terra da autocriação.[14]

Ainda para Bauman, o que faz dos vagabundos algo tão tenebroso é justamente a "sua aparente liberdade para mover-se e, assim, escapar dessa rede que até o momento é controlada e fundamentada na existência de um lugar", ou pior ainda, a imprevisibilidade da movimentação dos homens que encontraram um meio alternativo de vida, à sombra das escolhas comuns: "Ao contrário do peregrino, o vagabundo não possui um destino definido. Você não sabe para onde ele vai, porque ele mesmo não sabe — nem se importa em saber." Nisto, a "vagabundagem não reconhece qualquer avanço de itinerário — sua trajetória é remendada pouco a pouco, um pedacinho por vez". O espaço que para uns é meio para o trajeto, ou mesmo ambiente de moradia, para o vagabundo, "é uma escala. No entanto, ele nunca sabe quanto tempo vai ficar em cada um — isso vai depender da generosidade e paciência dos residentes", uma vez que o vagabundo é impelido a seguir com esperanças frustradas e puxado para a frente por esperanças pueris. Assim, ele decide onde virar quando chega aos cruzamentos. A diferença entre o peregrino e o mendigo, então, é latente.[15]

Mendigo não tem relógio. Mendigo não pergunta as horas. "É outro o tempo da rua", como se a vida sem conquista permitisse uma libertação da correria. "É possível passar horas assistindo a cidade acontecer. Não há pressa no andar lento e pausado do homem da rua."[16] Nisso, a relação do mendigo com o espaço também é modificada. Claro que eles não são loucos que desconhecem onde estão. Eles entendem muito bem o espaço e fazem uso dele com alguma esperteza. Sabem onde saciar cada uma de suas necessidades. F.F. Brognoli diz que, para o nômade, "a relação com o espaço não é a da apropriação mediada pelo regime de propriedade, mas de ocupação", uma vez que "é o próprio deslocamento em si que secundariza os pontos e os subordina aos trajetos. [...] os pontos só existem para ser abandonados".[17] Por isso, existem sem meios do caminho. Não há rua, avenida ou estrada. Não há percurso. Eles habitam a totalidade. Não existe movimento real nas ruas. Ninguém vai de um ponto a outro, mas permanece entre pontos. Se andamos para chegar a algum lugar, os mendigos já estão em cada novo passo, "com o andar compassado de quem não tem hora para chegar e sequer aonde chegar. Andam por andar, como errantes vagando a esmo, sem destino".[18] Em *Da utopia à exclusão*, Marcel Bursztyn e Carlos Henrique Araújo escrevem:

> A condição de errância descola o sujeito de qualquer lugar fixo e estável, de referências sólidas ou cristalização de relacionamentos, produzindo a efemeridade, a transitoriedade, a provisoriedade em qualquer plano da

vida (social, afetivo, cognitivo, profissional e outros). Individualização, isolamento, mutanismo e a condição de passageiro do tempo e do espaço são constituintes típicos do sujeito contemporâneo. A incerteza e a insegurança marcam o estar ou o mal-estar nesse mundo sem fronteiras, sem lugares, sem cantos, sem apegos e aconchegos.[19]

Desta forma, a vida do desabrigado não se encontra localizada em uma "grande narrativa", como diz José Sterza Justo, no sentido de que o mendigo não tem uma história de vida universalizante ou universalizada, mas uma existência desintegrada das histórias das outras pessoas e até mesmo do mundo. O homem existe como um pequeno ponto de poeira cósmica sem importância para o universo social. Sua vida é uma mera "história episódica, mais descritiva do que narrativa", uma vez que não está incluída na grande sequência de eventos que vão dando sentido e progresso à humanidade. "Constitui-se topologicamente como um conjunto de acontecimentos sem uma conexão ou linha mestra que lhe dê um sentido, uma direção com a possibilidade de epílogo", continua Sterza Justo, de modo que o homem não se percebe como tendo uma continuidade no tempo, fragmentando-se "na dispersão dos espaços por onde transita. A ideia de progresso está completamente ausente, primeiro porque não há continuidade do 'eu' no tempo e, segundo, porque não há qualquer visagem de um futuro melhor".[20] Dessa forma, ele se torna não um tipo de cidadão do mundo, mas um cidadão de lugar nenhum. Ele estabelece certos vínculos, sejam afetivos ou sociais, de modo "bastante abreviados, quando não os reduz ao tempo mínimo necessário para a manutenção da sobrevivência biopsicológica e social".[21] O autor continua:

> Para o errante, cada refeição, gole de água ou cachaça, cada abrigo para dormir precisam ser providenciados a cada dia, no momento mesmo em que surge a necessidade, sem muita margem para explorações cogitativas de alternativas de satisfação. A primeira ponte ou forragem de mato que surge ao anoitecer, por exemplo, é imediatamente conectada ao pernoite. Não há tempo para prospecções de outras alternativas, nem esquemas de pensamento aplicáveis à situação presente que permitam reproduzir,

pari passu, algumas ações e condutas, como ocorre no sedentarismo, por exemplo, quando se dorme todas as noites na mesma casa, na mesma cama e com a mesma companhia. Dessa forma, o pensamento do andarilho tende a ser nômade, imediatista e prático, capaz de responder mais adequadamente à condição de provisoriedade e instabilidade a qual marca o modo de vida errante.[22]

Existe uma íntima relação entre esse desprendimento geográfico e temporal com um tipo de desprendimento psicológico de autoidentidade. Marc Augé cunhou o termo *não lugar*, em sua obra *Não lugares*,[23] de 1995, para falar de ambientes descartáveis vazios de significado suficiente para sequer serem considerados lugares reais, pretendendo compor uma etnologia da solidão e uma antropologia da supermodernidade. Sterza Justo usa o conceito de Augé para dizer que o morador de rua vive no não lugar do "espaço privilegiado e extremamente atraente do estranhamento, da inquietude e do despojamento ou da flutuação da identidade",[24] já que, "exposto à desterritorialização e perambulando 'pelo mundo', o sujeito perde sua identidade particular".[25]

Isso se dá porque "persiste ainda no cidadão comum a ideia de uma 'casa' como lugar indispensável para se viver", o que talvez seja inato a todo indivíduo, mas não a casa em seu sentido puramente físico de uma edificação, "mesmo que seja o teto de um viaduto, mas no sentido bachelariano de um espaço habitado, um espaço psicossocial, um lugar de referência e continência pessoal",[26] o que também é alimentado "por encontros com os domiciliados que constantemente fazem os moradores de rua se lembrarem de onde se situam em relação aos outros".[27] Os estados de caos psicológico acabam transformando a mentalidade quase definitivamente. Para Sarah Escorel:

> O movimento constante e o isolamento tendem a diminuir a visibilidade da ocupação e da habitação do espaço público nas grandes cidades. São nesse sentido os depoimentos dos que adotam o isolamento como forma de evitar conflitos, seja entre moradores de rua, seja com transeuntes, seja com as instituições. Itinerância e fixação se intervalam no cotidiano dos moradores de rua, variando segundo as circunstâncias.[28]

É chocante o desapego ao tempo que caracteriza a mendicância. Raramente os mendigos correm. Pena que, geralmente, a corrida envolve a busca desenfreada pelas drogas ou acontece nos horários em que a entrega de comida começa a rarear. Quando a comida sobra, eles andam lento. Conversam e dão a vez. Quando falta comida, correm e não avisam. Deixam os outros para trás. Eu sempre evitei seguir os mendigos, mas fui compelido por uma senhora de vermelho que não parava de correr. Aquela cena era particularmente chamativa. Eles não têm horários, não têm pontos para bater, não têm compromissos inadiáveis. Mas ela corria, assim, meio sem pressa, mas corria. Eu fui atrás dela tentando descobrir onde iria chegar. Não era difícil seguir andando uma senhora que semicorria. Ela subia nos portões dos condomínios, conversava com alguém aqui e ali, requisitava algo do lixo e continuava a corrida. Mas não parecia chegar a lugar algum. Em uma de suas paradas, andei para além dela, encostei num poste, esperei ela se aproximar e perguntei onde ia. Perguntei por que a pressa. Perguntei como se chamava. Nenhuma resposta. Insisti. Quero chegar ali, ela disse, e continuou. Não tinha um aspecto muito são e, pelo tipo físico, parecia muito íntima das drogas. Estava com pressa, e parecia fissurada por mais de algo que já havia consumido até o fim. Segundo Maffesoli,

> visualizaríamos o nomadismo de andarilhos e trecheiros não apenas como expressão de contingências econômicas, sociais ou psicológicas imediatas, mas como expressão de buscas mais profundas, por parte do homem, de aventuras pela vida e pelo mundo [...], que exploram possibilidades de si, outras formas de ser e viver, sem um projeto racional orientador do caminho, mas levado pelos ventos e vácuos da estrada, pela poesia dos halos e sabores suscitados pela caminhada, algo situado em um plano irracional, intuitivo, sensível, individual e de caráter mais mítico e místico do que racional.[29]

Oscar Wilde descreveu o sentimentalista como "aquele que deseja ter o luxo de uma emoção sem pagar por ela".[30] A rua é um tipo de aventura que dá ao homem alguma satisfação física e emocional de forma barata. É o chão das delícias, onde mendigos tentam encontrar significado fora do trabalho ou do progresso pessoal. Não nos basta analisar os moradores de rua como indivíduos psicologicamente desequilibrados, mas principalmente como expressão de uma "constante antropológica",[31] a pulsão de um pioneiro que está sempre em busca de algo mais, mas que não está disposto a se desgastar nos meios convencionais. É alguém em busca de um Eldorado ao virar a próxima esquina.

SAY MY NAME — OS HOMENS SEM NOME

O processo de perda da identidade passa pelo abandono do nome. Um dos elementos mais belos do relacionamento entre Deus e os homens no Antigo Testamento está no nome. Jeová, que possui um nome próprio, sempre valorizou os nomes: "Mas agora assim diz o Senhor, aquele que o criou, ó Jacó, aquele que o formou, ó Israel: 'Não tema, pois eu o resgatei; eu o chamei pelo nome; você é meu'" (Isaías 43,1). Os judeus chegavam a acreditar que o nome recebido funcionaria como um desejo para o futuro da criança. O próprio Deus mudava o nome de seus servos à medida que eram marcados pelo relacionamento religioso.

O nome ajuda a definir quem somos. Conheço quem passou por crises de identidade quando, ao mudar de país, precisou mudar o nome para uma versão traduzida ou modificada, de forma que os falantes da língua local o conseguissem pronunciar. Se ninguém o chama pelo nome, você sente que perdeu alguma coisa de si mesmo. Quando casamos ou mesmo durante o namoro, tendemos a chamar o parceiro por apelidos ou contrações do nome de batismo. É uma maneira de estabelecer algo da natureza da relação posta entre os dois. No mundo empresarial, o "senhor" ou "senhora" que precede o sobrenome tem o mesmo propósito, ainda que descreva uma afinidade distinta.

Na rua, nunca perguntaram meu nome. Às vezes, um ou outro evangelista queria saber como eu me chamava, mas os moradores de rua não se importavam com o batismo de meus pais. Demorei uns meses para parar de perguntar os nomes dos mendigos. Eles achavam isso meio estranho, como se eu perguntasse a cor da calcinha de alguém. Se o nome não fosse desimportante, era pelo menos uma intimidade indecorosa. Você é o "meu velho", o "menino", o "cara". Sua pessoa é substituída por um vocativo genérico ou por algum apelido.

Tive uma conversa breve com um jovem de costelas contáveis e cicatrizes incalculáveis. "Guabiru", ele respondeu. "Não, cara, teu nome mesmo", perguntei. Não queria saber só do apelido. "Guabiru, sempre fui Guabiru." Ele tinha tatuagens bem vagabundas e desbotadas. Magro, sem camisa, boné cobrindo a metade superior do rosto. Não se lembra dos pais e sempre morou na rua. Diz que não sabe o nome que os pais lhe deram, e que o chamam de Guabiru desde quando se lembra.

O Mandala dizia que um homem é sua obra. Como ele vende mandalas, ele é o Mandala. Recusava dar seu nome aos prospectos clientes, e só o vi revelá-lo uma vez, depois de muita insistência. Gostava de ser identificado com o que fazia, e parecia ter muito prazer nisto. Também há quem seja *namefluid*, gente sem nome específico que se transmuta a cada questionamento. Num minuto é Lucas, no outro é Pedro, em seguida se torna Marcelo, e segue como metamorfose descarada e ambulante, sem maiores explicações. Ainda que representem mera caçoada ou até problemas psicológicos, estes casos são os mais profundos no abandono da identificação. Se Guabiru possuía um apelido doloroso que o definia, o *namefluid* dança pelos nomes como quem atravessa ruas.

Em outros casos, o nome tão esquecido pelos pares é declarado com o vigor de um credo niceno-constantinopolitano. "Eu sou Roberto Nogueira Pereira da Silva, Roberto Nogueira Pereira da Silva", e vai repetindo sempre que pode (raramente a outros mendigos). Geralmente são os mais velhos que ainda se importam em ter o nome lembrado. Suas identidades parecem lhes conectar a algum elemento do passado, como a família que lhes rejeita eficazmente ou procura inutilmente. Para estes, o velório dos sonhos seria um trecho de *Clube da luta*, quando um recém-assassinado membro do Projeto Destruição ganha de volta o nome que lhe havia sido retirado em vida, tendo ele repetido em coro por todos que compareceram ao seu funeral: "Seu nome é Robert Paulson... Seu nome é Robert Paulson..." Quando Roberto Nogueira Pereira da Silva pronunciava cada sílaba como um trovão ao jovem religioso com quem dividia o banco da praça, ele parecia esperar que o nome fosse repetido. Quando o foi, foi apenas o primeiro nome, acompanhado de um "senhor", e não pareceu suficiente.

O desapego profundo ou a afeição exagerada ao próprio nome parecem evidenciar a mesma condição psicológica em ambos os casos, e que costuma acometer a vida mendicante, uma desconexão com a própria identidade. Não posso dizer que esse processo de despersonalização pode ser caracterizado como desordem dissociativa ou ruptura com a personalidade em nível psiquiátrico, mas pelo menos representa algum nível de estresse moral identitário. Na ausência de qualquer meio de se posicionar socialmente, o mendigo ou desiste de sua identidade ou se agarra desesperado a ela.

AS FUGAS PARA DENTRO

Mendicância é fuga. Há quem fuja de esposas, há quem fuja das juras de morte, há quem fuja do trabalho, há quem fuja da humilhação de voltar para a família. Quase todo desabrigado quer se esconder de alguma coisa. Geralmente, eles contam isso publicamente, e você não precisa se fantasiar de mendigo para que confessem suas fugas mais óbvias.

O que às vezes eles não confessam são suas fugas de si. Eles vão para rua para se perder de si mesmos. É como um tipo de suicídio da mente, um abandono dos aspectos mais trabalhosos da intelectualidade e da interioridade de forma geral, a fim de apenas existir em carcaça, satisfazendo os desejos básicos da vida comum. Eles não querem morrer porque há muito o que sentir, mas não querem viver na totalidade das possibilidades da vida. José Sterza Justo fala de sua pesquisa entre andarilhos e trecheiros nas seguintes palavras:

> Foi bastante surpreendente constatar que a solidão não é vivida pelos andarilhos como situação de dor e sofrimento. Mostraram-se resignados diante da solidão, dizem-se habituados à falta de companhia e rechaçam qualquer ideia de voltar a compartilhar o cotidiano com alguém. Afirmam

cabalmente que nessa vida "não cabem dois", que eventuais parcerias na estada só atrapalham e dificultam a vida e que é possível viver razoavelmente sem uma companhia constante.[32]

Na canção de Luiz Felipe Leprevost e Troy Rossilho, promete-se a travessia da fronteira mais escura do mundo, que é a fronteira do eu. Os autores querem se perder dentro do próprio organismo, querem se aventurar no próprio centro, mas asseveram com alguma tristeza: "Não posso fugir de mim se só tenho saídas pra dentro."[33] O homem tenta fugir de si mesmo, mas, como não pode se despregar do corpo ou da mente, encontra meios de calar a voz da vida. A rua não te dá tempo para pensar. Pelo contrário, tira de você toda a necessidade de pensamento para além da busca da satisfação das necessidades básicas. Se viajamos para nos encontrar, o morador de rua vaga para se perder. Para Edmond Jabès, você "não vai ao deserto para encontrar sua identidade, mas para perdê-la, para perder sua personalidade, para tornar-se anônimo".[34] A rua pode ser tanto uma situação de isolamento para fugir da vida passada quanto um novo grupo que recebe uma alma atormentada sem cobrar qualquer engajamento de personalidade. Diante disso, Sterza Justo mostra como essa fuga afeta a mente:

> A fuga das opressões e sofrimentos do sedentarismo se dá também pela via do pensamento. Assim como esse senhor começou a andar para não pensar nas dificuldades pelas quais atravessava, é como os andarilhos afirmarem que tomaram o rumo da estrada para "não ter mais que pensar na vida". Andam porque ficar parado fustiga-lhes o pensamento e surge daí a angústia. Enquanto andam, afastam os pensamentos ruins, [...] como se, andando e deixando de pensar no que ficou para trás, estivessem se distanciando também das situações angustiantes. Com o andar, procuram se afastar do núcleo do sofrimento, como se o sedentarismo os aprisionasse em uma situação ruim da qual não pudessem fugir. Por isso andam e não pensam, porque, se pensassem, permaneceriam acompanhados pelas ideias malevolentes e carregariam tudo aquilo de que procuram se desvencilhar.[35]

Por isso que a fuga do trabalho chegava a ser descrita por muitos como a fuga dos pensamentos. Um dos andarilhos entrevistados "dizia que andava para se distrair, não pensar, afastar os pesares, e que ficar parado ou confinado em algum lugar gerava muita angústia; por isso mesmo não conseguia parar na oficina e trabalhar".[36] O pensamento e o raciocínio são os principais inimigos da fuga mendicante. Não é por menos que, vez por outra, os cachorros costumam ocupar o espaço de afeto social que deveria ser destinado a um igual. Cachorros dão carinho e relacionamento sem dar questões internas a solucionar. O latido emula a fala, compreendida de acordo com a vontade e o estado emocional de quem escuta. É amigo no salvamento da alma durante o obscurecimento da mente. Sterza Justo descreve:

> Para nossa surpresa, a maioria dos entrevistados declarou que, enquanto estão andando, raramente pensam, imaginam ou procuram produzir ideias sobre alguma coisa que consideram importante. No máximo, imaginam possibilidades de provimento das necessidades básicas diárias, como encontrar comida, água e abrigo para o pernoite, mas, mesmo assim, sem uma preocupação maior, posto que agem na improvisação e no imediatismo, sem antecipação ou planejamento das ações diárias.[37]

É uma fuga geográfica dos problemas. Mas como o homem conseguiria viver para sempre obscurecendo a mente? O consumo de drogas e o hedonismo desenfreado parecem a escolha mais óbvia, mas não para todos os desabrigados. O movimento sem destino representa o torpor da mente de muitos que preferem ficar longe dos vícios ou que não possuem meios para a satisfação hedonista ininterrupta. Sterza Justo continua:

> No geral, consideram o pensamento algo penoso, que suscita experiências de sofrimento ou os expõe mais ainda ao reconhecimento da penúria em que vivem. Alguns afirmam que "andam para não pensar" e que, se ficassem parados, se suicidariam. [...] a errância, nessas condições, substitui o pensar pelo andar, como estratégia de elaboração do sofrimento ou das agruras da vida.[38]

A solidão também obscurece o pensamento. Jean-Paul Sartre escreve sobre a solidão do pensamento em *A náusea* através do personagem Roquentin, dizendo que a maioria das vezes, "por não se ligarem a palavras, seus pensamentos permanecem nebulosos". O raciocínio é servo da linguagem, de forma que o pensamento precisa de alguma ordem linguística para progredir. "Desenham formas vagas e agradáveis, submergem: esqueço-os imediatamente", escreve o filósofo francês. O pensamento solitário não tem caráter duradouro, não constrói nada para além do momento. É fruto do marasmo de almas rotas: "Quando se vive sozinho, já nem mesmo se sabe o que é narrar: a verossimilhança desaparece junto com os amigos. Também os acontecimentos deixamos correr; vemos surgir bruscamente pessoas que falam e que se vão, mergulhamos em histórias sem pé nem cabeça: seríamos testemunhas execráveis."[39] A figura do intelectual eremita é um mito antigo. A mente se enruga sem o exercício relacional de raciocínio.

Por isso que o mendigo, grosso modo, só pensa quando conversa. Bater papo com o morador de rua é dar a ele a chance de raciocinar e tentar colocar a vida em ordem, pelo menos internamente. Não poucos moradores de rua se recusam a qualquer conversa com quem quer que seja, porque sabem dos efeitos que o relacionamento causa na mente. Os corpos de fundo só ficam calmos quando a água está parada. Qualquer agitação faz subir a sujeira que estava bem deposta no fundo da mente. Não menos que três vezes, depois de ser dispensado em alguma tentativa de interação, recebi como justificativa alguma expressão de que continuar doeria muito. Um rapaz até corado foi quem pôs de forma mais clara: "ficar pensando machuca aqui", com duas batidinhas de polegar na têmpora.

Se à noite os moradores de rua costumam se agrupar em bolsões, durante o dia é difícil vê-los unidos em microcomunidades. Pareceu-me que os mendigos que vivem em grupo são os mais dóceis, menos perigosos. Os que se isolam geralmente são os que conseguem sobreviver à parte da caridade, ou seja, os que cometem delitos para sustentar o desinteresse pelo trabalho ou são catadores que preferem não se relacionar com mendigos puramente mendicantes. Normalmente, separam-se em três grupos. Há os trabalhadores, que procuram recursos por meio da coleta de materiais recicláveis, artesanato ou guarda voluntária de carros nas ruas; há os mendicantes, que podem se posicionar sempre no mesmo ponto da cidade ou se mover pelas zonas movimentadas abordando os transeuntes; e há os drogados, que vivem entre mendicância, pequenos furtos e longos períodos nas bocas e pedradas.

Dentre os trabalhadores e mendicantes, tal como dentre os drogados, existem honestos e desonestos, ladrões e pessoas de bem. Dentre os trabalhadores e mendicantes, tal como dentre os drogados, não existe quem deseje uma vida cheia de relacionamentos e de fortalecimento da comunidade. "Há entre os andarilhos, juntamente com a recusa do sedentarismo, uma profunda recusa do coletivo, da proximidade com o Outro, da organização de forças individuais e uma rejeição de qualquer ideário de compartilhamento de ações voltadas para a construção de um mundo comum, ou voltadas para a realização de alguma obra conjunta."[40]

NOMADISMO HUMANO

Nós somos mais parecidos com o mendigo do que gostamos de aceitar. O nomadismo da alma e a ausência de propósito são características humanas comuns. Sterza Justo diz que "podemos ponderar que tudo aquilo que afeta o 'mochileiro' e o andarilho afeta também o restante dos sujeitos na atualidade, embora as consequências sejam diferentes". A errância, "entendida como deslocamentos constantes de espaços fixos e estáveis, é um fenômeno bastante antigo incrustado na história do ser humano", de modo que "a figura do andarilho radicaliza aquilo que o viajante suscita". Assim, se ser um errante, um nômade, está relacionado a viver em "movimentação constante, sem parada, sem rumo certo, sem destino e objetivo definidos", então podemos considerar que todo homem luta contra ou abraça amorosamente o errante que possui dentro de si, seja em planos intelectuais (vagar pelas ideias ou delírios), geográficos e socioculturais (viajar pelo mundo) ou até nos afetivos (transitar pelas paixões). Para a sociedade atual, o homem se localiza principalmente em um "não lugar" etéreo de comunidade sem espaço, "tornando o ser humano um eterno transeunte", uma vez que qualquer "tipo de fixação é contraproducente e desvalorizado: o trabalhador não pode ter estabilidade no emprego; os vínculos afetivos precisam ser transitórios", de forma que "o sujeito é instado a metamorfosear-se constantemente e a assumir-se como múltiplo, e não mais uno".[41] Ele continua:

> O andarilho pode ser tomado como protótipo do sujeito contemporâneo ou pós-moderno: um sujeito errante, sem história, sem laços, projetos, sem fixações e sem rumo. É um vivente nômade das "intensidades", "fluxos" e "atravessamentos", não identitário, ou seja, está exposto constantemente a processos de territorialização e desterritorialização dados pela sua passagem de um lugar a outro, na rede de relações tecidas por modos de subjetivação constituídos como agenciamentos ou linhas de fuga.[42]

Para Maffesoli, nós falamos de "mobilidade" para amenizar o peso do nomadismo e da errância, coisas que não são, "de jeito nenhum, exclusividade de alguns". Para ele, podemos dizer que "o homem pós-moderno está impregnado disso". Nossa migração diária, seja do trabalho ou do consumo, caracteriza corações inquietos que precisam se mover em direção ao novo dia a dia, "compreendida como a modulação contemporânea desse desejo do outro lugar que, regularmente, invade as massas e os indivíduos".[43]

Para Alberto Manguel, as novas configurações humanas, influenciadas pelo mundo dos dispositivos eletrônicos, fazem com que percamos algo do que significa a movimentação. Nós voluntariamente abrimos mão das âncoras que justificam o movimento. Para o argentino, antes "a viagem tinha um destino, e também um lar ao qual o viajante podia retornar em segurança para tirar proveito da experiência". Hoje, no entanto, a viagem não possui destino, nem retorno. Não vamos em direção a algo de fato, nem retornamos a algo de fato. "Seu propósito não é o sujeito se deslocar, mas permanecer imóvel, no aqui e agora, ou, o que dá no mesmo, mover-se quase instantaneamente de um lugar a outro, de modo que não há travessia de um ponto a outro." Robert Louis Stevenson declarou: "De minha parte, não viajo para ir aonde quer que seja, mas para ir. Viajo por viajar. A grande questão é o movimento",[44] mas isso só seria possível a indivíduos que conseguem se desvencilhar do aqui para alcançar o acolá, dando consciência de progresso e movimentação, coisa muito perdida em tempos eletrônicos e de comunicação instantânea. "Nossas funções de raciocínio requerem não apenas consciência de nós mesmos, mas também consciência de nossa passagem pelo mundo", conclui Manguel.[45]

Para Zygmunt Bauman, "a era da superioridade incondicional do sedentarismo sobre o nomadismo e da dominação dos assentados sobre os nômades está chegando ao fim. Estamos testemunhando a vingança do nomadismo contra o princípio da territorialidade e do assentamento. No estágio fluido da modernidade, a maioria assentada é dominada pela elite nômade e extraterritorial".[46] Em outra obra, ele descreve os peregrinos como pessoas que caminham em direção a algum lugar e que rejeitam o sedentarismo:

> Para os peregrinos através do tempo, a verdade está em outro lugar; o verdadeiro lugar está sempre a alguma distância, algum tempo depois. Onde quer que o peregrino possa estar agora, não está onde deveria estar, nem onde sonha estar. A distância entre o mundo verdadeiro e este mundo aqui e agora é feita do desajuste entre o que deve e o que foi alcançado. A glória e a gravidade do destino futuro degradam o presente e fazem a luz dele. Para o peregrino, para qual propósito a cidade pode servir? Para o peregrino, apenas as ruas fazem sentido, e não as casas — as casas são tentações para descansar e relaxar, esquecer o destino.[47]

Mas o mendigo não é um peregrino. Nós o somos. Nós vivemos dia a dia em busca de novos alvos e objetivos que satisfaçam algum desejo cósmico por significado. O mendigo está abaixo disso, e exerce vontade para além de qualquer sentido ou esperança.

SOFRIMENTO NECESSÁRIO

Eu passei a perceber o sofrimento interior do desabrigado como algo quase autoimposto. Não é um problema das circunstâncias, mas um problema de natureza psicológica e moral que leva estes homens a um estado constante de dor. De fato, todos temos necessidade de sofrer. Psiquiatras, filósofos, rezadeiras e tuiteiros possuem suas profundas explicações, mas tudo que sei é que faz parte da natureza humana encontrar algo que vez por outra nos deixe para baixo, não importando o quanto tudo vá bem. Se temos saúde, reclamamos do peso. Se somos bonitos, choramos as dores financeiras. Se chove, saudamos o sol. Se clareia, desejamos os pingos frios. Reclamamos por não termos filhos, depois porque eles dão trabalho, depois porque cresceram e aquele tempo infante não volta mais. Todos temos conhecidos cuja vida invejamos: "Se eu fosse fulano, nunca reclamaria da vida" ou "Se eu tivesse tal coisa, nunca sentiria tristeza".

O problema é que a necessidade de tristeza parece um atributo indelével da psique humana. Há um abismo no coração do homem que só encontra a verdadeira paz ao largar vez por outra o contentamento. Caído no pecado, todo humano é masoquista. No livro do Apocalipse, da Bíblia cristã, é-nos dito que toda lágrima será limpa cabalmente nos novos céus e nova terra, como concretização da salvação dos escolhidos de Deus. O cristianismo diz que podemos esperar que o revestimento futuro da natureza divina transforme a necessidade humana por dor. Nisso, o Apocalipse é um horizonte de esperança, de fato, mas também a confirmação do inescapável presente. Como esta promessa é apenas futura, a libertação total do choro se torna uma tentativa de imanentização do escatológico, um esforço por trazer ao âmbito da experiência possível aquilo que só seria apropriado aos anseios apocalípticos das religiões, o que sempre fomenta utopias das mais cruéis. Estamos encravados na necessidade de sofrimento. Só há como fugir da tristeza fugindo da realidade. Construímos torres de Babel com tijolos de sexo, bebida, drogas e entretenimento compulsivo. Lascívia, embriaguez, vício e maratonas diante de muitas telas sufocam a tristeza, jogando sal na própria sensibilidade. São paliativos para os céus.

Fernando Pessoa, em *Autopsicografia*, diz que o poeta é um fingidor: "Finge tão completamente/ Que chega a fingir que é dor/ A dor que deveras sente". O mendigo, tanto quanto todo homem, é alguém que finge, e finge tão bem que se engana. Cansei de ouvir histórias intermináveis de sofrimento que tinham a única função de dar uma desculpa para a tristeza pessoal do narrador. Aquilo que o homem comum encontra na arte, o mendigo parece encontrar nas vicissitudes da mendicância. Geralmente é na arte que encontramos o escape para nossas necessidades por tristeza — na verdadeira arte, com sua beleza multifacetada, revelando dores e alegrias mil, agindo como prenúncio do paraíso, sendo o amigo solidário que quebra as correntes responsáveis por prender os pés de nossa alma à enorme esfera negra do sofrimento. Em vez de estancar o sangramento, ela produz uma maré a correr pelas nossas feridas, causando a melhor das aflições, a dor do belo.

Contemplar a angústia fictícia supre nossa necessidade diária de melancolia e nos impede de buscar o sofrimento ao derredor, como faz o mendigo. A dor da arte substitui a dor da vida. Todo artista, ao tocar a alma, prenuncia os céus e torna-se um João a revelar pequenas doses diárias de Apocalipse. Mora aí o grande paradoxo da beleza. Causando dor, o artista cura. O mendigo, por outro lado, sacia-se na coisa em si, ou mesmo em fantasias tão mentirosas quanto a mentira do poeta, apenas para justificar o desejo pelo chão das delícias. O senso de apreciação artística, seja em manifestações de alta cultura ou mesmo na cultura de massa, seja em uma finíssima tela renascentista ou no último *blockbuster* do cinema, ajuda-nos a fugir da dor da vida. É uma capacidade de apreciação que mendigos geralmente não possuem, e que precisam desenvolver se quiserem substituir suas doses diárias de miséria interior.

VENCENDO A TRÍADE TRÁGICA

Viktor Frankl, judeu sobrevivente dos campos de concentrações do nacional-socialismo de Hitler, fala sobre a busca por um sentido em meio à "tríade trágica", que seriam os aspectos da vida humana que podem ser circunscritos por dor, culpa e morte. Isso só seria possível, diz o pensador, se transformarmos dor em conquista, se usarmos da culpa para mudar e melhorarmos a nós mesmos e encararmos a transitoriedade da vida como um incentivo para ações responsáveis. O que permite este tipo de postura, segundo Frankl, é o propósito, o sentido para a existência, uma *raison d'être*: "Uma vez que a busca de sentido por parte do indivíduo é bem-sucedida, isso não só o deixa feliz, mas também lhe dá a capacidade de enfrentar o sofrimento."[48]

Nos campos de concentração, quando um homem perdia seu propósito de existir, ele estava fadado à morte. Perdia qualquer interesse a longo prazo e se contentava em permanecer deitado sobre a palha molhada de urina e fezes, fumando o último cigarro, até ser consumido pela fome ou pelos guardas. Frankl diz que, sem uma razão de existir, os prazeres imediatos tomam as rédeas da existência humana.[49] Morrer não importa, desde que se possa deitar mais algumas horas. O morador de rua pode passar pela mesma experiência interior sem qualquer consequência mortal. Ainda que viva sem propósito, vive. Vive um dia de cada vez como um ser alheio a qualquer cronologia, consumido pelos prazeres imediatos, mas vive de fato. Nenhum guarda o leva para câmaras de gás, nem ele é consumido pela desnutrição fatal. Sempre haverá quem o alimente e entretenha.

Mesmo assim, o mendigo se vê encarando a tríade trágica de Viktor Frankl. A dor, a culpa e a morte não costumam ser encaradas com força. A dor não é transformada em conquista, mas em fracasso e autocomiseração. A culpa não alavanca uma nova postura diante de si e da vida, não traz autoaperfeiçoamento, mas somente pena, remorso e busca por anestésicos para a mente. A iminência da morte não traz a vontade de fazer a vida valer a pena, mas evoca irresponsabilidades existencialistas, um *carpe diem* às últimas consequências. Como esse vazio da esperança o deforma como indivíduo, o problema do mendigo não se soluciona com mais dinheiro, mas com novas posturas diante da vida que só podem ser conquistadas mediante transformações pessoais profundas. Como diz Freud, em *O mal-estar na civilização*, o ser humano deve renunciar à realização imediata para que seja possível uma vida civilizacional. O mendigo precisa recobrar seu senso de propósito no universo se quiser voltar a existir para além dos sentidos imediatos.

Falando sobre a América negra, Cornel West diz que a "questão mais básica agora enfrentada [...] não é simplesmente uma questão de privação econômica relativa e impotência política", mas uma "ameaça niilista para sua própria existência [...], uma questão de falar com o profundo senso de depressão psicológica, inutilidade pessoal e desespero social".[50] Dar mais dinheiro a quem não consegue se localizar no universo é só lavar a porca que em breve volta ao chiqueiro. O mendigo deseja sucesso financeiro tanto quanto um cão saberia o que fazer caso alcançasse os carros que persegue. Sem um propósito para os recursos, tudo se resume ao mais baixo hedonismo, à simples satisfação imediata da vontade. Os moradores de rua, assim como muitos dos homens modernos, "têm o suficiente com o que viver, mas não têm nada por que viver; têm os meios, mas não têm o sentido".[51] Recebem da vida sem prospecções a serem vividas. Quando se perde a esperança em algum progresso no futuro, ou quando não se crê em alguma permanência da benesse presente, a existência passa a se resumir ao agora.

Viktor Frankl diz que "o consumo de drogas é apenas um aspecto de um fenômeno de massa mais geral, a saber, o sentimento de falta de sentido que resulta de uma frustração das nossas necessidades existenciais".[52] Ele cita estudos de Annemarie von Forstmeyer e Stanley Krippner, que dizem, respectivamente, que 90% dos alcoólicos e 100% dos dependentes de drogas sofrem faltas abismais de sentido na vida.[53] Uma vez que a vida não possui significado na esfera do racional e do lógico, busca-se uma "experiência de primeira ordem" (Huxley) naquilo de irracional e ilógico. Ajuda a explicar o desejo irresistível pelo consumo de drogas que o homem busque desesperadamente uma experiência irracional que explique o sentido da vida. Como diz Francis Schaeffer, o "desejo irresistível de ter uma experiência não racional é responsável pela maioria do uso sério de LSD e STP atualmente".[54] Assim, drogados se colocam abaixo da linha do desespero e abandonam "toda esperança de chegar a uma resposta racional, unificada, para o conhecimento da vida".[55] Ainda há quem acredite na experiência com entorpecentes como um meio de contatar o divino ou algum propósito superior, como no uso de ayahuasca pelos participantes do Santo Daime.

Você só precisa conversar um pouco com homens em situação de rua para perceber a acurácia das afirmações de Frankl e Schaeffer. Há um Robert Neville em cada baforada de fumaça e em cada gole quente que aquece a alma fria. E não estamos minimamente preparados para dar respostas a esse vazio.

AS SOPAS RALAS DE SIGNIFICADO

Como podemos oferecer um sentido para a vida do mendigo se nós mesmos não possuímos um sentido para nossas vidas? Nós, homens de bem, estamos acostumados a evitar questões cósmicas e a trocar um propósito transcendental por entretenimentos baratos, drogas legalizadas e anestésicos morais tanto quanto os moradores de rua. Nós os abordamos com sanduíches porque não podemos abordá-los com algo que dê valor à existência. Nossa rala caridade evidencia nossa própria perturbação existencial.

O mendigo não é tão diferente do homem comum como nós costumamos (e precisamos) pensar. Eles não são diferentes em tipo, mas em grau. Nem sempre possuem outra estrutura psicológica, apenas acirram e asseveram as estruturas que já possuímos. Não sabemos por que estamos aqui, não sabemos para onde vamos, não sabemos qual o significado da existência, não temos propósitos maiores do que nós. Não encontramos nossos próprios sentidos, por isso não conseguimos oferecer sentido. Quando o mendigo nos olha nos olhos e pergunta "mas por que eu estou nesse mundo?", enfiar-lhe caldo quente goela abaixo pode calar a voz, mas não o questionamento da alma. Não respondemos a eles porque nunca respondemos a nós mesmos.

Por medo do fim, diante da caminhada lenta e imparável da morte, apenas ignoramos nossa finitude e nos entregamos ao que quer que silencie nossa alma. Não somos tão diferentes de mendigos. A tentativa humana de fugir da inevitabilidade da morte através de um apego cada vez maior à existência terrena é tão fútil e fracassada quanto as braçadas de desespero de quem tenta se agarrar às ondas para evitar o afogamento. Todos vamos morrer. Mais que isso, todos já estamos morrendo. E, considerando a brevidade da vida humana, sempre é mais cedo, nunca mais tarde. Numa perspectiva a longo prazo, todas as expectativas de vida tendem a zero. Todas. Em cem anos, não só você, mas todos que você ama estarão mortos. Todas as nossas lembranças, todo o nosso cuidado com o corpo, todos os conhecimentos e inteligências, todo o amor que já demos e recebemos, cada sensação, cada experiência, cada músculo torneado ou cintura trabalhada, absolutamente tudo passará. A vida não é só breve. A vida não é só frágil. Sem algo transcendente que conceda um sentido cósmico para o ser humano, a vida é totalmente fútil.

Nós temos meios para calar os pensamentos de transcendência. O mendigo, por outro lado, é acostumado a viver sem possibilidades. Alguns vivem sem nunca terem sentido o gosto de um camarão. O pobre come algo fino bienalmente, em alguma festa da firma, no casamento de algum primo de segundo grau rico o bastante para chamar parentes mais distantes ao *buffet*, ou em razão de alguma economia mais demorada. Vai à praia do Futuro e compra uma porção de camarão por 30 reais. Há moradores de rua, por outro lado, que apenas imaginam sabores e experiências caindo às migalhas de mesas mais altas. Nós, por outro lado, frequentamos restaurantes finos, andamos em carros cada vez maiores, pagamos por serviços cada vez mais caros e fazemos de tudo para calar nossos próprios desejos por algo mais.

Se queremos fazer alguma diferença para a vida do mendigo, precisamos de uma resposta para a questão do sentido, e, para isso, precisamos dar respostas a nós mesmos. Eu tenho a minha resposta, de ordem religiosa. Outros possuem respostas diferentes, que também tentam dar ordem para o sentido da existência e pôr cada homem dentro da grande narrativa do universo. O que importa aqui é que, para tirar homens da rua e entender a verdadeira miséria, precisamos transformar um exercício de vontade em um esforço de significado. Viktor Frankl conta de suas conversas com um moço que às vezes se irritava de forma bastante visível, mas sempre era capaz de se controlar antes de fazer alguma bobagem. Curioso, Frankl lhe perguntou o seguinte: "Afinal de contas, por amor a quem o senhor se domina?", e o homem respondeu: "Por amor a Deus..." Frankl diz que lhe vieram à mente as palavras de Kierkegaard: "Mesmo se a loucura me surgisse aos olhos em seu traje de bufão, sempre posso salvar a minha alma, se triunfa em mim o meu amor para com Deus."[56] O homem precisa de um desejo guiador que perdure mais que alguns momentos e que seja poderoso para mover suas ações.

Nos campos de concentração, descreve Viktor Frankl, existiam quatro tipos de relacionamentos que as pessoas desenvolviam quanto à esperança e ao sentido da vida. Primeiro, os desistentes. Pessoas que assumiam o adágio da porta do inferno dantesco e abandonavam toda esperança ao entrar em situação de rua. Em segundo lugar, havia os perversos. Pessoas que, diante da desesperança, agiam contra as outras, dando vazão a toda maldade do coração. Se não há amanhã, de que valeria qualquer altruísmo? Em terceiro lugar, havia os esperançosos do fim da guerra. Eram pessoas que encontravam esperança próxima em uma mudança de circunstâncias de vida. A guerra poderia acabar, eles poderiam ser libertos. Tudo poderia ser melhor. Por último, havia os esperançosos na transcendência, pessoas que encontravam em uma esperança cósmica do além-vida um meio de manter acesa alguma chama de sentido para a existência.

Encontramos o mesmo quando conversamos com os moradores de rua. Há desesperançosos que se assumem peregrinos do ocaso, há perversos que se entregam à criminalidade e ao comportamento desviante, assim como há pessoas que ainda possuem aceso algum pavio fumegante de sentido em esperanças terrenas ou celestes, que precisam ser alimentadas para o bem e o progresso do desabrigado.

Hoje, são fundamentalmente os religiosos que se esforçam por desenvolver algum trabalho holístico com os mendigos, que lhes dê um senso de valor para além dessa vida. É certamente por isso que as igrejas têm sido as principais responsáveis pela restauração de desabrigados. Talvez nenhuma mensagem seja mais poderosa que a mensagem transcendente para dar ao homem um sentimento de valor, propósito e sentido. Isso não quer dizer que a religião está certa, mas que está funcionando para a construção de um mundo melhor mais do que qualquer outro instrumento social laico. Isso significa que apenas igrejas podem ser úteis na luta contra a mendicância? De forma alguma. O trabalho e sua teleologia podem ser úteis no estabelecimento do senso humano de dignidade cósmica.

TELEOLOGIA DO TRABALHO

Uma vez que a ausência de sentido marca a vida na rua, devemos encontrar no emprego mais que um instrumento de renda, mas uma fonte de teleologia, dando um propósito diário para o indivíduo. Com o abandono de qualquer tradição superior ou de uma moral religiosa, só resta no labor o propósito do homem, mas até monges e peregrinos possuem atividades diárias que lhes ocupam a mente. Ninguém consegue viver inerte. Numa vida sem labor, a alma sofre ressecamento. Tudo é vazio, já que a ausência de trabalho desumaniza o indivíduo. O trabalho não provê subsistência para o corpo, simplesmente, mas também constituição para a identidade pessoal. O senso de valor está intimamente relacionado à formação da identidade. Seu sentimento com relação a seu lugar no mundo se dá, em parte, pelo modo como você se interpreta como indivíduo social.

É por isso que uma das maiores desgraças da subclasse, segundo Thomas Sowell, é que ela não pode "nem mesmo se orgulhar de conseguir pagar a própria comida e a própria casa como fizeram as gerações que a antecederam", e que a mantemos abandonada "sem nenhum senso de responsabilidade num mundo sem juízos de valor".[57] Arthur C. Brooks argumenta a favor do *sucesso merecido* como um instrumento importante na formação de autoestima para o indivíduo. Ele diz que o sucesso merecido é "a capacidade de criar valor honestamente — não ganhando na loteria, não herdando uma fortuna nem retirando uma quantia mensal do seguro-desemprego". Ele é muito claro quando diz: "Não se trata nem mesmo de ganhar dinheiro. Sucesso merecido é a criação de valor em nossa vida ou na vida de outros."[58]

Camila Giorgetti diz que poucos grupos de amparo se interessam pelo "desenvolvimento de suas habilidades e sua autoestima", optando pelo mero assistencialismo. "Não se trata aqui de um problema de financiamento, mas de uma escolha deliberada e consciente, realizada em função da filosofia de trabalho adotada pela instituição",[59] preocupada com assistencialismos que não desenvolvem um tratamento holístico naquele que busca auxiliar. Ela continua:

> Tal escolha demonstra que determinadas instituições orientam suas ações ignorando o fato de que os moradores de rua têm sua autoestima abalada, isto é, que ela foi perdendo gradativamente a sua força durante o processo que os conduziu às ruas. Na verdade, elas não assumem seu papel educativo, restringindo suas ações a um trabalho meramente assistencial.[60]

De fato, existem muitas possibilidades de trabalhar nas ruas, até ganhando mais que em empregos de base. No entanto, são atuações que não parecem fornecer aprimoramentos identitários que beneficiem o homem para além do pagamento. Falando especificamente de crianças, Carlos Henrique Araújo diz que o trabalho nas ruas não fornece "nenhum ganho formal de qualidade para quem o executa. Não há profissionalização nas ruas, mas regra geral, o trabalho rende mais, financeiramente, do que aquele oferecido pelo mercado de trabalho para menores".[61] Sem propriedade não há responsabilidade. Como não são responsáveis pelo próprio ambiente, os desvalidos não possuem senso de limpeza, cuidado ou afeto. Cada escada é um mero instrumento temporário. Eles não olham para o bem que pode ser gerado com o que produzem, não se importam com aprendizado, especialização ou melhorias. Para eles, o trabalho não tem o mesmo significado que tem para o homem comum. Não há relação de pertencimento ou parceria, apenas de uso temporário. O trabalhador se vê parte de um todo, enquanto o mendigo vê cada bico como um meio de suplantar intempéries momentâneas.

Um deputado estadual de São Paulo com quem pude conversar um pouco sobre os resultados de minha pesquisa me contou que certo casal de desabrigados ganhou mil e poucos reais de alguma ação trabalhista antiga, ou algo parecido. Eles moravam na rua, e o dinheiro poderia ser um meio valioso para uma guinada na vida. Assim que o receberam, no entanto, eles gastaram tudo em bebida, hotel, comida e prazer. Torraram tudo em poucos dias. A justificativa é que não adianta guardar nada na rua, já que seriam roubados muito facilmente. Isso muda a pessoa de fora para dentro, ela perde o interesse e a capacidade de guardar. Não adianta dar coisas, não adianta dar emprego, não adianta dar vida. Uma vez que se perde o senso de propriedade, é preciso preparar o mendigo para que ele seja capacitado a lidar com novos recursos. Não há liga que mantenha qualquer coisa, já que se perdeu a real noção de posse. A longo prazo, o morador de rua se torna o mais fiel dos comunistas: propriedade privada é um conceito perdido, e tudo o que existe se torna posse possível.

É uma ingenuidade acreditar que os mendigos não trabalham por falta de oportunidade. Eles não representam um exército de reserva para o mercado porque não possuem interesse no mercado. Sempre há quem verdadeiramente deseje sair dessa vida — e eles saem, mais cedo ou mais tarde, graças à caridade que sempre os alcança —, mas a maioria está fugindo do trabalho com esforço. Eles não são mendigos por necessidade, mas, "quando pedem nas ruas, estariam usando espertamente esse expediente como uma tática de sobrevivência negadora do trabalho".[62] Eles escolhem deliberadamente a mendicância em vez do exercício teleológico da produção do bem. Por isso, não é importante que mendigos passem a trabalhar a fim de ganhar dinheiro, mas justamente que parem de ganhar dinheiro e passem a conquistar e merecer dinheiro. De forma que o trabalho não seja "colocado como valor econômico, como ponto fundamental de reinserção social, como fim em si mesmo", mas seja "visto como valor moral, um dos mediadores possíveis na relação com a população de rua".[63] Liberdade não gera prosperidade. É condição necessária, mas não suficiente. Moradores de rua são livres num sentido negativo, eles não possuem barreiras sociais a muita coisa, mas preferiram viver na frugalidade por opção. Você precisa, para além da liberdade, de uma noção de valor e de propósito que os faça usar a liberdade para a geração de riqueza.

Agora, a menos que se perceba o valor do que se produz no dia a dia, não há muita diferença entre qualquer emprego e a vida mendicante. Quando o trabalho não gera valor para quem trabalha, a vida sem propósito do desabrigo não parece muito diferente para quem deseja apenas o sustento financeiro. As ruas assustam o cidadão comum não porque cobram muito esforço por pouco dinheiro, mas porque cobram muito esforço por pouco senso de propósito, e isso faz viver na rua parecer pouco atrativo.

Os ideólogos de esquerda tentam transformar os mendigos em grupos autônomos, auto-organizados, até politicamente capazes, mas como isso seria possível se eles vivem de sugar a força de produção alheia através da culpa psicológica? São vãs as tentativas de mover os mendigos a atividades cidadãs se eles não conseguem se mover ao básico da posição social, o trabalho — seja remunerado ou não. O engajamento político de mendigos é uma utopia de movimentos sociais que nascem e morrem, mas nunca conseguem mobilizar a revolução das massas desabrigadas. O trabalho, a atuação criativa no mundo, sempre vem antes de qualquer outra coisa no processo de formação de identidade. As pesquisadoras de *População de rua* perceberam que, mesmo na rua, os mendigos continuam apegados às suas identidades profissionais:

> A forma que o morador de rua encontra de se livrar dessa imagem de si mesmo é negar a sua prática e seu grupo social, buscando, no nível da representação, identificar-se com os papéis socialmente aceitos. Assim é que muitos, às vezes há anos na rua, se apresentam como trabalhadores desempregados, que perderam os documentos e que recomeçarão a trabalhar tão logo consigam recuperá-los. Efetivamente eles, muitas vezes, tiram novos documentos e tornam a perdê-los. [...] A identidade do trabalhador está sempre presente, quando se referem a si mesmos como ex-pedreiro, ex-marceneiro, ex-peão da construção civil, ex-metalúrgico, ex-ajudante. Percebe-se a importância de se afirmarem como trabalhadores, ainda que pelo fato de o terem sido.[64]

A vontade de sentido da qual fala Frankl se manifesta, muitas vezes, na atividade trabalhista, seja uma ocupação remunerada ou um exercício artístico, social, cultural qualquer que ocupe tempo e dê objetivos de curto, médio e longo prazo, de forma que o indivíduo costuma ser confundido com o que faz, definido pela sua profissão. Frases como "sou médico", "sou artesão", "sou costureira" usam um verbo um tanto apropriado em nossa cultura de mercado, onde o homem é sua obra. A psicologia social tem criticado os papéis e significados projetados pela sociedade no indivíduo, ao ponto de o indivíduo ser tratado quase exclusivamente como uma construção social, mas não podemos desprezar o senso de significado construído pelas relações de trabalho, e como isso pode ser benéfico para muitos homens que não encontrariam em outro lugar um senso moral de ordem e propósito.

* * *

Indivíduos de mentalidade mais intervencionista costumam achar que o Estado pode solucionar os problemas de pobreza. O problema não é só que existe um custo para toda panaceia, mas que as relações sociais e intrapessoais dos desabrigados são complexas. É difícil acreditar que qualquer ação governamental seja suficiente para melhorar a condição destes indivíduos. Sem a ação humana, pessoal e participativa, não há como demovê-los desta condição. A partir do momento em que o poder público não tem como transformar os mendicantes, a prefeitura se limita a apenas enxugar gelo.

As perguntas que precisam ser respondidas, diante de tudo o que conversamos até aqui, são: "Como podemos tirar homens da rua? Como nossa caridade pode ser mais efetiva e inteligente?". Podemos ajudar a sistematizar algumas ideias na próxima parte de nossa pesquisa.

Se um irmão ou irmã estiver necessitando de roupas e do alimento de cada dia e um de vocês lhe disser: "Vá em paz, aqueça-se e alimente-se até satisfazer-se", sem porém lhe dar nada, de que adianta isso? Assim também a fé, por si só, se não for acompanhada de obras, está morta.

Epístola de Tiago, irmão de Jesus[65]

PARTE 3

O CADÁVER DA FÉ

5

Entre Jerusalém e Jericó

As sete vítimas da desgraça ignorada

*Não sou nada. Nunca serei nada. Não posso querer ser nada.
À parte isso, tenho em mim todos os sonhos do mundo. [...]
Vivi, estudei, amei, e até cri, e hoje não há mendigo
que eu não inveje só por não ser eu.*

Álvaro de Campos[1]

Em volta dos verdadeiros miseráveis, há uma massa de aproveitadores que deseja neutralizar os bens que chegariam aos que perecem na fome. São como burocratas de um governo inchado, levando recursos escassos que seriam vitais a uns, mas que acabam apenas sustentando preguiça, ócio e pusilanimidade. Essa massa neutraliza a verdadeira caridade e toma nossos recursos, financeiros ou emocionais, que poderiam ser usados para o serviço dos verdadeiros miseráveis, morem eles nas ruas ou não.

Assim, a máfia dos mendigos rouba recursos financeiros e humanos que poderiam ser investidos na verdadeira miséria do sertanejo, dos ribeirinhos, dos subsaarianos, dos dalits, das pessoas com deficiência, inaptas ao mercado de trabalho, das crianças jogadas na rua por famílias destruídas, das mulheres abandonadas por todos à exceção dos filhos bebês, enfim, na verdadeira miséria que diariamente é ignorada.

O que acontece é que a máfia dos mendigos é bem maior do que se imagina, e eu arriscaria dizer que a maioria, a grande maioria daqueles que habitam as ruas das grandes cidades, poderia viver vidas domésticas se assim quisesse. Nas minhas estatísticas, que não possuem qualquer rigor acadêmico, aqueles que classifico como *miseráveis reais* são poucos em comparação com os *miseráveis de ocasião*.

Pude reparar que negros, pardos e brancos compõem as ruas em quantidade um tanto equivalente. Vi que existem pouquíssimas mulheres, talvez uma a cada vinte homens nos extremos do país (Norte/Nordeste e Sul) e uma a cada dez no Sudeste e Centro-Oeste. Não foi difícil reparar que uns 90% têm pouquíssima escolaridade, e que a maioria não domina leitura ou escrita. Mas esses dados são fáceis de encontrar em obras acadêmicas e pesquisas gerais. O que ninguém está muito interessado em ver é quem realmente deveria receber os recursos que são investidos na vida do miserável.

Não escrevi este livro para diminuir a caridade nas ruas, mas para mostrar um direcionamento mais eficaz às nossas ações. Trata-se de um problema de alocação de recursos, de onde nossos esforços devem estar mais concentrados, e não de questionar se devemos ou não nos esforçar pelos mendigos.

O verdadeiro miserável nem sempre é visto, soterrado pelos que se aproveitam da cultura de caridade irrestrita e impessoal. Há um tipo de seleção natural negativa que beneficia os piores e menos necessitados. Só os mais fortes, perigosos ou violentos permanecem. É por isso que não há muitas crianças ou velhos em lugares e horários de distribuição de comida, e sim homens adultos e robustos.

É muito fácil se tornar um morador de rua quando se faz parte de certos grupos de vulnerabilidade. Uma desgraça pessoal, a destruição de um núcleo familiar, um primeiro trago de pedra e pronto, você pode se ver vagando pelos becos. Às vezes, basta um breve período de desnorteamento mental. Sair da rua é um processo muito mais complexo. Se basta mover-se geograficamente para longe de seus núcleos de sociabilidade e segurança material a fim de se tornar um desabrigado, você encontrará uma série de barreiras complexas e por vezes individualmente intransponíveis para mudar de situação na vida. Largo é o caminho da miséria; estreita, a porta da superação.

Sem uma casa, por exemplo, é difícil conseguir um emprego — e, sem um emprego, como conseguir uma casa? Um mendigo que consiga um bom ponto para cuidar de carros consegue alugar um espaço para, a partir daí, tocar a vida adiante. Mas, guardando carros, ele ganha mais do que ganharia em qualquer emprego formal disponível. Os outros mendigos conseguem subsistir, mas recebem mais bens de consumo que dinheiro em si, por isso não terão o bastante para alugar uma casa. Hotéis não costumam emitir comprovantes de residência no nome dos hóspedes. A questão da moradia se torna importante. Você precisa de um emprego para conseguir uma casa, mas em geral só consegue uma casa se tem um emprego. A própria ida a uma entrevista de emprego é complicada. Sem considerar as questões dos documentos e comprovação de residência, como fazer para estar limpo todos os dias de manhã, vestir sempre roupas passadas ou viver o primeiro mês sem absolutamente nada?

Muitos são atores de um drama que nem sempre é voluntário. Alguns precisam se adaptar socialmente às expectativas estéticas que temos sobre a mendicância se quiserem sobreviver, mas outros estão de fato vivendo a miséria mais imunda. Para muitos, a rua é uma prisão perpétua. Sua sustação de vida os empurra cada vez mais para baixo. É como um mar bravio. As braçadas de desespero são inúteis para mantê-los a salvo do afogamento. Diante disso, precisamos responder quem são as verdadeiras vítimas das ruas. Proponho a existência de sete grupos de vulnerabilidade que representam os principais miseráveis que a caridade tem dificuldade de alcançar.

PEDAGOGIA DA LIBERDADE

O grupo mais vulnerável entre os desabrigados certamente são as crianças. O motivo não careceria de maiores explicações, mas ainda há quem menospreze os efeitos deletérios da mendicância na alma infantil e persiga fantasias sociais que põem alguma beleza na infância desabrigada. O antropólogo Darcy Ribeiro escreveu, numa crônica sobre crianças desabrigadas publicada na *Folha de S.Paulo* em fevereiro de 1997, que "gosta delas", chegando a declarar o absurdo: "Acho até que, se eu fosse favelado, queria ser menino de rua." Essa declaração é dolorosa porque vê algum valor na roda dos expostos, como se houvesse bênção na miséria destes "fragmentos sociais", como chamou-os Milton Santos.

Os mitos que embelezam a mendicância infantil se manifestam de variadas formas. Fala-se comumente sobre a "sabedoria das ruas", como se ser mendigo fornecesse alguma superioridade intelectual. Claro que a vida comum, vivida com o pé no chão da existência, fornece ao homem uma sagacidade que pode faltar ao estudioso dedicado que não desenvolveu bem suas habilidades interpessoais, assim como a aplicação dos saberes à realidade nua e crua ensina coisas que não encontramos em enciclopédias. Se esta for a sabedoria das ruas, todos deveríamos procurá-la. Mas a rua não é um ambiente de aprendizado moral. Por si só, não fornece inteligência. Pode dar astúcia, mas não desenvolvimento intelectual.

Por que digo isso? Porque a pedagogia poderia aprender muito se desse mais atenção às crianças que nascem e "crescem" na rua. Mantenho o "crescem" entre aspas justamente porque as ruas não desenvolvem a criança de forma saudável. Meninos que se veem mendigos muito cedo aprendem coisas que faltam aos meninos de classe média. Se precisam vender ou pedir, acabam se comunicando com alguma elocução. Criam proteções pessoais contra a malícia, já que estão sujeitos a situações terríveis, por vezes. Mas, à exceção dessa esperteza, a vida na rua mantém crianças em estados deploráveis de confusão mental.

Cecil Grant, em *English Education and Dr. Montessori*, diz que criança alguma "que esteja aprendendo a escrever jamais deveria ouvir que alguma letra está malfeita", uma vez que "toda criança ou homem burro é produto do desencorajamento". Por isso, aconselha ele, "dê curso livre à Natureza, e não haverá ninguém burro".[2] No entanto, isso não parece se aplicar a crianças desabrigadas. Na rua, elas são plenamente "livres". Fazem o que querem, vão aonde querem, não precisam de escola ou de atividades domésticas. Ninguém as repreende por não decorarem as capitanias hereditárias. Elas possuem até mesmo uma "ilusão de poder ilimitado e onipotência, que [...] aceitam como verdade absoluta". É o que podemos perceber na frase de Sidney, 14 anos, que vive no largo da Carioca, centro do Rio de Janeiro: "Gosto muito de viver nas ruas. Vivo nisso desde que nasci. Lá eu posso tudo!"³ Mesmo assim, essas crianças não progridem da maneira que normalmente se espera de qualquer criança comum. Não sabem ler, somar, conversar, não entendem as coisas. A falta de um lar, de um ambiente educacional, é fogo para a mente — no mal sentido. Essa sabedoria das ruas só existe na cabeça de adolescente de condomínio. A rua não é escola, não é família. Não ensina muita coisa para quem está nos estágios iniciais de desenvolvimento.

Não só as crianças, mas o homem na rua em geral é muito ignorante. Ouvi uma jovem dizer que não tem problema fazer sexo sem camisinha de vez em quando porque você precisa transar muitas vezes para formar uma criança completa. Fazendo de vez em quando, no máximo faz um braço ou uma perna. Qualquer coisa parecida com uma vida intelectual na rua é muito solitária. Você até consegue um livro ou outro, mas de qualidade sempre deplorável, apenas as sobras que ninguém quer comprar ou edições antigas de linguagem hermética. É difícil crescer sem estímulos.

A condição natural das pessoas é a miséria intelectual. Elas não sabem de nada. Se ninguém ensinar, não aprendem. Vivem sem saber de nada. Deixar a criança por si mesma não produzirá nada de bom. Sistemas pedagógicos que acreditam que crianças constroem o próprio conhecimento baseado nas próprias capacidades desconhecem o que acontece nas ruas. Daniel tem 2 anos. Ele brinca na areia, correndo para lá e para cá, fugindo da mãe que o chama repetidamente. Os cabelos eram longos, loiros e encaracolados, o que deixava a criança gordinha ainda mais fofa. A mãe foi para a rua quando o pai a abandonou com o filho bebê. Sem nada, parou na praça. A criança nunca teve outra vida além daquela. Com dois anos, Daniel ainda não fala. "Eu acho que ele tem algum problema", diz a mãe enquanto limpa as mãos sujas do filho com pequenos tapas, como se fosse nada. Daniel não parecia anormal, não fosse o silêncio atento.

O divórcio e a desestruturação familiar têm sido a primeira razão da existência de crianças mendicantes. Quase todas as crianças de rua só têm mãe. O pai fugiu, traiu ou morreu. As mães, uma vez fisicamente mais ligadas às crianças por fatores óbvios como gestação, parto e amamentação, e geralmente sem estudo, sem humildade para voltar para os pais, sem traquejo para organizar a vida e sem disposição de espírito para pedir ajuda, acabam na rua abraçadas aos filhos. A solidão e a tristeza rapidamente afrouxam os braços e fortalecem os bolsos, uma vez que crianças tocam corações e carteiras com mais facilidade. Crianças de rua são a linha de frente do sustento familiar de preguiçosos profissionais.

A mendicância infantil já é criminalizada. O artigo 22 do Estatuto da Criança e do Adolescente fala de sustento, guarda e educação. Quando os pais põem os filhos para mendigar sem necessidade real para isso, é sustento, guarda e educação que estão sendo fornecidos? É absurdo que mendigos bebam o dia inteiro às custas de meninos que estão livres para aprontar à vontade, desde que voltem com algum dinheiro. Se alguém perde a guarda do filho na rua, poderia recebê-la novamente quando tivesse moradia e emprego atestados, pelo menos. Talvez a política pública mais eficaz seja questionável, mas as crianças precisam de uma proteção melhor que apenas serem enfurnadas em salas cavernosas de escolas públicas.

O governo acredita que o estudo formal é a única — ou pelo menos a melhor — maneira de dar meios para o progresso de crianças miseráveis. O problema é que o estudo formal precisa de contextos pessoais que tornem possível o estudo formal, e muitas vezes há a necessidade de soluções a curto prazo. Professores que querem ensinar falam a meninos famintos que não querem aprender, porque querem o que lhes é mais urgente: alimento, propósito, segurança, amizade e recursos. Fomos ensinados a odiar com todo o coração o trabalho infantil, e a associar criança com escola e cama quentinha. Mas e quando tudo o que a criança possui é miséria, mendicância e desabrigo? Será que sua necessidade mais urgente é aprender geografia? Eles precisam de família, precisam de alguém que os sustente, e precisam de alforria para isso.

Para Ligia Costa Leite, meninos de rua são, via de regra, "crianças que não têm família ou alguém que assuma a responsabilidade de educá-las e protegê-las". Diante dessa ausência, "tal responsabilidade é transferida à sociedade como um todo. Mas como responsabilizar um conjunto tão amplo como é a sociedade pela educação dessas crianças?". Sua pergunta é pertinente e sem resposta: "Quem, na sociedade, tomaria de fato a iniciativa de se encarregar deles? Quando todos são, teoricamente, responsáveis por algo, na prática ninguém acaba assumindo a tarefa."[4] A sociedade, como um coletivo, é incapaz de fornecer cuidados necessários a menores abandonados nas ruas. Ninguém pode administrar melhor que o indivíduo, ninguém pode ser mais relapso que a coletividade. O Estado deveria facilitar a adoção dessas crianças por famílias que tenham interesse e assumam a responsabilidade privada por elas. Famílias devem olhar para a adoção como uma possibilidade de servir vítimas de um mundo doente.

ÀS SOMBRAS DO FEMINISMO

Um segundo grupo que está intimamente relacionado com o primeiro é o das mulheres. Como pesquisador, tentei ao máximo não intervir no meio onde me estabeleci. Para entender, eu precisava me abster de transformar. Isso não era muito difícil, à exceção dos vários casos de abusos ao ser feminino. A mulher é o lixo da rua. Vive em situações aterradoras de abuso e sofrimento físico e psicológico. Você acha que sabe o que é machismo até ver um cara quase arrastando uma mulher pelo braço para transar com ela no beco, sob gritos ignorados de protesto.

Não é à toa que quase toda mulher de rua que encontrei era meio doida, pirada mesmo, profundamente psicótica, em absoluta desconexão entre a realidade e a interpretação da realidade. Adeptos da esquizoanálise como Deleuze e Guattari poderiam casar com mulheres mendicantes e encontrar felicidade perpétua em um conto de fadas psicodélico. Você tenta conversar com a mulher e ela não diz coisa com coisa. Você tenta decifrar significados em vão. Praticamente todas sofrem claramente de alguma neurose, apresentando níveis sérios de desordem psicológica. Não tive como descobrir se elas vão para rua por conta da loucura ou se a rua as deixa loucas, mas tendo a apostar em uma profunda retroalimentação da demência.

Alguns amigos possuem experiências diferentes quanto a isto, mas as únicas exceções que encontrei foram as mães que vivem intimamente com os filhos pequenos. Parece que o senso de cuidado com a prole que ainda acomete certas mulheres lhes dá um senso profundo de realidade. Como possuem filhos para cuidar, elas não têm o direito de enlouquecer. Mesmo assim, elas representam uma parcela menor das mães que ainda criam seus filhos na rua, já que a maioria tem pouquíssimo relacionamento com as crianças, que desaparecem com uma frequência que já deixou de ser constrangedora há muito tempo. A situação de mendicância e os abusos gerais por parte de outros mendigos parecem afetar a mente das mulheres de forma bem mais aguda que a dos homens.

A pouca quantidade de mulheres mendicantes talvez explique esta situação de sofrimento. Elas são raríssimas. Qualquer pesquisa mostra que menos de 20% dos moradores de rua são mulheres, mas bastaria andar pela cidade com alguma atenção para reparar isto. São poucos rostos femininos. Os mendigos homens, que não costumam ter meios sociais para conquistar um par romântico, usam de força e violência para convencer as poucas pedintes ao coito. A violência costuma ser pública, tanto quanto ameaças ainda mais sérias. As que aceitam o convite violento para o sexo geralmente estão muito drogadas e fora de si, e fornecem um corpo caquético a relações igualmente desprezíveis (às vezes, encerram a transa na metade quando se sentem entediadas no processo). A vida sexual para mendigos que se recusam à violência se resume a masturbação e prostitutas.

Não existe feminismo na rua, mas também não existe conservadorismo. Não há proteções específicas, seja por empoderamento ou por divisões de papéis familiares. Mulheres não são especiais, sequer iguais. Apanham e morrem, batem e são mortas, como todos os outros. Por isso, algumas acabam por adentrar em relacionamentos fixos com homens mais fortes e violentos, como meio de se proteger dos outros mendigos. Sob o amparo de alguém que inspira medo nelas e nos outros, sobrevivem por mais tempo. De longe, as mulheres são os maiores objetos de cobiça no mundo do desabrigo. Sujeitar-se a vilipêndios de um parceiro fixo protege de abusos de parceiros variados. Prefere-se a dor rotineira à angústia das novidades. As pesquisadoras de *População de rua* perceberam o mesmo:

> As mulheres que vivem na rua geralmente apresentam problemas mentais e de alcoolismo. São muito disputadas pelos homens e, por isso, procuram ter um companheiro, mesmo que não permanente, que as proteja do assédio dos demais.[5]

Estas dificuldades devem explicar, em parte, a quase ausência de mulheres na rua. A máfia dos mendigos não aceita os mais vulneráveis. Mulheres quase sempre estão em situações terríveis durante a mendicância, e deveriam representar um dos principais alvos de cuidado da obra de caridade. É como o antigo adágio, crianças e mulheres primeiro. Mas o que leva essas mulheres a uma vida tão sofrida? Muitos culpam o machismo pelo abandono de mulheres com seus bebês na rua, como algum tipo de opressão masculina. Nada poderia estar mais certo. Existe uma clara relação de dominância masculina contra o ser feminino que se manifesta em moradoras de rua com crianças no colo. Era difícil aguentar a comoção diante dos relatos de opressão machista que as poucas mulheres sãs que conheci me contavam.

Mulher com filho que vai para a rua geralmente sofre o amálgama de três fatores. Primeiro, era quase certamente uma dona de casa que não trabalhava; segundo, foi largada pelo marido sem qualquer suporte de pensão ou participações outras; e, terceiro, não tinha mais relacionamentos positivos com os próprios pais ou parentes diversos que lhe desse suporte na dificuldade. O caminho é sempre muito parecido. Ela gritou com os pais, juntou-se com um qualquer, geralmente por causa da gravidez, o cara vai embora com dois ou três anos e a mulher não quer ou não pode pedir socorro para os pais. Não tem com quem deixar o filho ou não corre muito atrás, não tem formação nenhuma e acaba empurrando o carrinho de bebê pelas calçadas. É sempre parecido, e é sempre de partir o coração.

O que podemos perceber nisto e com frequência perdemos de vista é que essa opressão machista afeta as mulheres principalmente em termos de libertação sexual e ruptura da instituição familiar. Considerando que as mulheres são as mais vulneráveis às consequências biológicas da sexualidade desenfreada, uma vez que homens têm filhos fora de si e as mulheres os têm dentro do próprio corpo, o que leva ao fato de que homens podem fugir da paternidade desaparecendo enquanto mulheres só podem fazê-lo assassinando o próprio bebê, principalmente de forma ainda intrauterina, a liberdade sexual acabou trazendo um contexto de escravidão feminina nas famílias menos instruídas e de condições mais precárias. A natureza legou uma inescapável desigualdade entre os sexos que, nas tentativas de ser suplantada, acirrou estas desigualdades. A liberdade sexual obriga as mulheres também biologicamente, enquanto obriga os homens apenas moralmente. Para se livrar de crianças indesejadas, o homem pega um ônibus para outra cidade sem deixar notícias, enquanto a mulher precisa enfiar agulhas de tricô em seu filho ainda não nascido.

Sem um forte incentivo moral, seja culturalmente desenvolvido ou por força de lei, o sexo livre é apenas machismo travestido. Parece libertar as mulheres para o exercício de sua sexualidade, mas apenas exercita a pélvis de quem vê na mulher um objeto de uso sexual descartável — alguns homens bem banhados não são muito diferentes de mendigos violentos. Se, depois de consumada, iniciar-se a geração de um novo ser humano, a moça fica à mercê de homens muitas vezes ou descompromissados ou desconhecidos.

Considerando que a força da lei enfraquece nas pontas sociais, tais homens conseguem viver sempre à margem da legalidade e não se importam com legislações sobre paternidade. Somem ou apenas reagem com violência. Às vezes, a mera apatia persistente é o bastante. A mulher se encontra sozinha com seu filho. Ainda que por vezes deseje o aborto, é uma possibilidade que agride mais a mãe que o pai — ainda que o agredido final e principal seja a criança assassinada —, e muitas não têm meios para tal. O sexo livre é lindo no cinema e é fetiche de libertação da mulher, mas, na vida real, gera crianças mendigas e moças enlouquecidas com os abusos da rua.

Nossas loucuras sociais desembocam na rua, não só na vida do cidadão médio. A rua é o refugo da ideologia. Os efeitos dos nossos discursos políticos, religiosos, econômicos e sociais descambam nas favelas e afetam principalmente os menos favorecidos. A revolução sexual ajudou a pôr crianças e mulheres na rua. Segundo as pesquisas de Elimar Pinheiro do Nascimento, as novas relações familiares, frutos do erotismo crescente na sociedade, contribuem para desestruturações e processos de desintegração dos lares.[6] De maneira semelhante, Dalrymple diz que, caso alguém queira ver "como são as relações sexuais livres de obrigações sociais e contratuais, dê uma olhada no caos das vidas das pessoas que compõem a subclasse". Segundo ele, é ali que "toda a gama de tolices, perversidades e tormentos humanos pode ser examinada livremente — em condições, recordemos, de prosperidade sem precedentes".[7] É na desestruturação da família que encontramos a principal origem de crianças e mulheres na rua. Dalrymple continua:

> Nem por um momento sequer os libertadores sexuais pararam para considerar os efeitos da destruição dos sólidos laços familiares nos mais pobres, laços que, pela mera existência, faziam com que um grande número de pessoas saísse da pobreza. Estavam preocupados somente com os dramas insignificantes das próprias vidas e com as próprias insatisfações. Ao subestimar, obstinadamente, as mais óbvias características da realidade, [...] seus esforços contribuíram, em grande parte, para a intratabilidade da pobreza nas cidades modernas. Apesar do grande aumento geral da riqueza, a revolução sexual transformou os pobres de classe em uma casta da qual estão impedidos de sair, enquanto a revolução prosseguir.[8]

Claro que existem muitos fatores comumente discutidos sobre contracepção, distribuição de preservativos, conscientização sobre sexo seguro etc., e nada disso é pouco importante, mas se queremos realmente discutir as causas da miséria, precisamos incluir no debate a forma como o sexo livre e descompromissado tem gerado situações de vulnerabilidade extremas. Precisamos discutir como as relações familiares tradicionais se configuraram historicamente como o ambiente mais seguro para a formação de crianças saudáveis e amadas. Se queremos tratar as causas, precisamos tratar o compromisso familiar que considera filhos importantes e objetos de cuidado parental. Esse processo de fortalecimento familiar impede a gênese do desabrigo infantil. Antes de qualquer coisa, precisamos olhar para os fatores culturais que devem ser incentivados para que mulheres e crianças vivam existências mais dignas e protegidas.

Por isso, ainda que ONGs estejam retirando crianças da rua, quem primeiro as impede de ir para lá são grupos que incentivam o cuidado familiar antes de qualquer coisa, e que projetam o sexo para relações de respeito e compromisso. Quem mais está tirando crianças da rua não são as ONGs ou o aborto, mas sim as Assembleias de Deus. São os valores conservadores que previnem situações de vulnerabilidade feminina. Casamento virginal e responsabilidade familiar, por exemplo. Não estou tentando catequizar o mundo para uma vida religiosa de castidade — pelo menos, não aqui —, mas é inegável que toda a nossa libertação das imposições da tradição moral gerou desgraças que não costumamos assumir. Para uma cultura que gera menos crianças e mulheres nas ruas, só com o fortalecimento da instituição familiar. O resto é improviso.

MORTE LENTA E INCAPAZ

Os idosos representam o terceiro grupo de vulnerabilidade que sofre do desvio de caridade praticado pelos mafiosos da mendicância. Geralmente, mendigo não se aposenta. Ao envelhecer na rua, não há prospecção de uma vida mais fácil no futuro. Envelhecer nunca é simples, mas envelhecer na rua põe a pessoa numa situação de vulnerabilidade bem fora da curva. Pelo que se comenta nas calçadas, velho na rua geralmente morre de pulmão ou de coração. Costumam ser pessoas que já envelheceram nessa condição. Os conflitos familiares são causas comuns para que um homem de meia-idade vá parar na sarjeta e acabe por envelhecer mendigo. Praticamente todos os idosos que conheci na rua pararam lá ao se divorciarem da esposa muitos anos antes.

Essa situação tem ficado mais patente nas grandes cidades porque tudo indica que a população de rua tem ficado mais velha. Segundo uma pesquisa feita em São Francisco, nos Estados Unidos, a média de idade dos moradores de rua aumentou de 37 para 46 anos em um período de catorze anos, entre 1990-2004, o que se verificou em outras cinco cidades americanas.[9] Na cidade de São Paulo, segundo os dados da Fundação Instituto de Pesquisas Econômicas, avalia-se que 14% dos mendigos têm idade superior a 56 anos.[10]

Conheci Norberto com muita dificuldade. Ele nunca estava muito falante e quase não interagimos. Ele é o morador mais antigo da praça do Ferreira. Todos sabem disso e o conhecem pelo nome. Já tem mais de 70 anos. Ele diz que chegou ainda adolescente. Tem seu cantinho, tem seu cachorro, tem seu silêncio. Não é em todos os bolsões que os idosos são respeitados, mas é normal que ninguém incomode quem não apresenta muito risco. Norberto vive das esmolas que recebe, dorme sempre no mesmo lugar e não parece ter muito interesse em outro tipo de vida.

Mesmo assim, a rua maltrata. Norberto parece muito mais velho do que realmente é. Na verdade, todos os idosos de rua parecem mais velhos do que realmente são. Todos parecem mais doentes do que realmente estão. Possuem menos disposição para pedir, ainda que arrecadem mais quando conseguem vencer as dores da idade. Quando aposentados pelo INSS, às vezes os cartões de benefícios ficam em casa, sendo usados pela família que não vê o pai ou o avô há muitos anos, mas se beneficia de sua contribuição compulsória aos fundos governamentais. Alguns falam em injustiça, mas nenhum tem coragem de procurar reaver seus direitos por meios legais. O mendigo não acha que pode vencer. Nunca entra na justiça. Não confia em advogados ou na lei. Não tem contato com familiares que os ajudem há décadas.

Os velhos são os que sempre acordam mais cedo. Você sempre dorme tarde porque precisa do fim do movimento de transeuntes, e sempre precisa acordar antes de as lojas abrirem ou de as pessoas começarem a passar por você. O pior não é dormir na rua, mas acordar na rua. Mesmo assim, alguns continuam dormindo sem se sentirem incomodados. Os velhos, por outro lado, sempre estão de pé antes dos outros. Há explicações biológicas comuns a todos os homens para isso, mas há características inerentes à mendicância que explicam esse hábito.

Primeiro, os idosos parecem ter menos tolerância para conflitos com lojistas ou moradores, que podem jogar água neles, em casos mais extremos e raros, ou acordá-los ao som de reclamações ou olhares de reprovação, na maioria dos casos. Em segundo lugar, para não passarem pelo constrangimento de terem muita plateia em seu próprio alvorecer. Quando acordamos, estamos vulneráveis e queremos algum tempo de privacidade. Estamos com olhos sujos, bocas fedorentas, órgãos rijos por vontade de ir ao banheiro, coisas do tipo. Para o idoso, ter uma multidão à sua volta não só constrange, mas aterroriza. Por fim, há o medo. Dormindo, você pode sofrer na mão de qualquer um. Podem jogar seus parcos pertences no lixo.

Podem tocar em você de forma inapropriada. Podem tudo, e você não está consciente para ver. O idoso se sente mais vulnerável que os outros, e não consegue permanecer dormindo por muito tempo. Especialmente para os idosos, o sono na rua é como um passeio no campo minado. Você pode chamar de férias, mas não pode dizer que descansou.

A grande dificuldade com velhos de rua é que os meios normais para tirar alguém da mendicância não se aplicam a eles, que não possuem mais ânimo físico para o mercado de trabalho e se tornam um grupo de quem a caridade precisa cuidar de forma especial. Não há como ensinar marcenaria a um idoso que mal anda, ou tentar alocar em alguma profissão quem não sustenta bem o próprio corpo.

Idosos geralmente só chamam atenção de clínicas de repouso, e apenas porque estas ficam com suas aposentadorias como meio de sustentar as atividades da casa. Isso não significa que seja uma atividade realmente lucrativa coletar mendigos no fim da vida, já que boa parte deles possuem vários descontos na aposentadoria por conta de escolhas financeiras variadas. Então, estas casas possuem dificuldades de manter seus custos. Cuidar bem de um idoso de rua, com o mínimo de humanidade, é mais caro do que o INSS costuma prover. Sem que a sociedade se condoa com a situação destes idosos e os interprete como dignos de cuidados especiais, eles encerrarão a caminhada na calçada de alguma loja — ou, com muita sorte, no corredor de algum hospital que não têm nem macas, que dirá quartos disponíveis.

LEPRA ABUNDANTE

Em quarto lugar, temos os deficientes e os doentes de forma geral. Foi matéria em muitos jornais o caso do morador de rua Janes Brito, de 53 anos, que ficou horas gritando por ajuda, queixando-se de dores no peito às pessoas que passavam pelo local, em uma movimentada avenida de Brasília, a menos de cinco minutos do Hospital Regional da Asa Norte, da rede pública de saúde e referência para a região. Quando as pessoas perceberam que o mendigo estava imóvel, finalmente chamaram ajuda para o homem.

Quando a polícia e o Corpo de Bombeiros chegaram, no entanto, ele já estava morto. Morreu na quarta-feira de 29 de novembro de 2017, após gritar por ajuda durante duas horas, em vão.[11]

Essa é a realidade do mendigo comum. Sujo, ferido e sem documentos, pedindo socorro em coro de quinze vozes mendicantes, você morre duplamente: antes de expirar o corpo, perece a alma diante da indiferença que não se comove nem com a sua morte. Não olham no seu olho nem para vê-lo morrer.

O mendigo é invisível, e essa invisibilidade afeta profundamente sua saúde. Pouca gente é manca na rua, mas temos alguns doentes mais visíveis. É interessante que a deficiência física geralmente chame atenção para o cuidado familiar de forma especial, o que acaba evitando o abandono que se transforma em desabrigo. Mendigos são doentes de que ninguém cuida, à exceção daqueles que se interessam pelo serviço da caridade. Nenhum mendigo realmente doente conseguiria sair da situação de mendicância sem ajuda, e raramente consegue algum cuidado de saúde sem quem literalmente o pegue pela mão.

A saúde pública é uma megera. Criminosa com crachá do governo. O oferecimento de um arremedo de cuidado médico que não cuida, não cura, não salva. Alguns premiados conseguem o pote no fim do arco-íris, mas a maioria dos mortais perece ante a desesperança, formada na olaria das impossibilidades passadas. Morador de rua não consegue saúde porque é o governo que promete saúde. Quando o miserável está doente — o que representa boa parte de sua vida —, é salvo pelo próprio sistema imunológico ou pela mão de quem se compadece. As UPAs e postos de saúde são falsas esperanças de que algo pode ser público e de qualidade. São anestésicos para a morte.

Eu entendo a boa vontade de acreditar que o governo deve tomar o dinheiro de todos para fornecer saúde para alguns. Só que acontece que os mendigos não são realmente alcançados pela saúde pública — como se alguém realmente o fosse. Não que eu ache que devemos acabar com o SUS, mas quem realmente tem fornecido saúde de graça para o pobre é a caridade privada, são as ONGs, as igrejas e as associações, nao o governo, que usa isso como justificativa para tirar seu dinheiro. Se os mendigos só estão recebendo saúde porque a iniciativa privada (pessoas, empresas, associações, igrejas etc.) os está auxiliando, não seria difícil acreditar que essa mesma iniciativa privada forneceria os próprios meios de dar saúde (fundos de caridade, médicos voluntários etc.) à parte de um sistema público de saúde. Todos os dentistas crentes que eu conheço já atenderam de graça moradores de rua com uma frequência maior que a de qualquer médico de consultório público.

Moradores de rua só vão ao médico quando alguém os pega pela mão e leva. Sem contatos, você só consegue a consulta depois que a dor passa. Eles não acreditam no SUS porque virtualmente ninguém acredita no SUS. Sabem, como qualquer pessoa que depende da saúde pública, que muitas vezes é melhor esperar a dor passar e torcer para que não seja nada a se submeter a tantas filas, humilhações, desconfortos e esperas. Morador de rua morre de doença besta. Morre de tuberculose na maca do corredor do hospital de Maracanaú. Isso porque nunca vai ao hospital, mas também porque, quando vai, é mal recebido. Dessa forma, o mendigo geralmente faz uso da saúde privada. Usa dentistas de igrejas, é levado a consultas com médicos voluntários e encontra tratamentos baratos em pessoas que se comovem e fornecem caridade. Se o Sistema Único de Saúde desaparecesse da noite para o dia, os mendigos possivelmente seriam os últimos a sentir a diferença. Acabem com os hospitais públicos. Reinvistam essa verba em hospitais privados, cobrando determinado número de atendimentos gratuitos. Deixem os indivíduos participantes administrarem a caridade que o governo teima em mentir que fornece, mas que não fornece por incapacidade estrutural.

Quando vejo engravatados chiques perguntando: "Se não houver saúde pública, como vai ficar o pobre?", tenho vontade de levar cada um deles até a porta do Frotão a fim de que ateste que não há saúde pública. O pobre já vive à mercê da bondade alheia. A saúde pública deveria dar espaço para associações privadas de cuidado cidadão. Dizem que a caridade é incerta, mas quem vive em situação de rua sabe que só pode confiar na mão de quem lhe oferece o coração. O governo é impessoal. Uma entidade quase cósmica que vende salvação na porta do necrotério. São os médicos voluntários que fazem real diferença na vida do desabrigado.

É normal os mendicantes tentarem ir ao médico e não conseguirem atendimento, mesmo depois de horas — como acontece com boa parte dos cidadãos que dependem da saúde estatal. Quando vão ao hospital público, geralmente são tratados com algum nível de justificada desconfiança. Muitos bons médicos ficam incomodados com o atendimento aos mendigos porque sabem que enxugam gelo. Eles tiram a vaga de quem vai realmente seguir o tratamento, tomar os remédios e melhorar, em vez de perder a receita, ou usá-la como argumento para conseguir dinheiro que será usado em cachaça: "Conforme dizem os próprios médicos, essa população é muito difícil de tratar. Indisciplinados, eles não seguem as recomendações médicas e não retornam para dar continuidade ao tratamento."[12]

Essa situação faz com que médicos não sintam que vale a pena se desgastar atendendo o mendigo. Isso não significa, no entanto, que a culpabilização do mendigo por parte dos corpos médicos mova necessariamente atitudes comuns de preconceito. Comparando a vida dos mendigos brasileiros com a vida dos mendigos franceses, Camila Giorgetti descobriu que, enquanto "culpam" mais o morador de rua pela sua própria condição, os médicos brasileiros atendem mais moradores de rua que os franceses, que não tendem a culpá-los.[13]

Não dá para culpar um único médico ou enfermeiro pela situação de saúde pública. É um problema estrutural. Como confiar numa instituição que, quanto mais é procurada, mais prejuízo dá? Enquanto clínicas privadas possuem uma administração que sofre lucros e prejuízos dependendo de como cuidam das vidas, temos um sistema de saúde onde matar ou fazer viver em nada afeta a vida de quem já endureceu o coração diante de tanta morte em sua administração. Hospitais mantidos por fundações ou doações privadas precisam de boa reputação, de cuidado caridoso. Empresários e doadores querem contas prestadas, querem o dinheiro bem investido. O pagador de impostos não pode deixar de financiar a calamitosa saúde pública, que não deixa de respirar por aparelhos.

Em casos de internação, quando recebem alta, os moradores de rua precisam voltar paras as ruas. Por isso, as assistentes sociais tentam manter os mendigos em internação pelo maior período possível. Instruídos por agentes do governo, mendigos tentam ocupar leitos como se fossem quartos de hotel — leitos que estão sempre lotados e poderiam atender pessoas em circunstâncias piores de saúde. Não ter casa não é doença tratável com soro intravenoso, mas tem muito assistente social que acha que hospital é casa de repouso, e privilegiam seus mendigos em detrimento de quem está realmente doente do corpo. O preço de uma cama de hospital é a ausência de vagas para um cidadão que deveria estar acessando aquele recurso público.

    O que fazer com quem não consegue ser aceito nem em hospitais, que dirá em entrevistas de emprego? Quem contrataria Otávio, quando lhe faltam algumas coisas? Duas pernas e um olho, especificamente, mas também meios para suplantar as barreiras. A gana com que ele se move usando as mãos, tendo o corpo como um pêndulo, e sorridentemente pede esmola aos motoristas sem dúvida poderia ser utilizada em alguma função no mercado de trabalho. Mas ele tem cicatrizes demais no rosto. Ele sempre sorri, mas é quase assustador. A maioria das partes que lhe faltam estava presente quando começou a morar na rua. Um homem desses, diferentemente do tipo comum, não está na rua simplesmente porque prefere. Ele está condenado à mendicância, a menos que algum tipo de caridade mais específica lhe atinja positivamente e ele possa achar ambientes mais dignos de trabalho.

O TORPOR DA ALMA

Os adictos são nosso quinto grupo de vulnerabilidade, e, como todos os outros, possui peculiaridades que dificultam a sobrevivência digna. O consumo de drogas na rua é tão comum quanto o consumo de caldo de galinha. Quase todo mundo usa ou usou algum entorpecente, vivendo em variados níveis de vício. Apesar da experiência de imersão, esforcei-me por não passar de certos limites. Um deles era não me expor ao uso de substâncias que pudessem gerar dependência. Eu nunca usei drogas, pretendo morrer assim, e, para ser sincero, isso não foi nem está sendo muito difícil. Você precisa procurar ativamente por drogas se desejar uma. Ao contrário do imaginário materno sobre as portas de escola, não há homens de sobretudo oferecendo doces embebidos em entorpecentes para as crianças. Por nunca perguntar, eu nunca soube onde os mendigos compravam as suas. O que pude descobrir é que é possível comprar crack a qualquer hora do dia. É fácil, assustadoramente barato (você consegue meia pedra por até cinco reais) e forte, muito forte. Já ouvi dizerem que ele é feito do pó da canela do Diabo, mas ainda acho que seja pasta não refinada de cocaína com bicarbonato de sódio.

O consumo destas substâncias se inicia das formas mais voluntárias possíveis. São entretenimentos para o tédio. Mendigos choram sobre o poder que a droga tem sobre eles quando diante de médicos e assistentes sociais, mas louvam as drogas como algo bom e prazeroso entre os iguais.[14] Uma vez que a embriaguez e a *lombra* ajudam a aliviar o sofrimento psicológico, elas são escolhidas como a melhor opção para a mediação da realidade sensível. Há um tipo de esforço consciente pela droga, mesmo antes de qualquer coisa que pareça vício bioquímico. Segundo Dalrymple, estudos apontam que dependentes de heroína tomam a droga de maneira intermitente ao longo de dezoito meses em média antes de se tornarem viciados — seria uma determinação louvável se o objeto da determinação também o fosse. Em seu livro *Heavy Drinking*, Herbert Fingarette argumenta como as pessoas têm largado o alcoolismo graças a incentivos à reflexão e a um exercício responsável de vontade, e critica os problemas causados por vermos o vício como uma questão menos volitiva.[15]

Daniel usava crack, mas tinha medo de cachaça. Disse-me que não bebe por medo de estragar a vida, mas faz uso moderado e recreativo do crack, o que vai contra tudo o que eu já li a respeito da droga. Mesmo de forma espaçada, continua usando, e não tem medo de se viciar. O álcool, de longe, é a substância que mais frequentemente tira a ordem mental dos que vivem na mendicância, mais que qualquer outra coisa. "A maioria dos médicos brasileiros afirma que os moradores de rua se apresentam no hospital 'frequentemente' alcoolizados. Ninguém afirmou ter atendido um só deles que estivesse em estado sóbrio",[16] conta Camila Giorgetti, em sua pesquisa com os médicos que atendem mendigos na rede pública.

Mandala é filho de piauienses, mas nasceu em São Paulo. Disse que foi funcionário público, mas depois disse que foi mandado embora porque era terceirizado. Veio a Fortaleza para conhecer Jericoacoara, passar seis dias e voltar. Todo melado de cachaça, como ele mesmo descreveu, passou dois anos na cidade praiana. "Não bebo mais. O álcool é um demônio que não dá para controlar. Eu fumo maconha, eu cheiro [cocaína], mas Deus me livre de beber." Todos possuem explicações pseudopsicológicas que justificam a própria escolha por aquilo que pode escravizar suas vidas. O dr. Dalrymple destrincha essas explicações como um tipo de assimilação

> à cultura local e ao clima intelectual; um clima em que a explicação pública do comportamento, até mesmo do próprio comportamento, contradiz completamente toda a experiência humana. Essa é a mentira que está no âmago de nossa sociedade, uma mentira que favorece o surgimento de toda forma de autojustificativa destrutiva; pois enquanto atribuímos a conduta às pressões externas, obedecemos aos caprichos que brotam do nosso íntimo, concedendo carta branca para comportarmo-nos como desejarmos. Dessa maneira, sentimo-nos bem ao agir mal.[17]

A psicologia, como de costume, tem sido usada para dar desculpas ao comportamento e argumentos para a permanência na falha, em vez de explicar os processos para facilitar o abandono do erro. O dr. Dalrymple diz que, hoje em dia, "a concepção prevalecente de vício, em geral, é a de uma doença caracterizada por um ímpeto irresistível", seja por mediações neuroquímicas, seja por hereditariedade, "para consumir uma droga ou outra substância, ou para se comportar de maneira autodestrutiva ou antissocial". Desta forma, o "viciado não tem culpa e, por seu comportamento ser a manifestação de uma doença, possui tanto conteúdo moral quanto as condições meteorológicas".[18] O vício não é apenas bioquímico, mas também psicológico. Os homens se acostumam com as aventuras da vadiagem entorpecida.

Dalrymple conta a triste história de um homem alcoólatra de 55 anos que passou metade da vida em abrigos para moradores de rua ao redor do país. Depois de conseguir para ele um asilo para alcoólatras recuperados e comprometidos a não voltar a beber, ele teve cerca de três meses de existência estável. Estava se sentindo feliz e fisicamente bem, mas sentia falta da agitação das ruas, de acordar em lugares diferentes. O homem faltou a sua última consulta e nunca mais foi visto. Segundo o dr. Dalrymple, esse não é um tipo raro, mas o mais numeroso e frequente entre os moradores de abrigos. Muitos se orgulhavam das aventuras de assaltar sem serem pegos pela polícia.[19]

"Por que você usa drogas?" As respostas variam entre "aconteceu" e "acabei caindo nessa". O consumo de drogas é tratado como uma intempérie climática, uma chuva inesperada ou um furacão inescapável. Se você levar a sério o que os drogados dizem sobre si mesmos, vai acreditar que eles estavam no caminho para o trabalho em uma manhã de terça-feira, escorregaram na faixa de pedestres e caíram de nariz em uma enorme carreirinha de cocaína, e nunca mais foram encontrados pela família. É como se tivessem inalado crack à força.

É raro que alguém seja sincero e diga a verdade óbvia e autoevidente: "Eu gosto de usar drogas, é prazeroso e me faz bem, apesar do estigma social, apesar do preconceito e apesar de destruir minha vida, sanidade e saúde. É difícil parar e eu não tenho força de vontade o suficiente para isso." Dalrymple diz que é puro sentimentalismo ver viciados em drogas como vítimas de uma doença, e explica o motivo:

> A maioria dos viciados em heroína usam-na só às vezes por um bom tempo antes de começarem a usá-la regularmente e tornarem-se fisiologicamente viciados nela. Isso é sabido há muito tempo. Assim, não é verdade que eles sejam "viciados" pela heroína, como gostam de dizer (um bom princípio consiste em examinar com cuidado todas as alegações autoexculpatórias de incapacidade), e é puro sentimentalismo acreditar em suas palavras. Pelo contrário, eles se tornam viciados em heroína com algo que só pode ser chamado de determinação, assim como outros se tornam aficionados em vinhos ou em selos.[20]

Eu poderia resumir e compilar as respostas que ouvi quando pedia que me explicassem como é a sensação de usar crack como algum tipo de intenso nirvana psicoquímico. O céu deve ser uma eterna lombra de crack, a julgar pelos testemunhos de quem alega ter experimentado ambos. Você dá uma tragada e sente algo quase audível no cérebro. É o paraíso, dizem.

É melhor que mil mulheres, babam. Ao contrário de outras drogas, o crack não perde o efeito e não cobra maiores dosagens. Parece que até as cinzas reutilizadas ainda dão algum efeito.

Mas o céu psicotrópico dura só alguns segundos e pede por novos encontros com a divindade. Você compra mais pedra. Tem mais barato. E compra mais. Não sou neurocientista, mas aprendi que tudo o que sobe, desce. Tão acostumado com essas taxas enormes de dopamina, o cérebro começa a pifar. O indivíduo não consegue mais sentir alegria fora do consumo da droga. Fora do barato, só há angústia, depressão, desespero e desejos de morte. O homem acaba dominado pela angústia neuroquímica que o leva a procurar mais droga. Vende o que pode, rouba quem dá, entrega o necessário de si e dos outros por outra dose. Enquanto o cérebro sofre de hipoperfusão por conta do vício, a existência perde todo o significado. Pensar a longo prazo não serve de nada. Aids e sífilis se tornam companheiras, tuberculoses deixam de ser tratadas e o programa fica cada vez mais barato. Qualquer instrumento pontiagudo vira argumento para tirar alguns trocados de estranhos. Eu não sei você, mas sopa e musiquinha não têm sido eficaz para salvar a vida destes condenados.

Eu não consigo pensar em outro meio de lidar com esse tipo de sofrimento se não tirando as drogas e os drogados das ruas, levando esses homens a clínicas especializadas, restaurando seus contatos familiares e os introduzindo em comunidades religiosas ou laicas que os tratem holisticamente. Nas ruas, as drogas pesadas, essas pragas que possuem o poder de adoecer a capacidade do homem de abandonar seu uso, são contratos sem cláusula de saída.

É por isso que a liberalização das drogas é um assunto que me incomoda, principalmente porque acho ambos os lados do debate muito incompetentes em lidar com as complexidades da questão. Nunca fui um estudioso da área. De qualquer forma, as notícias e debates que inundam as redes sociais e as mesas de bar fazem com que me apegue cada vez mais ao meu argumento incipiente. Eu sou um liberal. Isso significa que não creio que seja função do governo civil impedir que você insira qualquer substância no seu corpo. Não deveria existir criminalização do uso de drogas. Você faz o que quiser com a sua vida.

Mesmo assim, acho que é função do governo civil impedir que se lucre com a degradação humana, que, mesmo tendo começado voluntária, deixou há tempos de ser um exercício de liberdade. O crack é certamente a maior das armas contra a liberdade individual, maior que qualquer governo tirânico, porque tira das pessoas o poder de decidir sobre si mesmas. Devemos prezar pela liberdade ao ponto de evitar que haja comércio daquilo que destrói a liberdade. Nas palavras de John Stuart Mill: "O princípio da liberdade não pode exigir que alguém seja livre para não ser livre. Não é liberdade ser permitido alienar sua própria liberdade."[21] É por isso que Timothy Hsiao, em seu artigo "Drogas violam a liberdade individual", diz que "é a legalização das drogas que viola a liberdade. A proibição das drogas, não a legalização, é a real posição pró-liberdade".[22] Como liberal, não consigo conceber uma sociedade em que a alienação da liberdade está disponível em qualquer esquina.

Constantemente pensamos em limitar a liberdade para preservar a liberdade. Por exemplo, nós criminalizamos o assassinato porque ele representa um conflito de liberdades. Minha liberdade não me dá o direito de me opor à liberdade do outro, uma vez que a simples existência de mais alguém dotado de liberdade já limita a minha própria liberdade. Dessa forma, quando a liberdade entra em conflito com ela mesma, a deve ser restringida para ser preservada. Ela não pode entrar em conflito consigo mesma, sob o risco de ser destruída. Liberdade para o livre-comércio de drogas pesadas é um uso da liberdade para diminuir a capacidade de uso da liberdade dos outros. É um contrassenso, e um ataque ao espírito liberal.

Ainda assim, mesmo que o argumento da limitação da liberdade para a preservação da liberdade não convença espíritos mais libertários, quando você vê o que as drogas pesadas fazem com os homens, quando se senta ao lado da carne putrefata de quem esqueceu de morrer, não há alma humana que consiga ser coerente com seus ideais de liberdade libertária. Se existe algum meio para impedir esse nível tão profundo de miséria humana, espíritos empáticos deveriam usá-lo para o bem dos homens. É triste não ligar em ser menos humano que coerente.

PERDA DE PESO MORTO

O sexto grupo de vulnerabilidade é o dos excluídos do mercado por conta dos sistemas de injustiça que regem as políticas econômicas do Brasil. O morador de rua moderno é ao mesmo tempo consequência do sucesso da sociedade de mercado e do fracasso das políticas trabalhistas. É fruto do sucesso porque subsiste do escoamento de riqueza que flui abundantemente da generosidade de quem adquire bens o bastante para dividir com estranhos na rua, e é fruto do fracasso porque muitos só estão vivendo de forma mendicante porque nossas legislações trabalhistas criam estruturas que favorecem a miséria.

Geralmente, atribui-se a culpa a questões de ordem social e cultural que acabam levando o homem à miséria, mas pouco se fala de como as configurações econômicas influenciam neste sentido. Quando isso é feito, é pelo caminho mais fácil. Culpa-se a desigualdade, culpa-se a riqueza de uns, mas raramente se consideram as influências de uma economia tão fechada como a nossa, onde as burocracias trabalhistas são tantas que os homens menos dados ao trabalho ou que pouco têm a contribuir com o mercado acabam excluídos dos empregos formais, sendo empurrados às diversas informalidades trabalhistas. Nisto, o homem que acaba mendigo se torna economicamente desnecessário para a sociedade, excluído por políticas que acham mais humano emprego nenhum que empregos ruins, que acham mais interessante que não se ganhe nada do que se ganhe pouco.

Na economia, *deadweight loss* é o termo dado para as relações econômicas que deixam de acontecer pela perda de eficiência alocativa dos recursos quando algo altera o preço de equilíbrio. Simplificadamente, é o que acontece se um governo decide criar uma política de controle de preços, por exemplo, e dizer que tal produto só pode ser vendido com um valor acima do que estava decidido pelas livres relações de mercado. Com isso, haverá uma perda de compra e venda que diminuirá os excedentes do produtor e do consumidor. Esse peso morto que é perdido nas relações de mercado é conhecido como *deadweight loss*.

Essa perda de peso morto acontece também com políticas de salário mínimo. Se o salário que um empregador pagaria por determinado tipo de serviço é considerado baixo pelos governos e estes passam a controlar os preços dos salários, dizendo que ninguém pode vender seus serviços por menos de um valor mínimo, o mesmo acontece no gráfico de oferta e demanda; algumas relações trabalhistas deixarão de acontecer e haverá *deadweight loss*, isto é, algumas pessoas não conseguirão empregos, assim como algumas pessoas não conseguirão fazer contratações. Conversando com alguns mendigos mais lúcidos, percebi que há quem tenha parado na rua porque deu de cara com o Estado. Há um cenário econômico no país que prejudica a vida do pobre e do pequeno empresário.

Alguns moradores de rua são bastardos da burocracia. São o peso morto das boas intenções. As políticas públicas desejam melhorar a vida das pessoas através de canetas mágicas, mas acabam prejudicando outros como efeito colateral. Uma das grandes dificuldades de sair da rua é que você só pode entrar no mercado de trabalho com um salário consideravelmente relevante (se você considerar que o empregador paga um salário para o empregado e outro para o governo para cada funcionário que contrata). Alguém que ainda não consegue apresentar um valor de mercado elevado para o que faz, que precisa se provar como empregável, acaba cada vez mais excluído das relações trabalhistas. O salário mínimo, as burocracias e a alta taxa de impostos escoam pesos mortos com nome e rosto. Alguns mendigos são contingências de nossa *Carta del Lavoro* tupiniquim. O salário mínimo parece lindo para proteger alguns de patrões exploradores. O problema é que o aumento de salário para uns representa salário nenhum para outros.

O governo não deveria dar mais nenhum pedaço de pão para qualquer morador de rua. Os que realmente precisam têm a ajuda certa, frequente e segura dos grupos religiosos e de algumas ONGs. O que o governo precisa dar ao morador de rua são meios de suplantar as burocracias que o impedem de galgar uma existência mais digna. É parar de criar dificuldades sem sequer vender facilidades. Uma das melhores coisas que o governo poderia fazer pelo morador de rua seria dar meios para contratações mais baratas e menos taxadas pelo Estado. Quase todo mendigo que consegue emprego, o consegue na informalidade — ou ilegalidade, se preferir. Patrões cometem crimes para dar uma chance ao desvalido, e podem pagar multas pesadas por simplesmente agirem em favor do miserável. Enquanto nossos políticos não criarem meios para que os indivíduos possam assumir jornadas mais flexíveis de trabalho com salários menores, ainda que sob alguma política específica ou legislação especial para a contratação de desabrigados, o nosso peso morto continuará sendo perdido dia a dia, dando de cara com a pretensa bondade do governo.

ESCOAMENTO BARATO

O catador de lixo não é o único trabalhador das ruas, mas é certamente um dos que mais sofrem. Há quem more na rua e assuma algum subemprego, mas o catador sobrevive laboralmente *da rua*. Eles representam nosso sétimo e último grupo de vulnerabilidade mendicante. Raramente recebem ajudas que façam diferença em suas vidas. Levam pesados carrinhos, em geral feitos de carcaças de geladeiras, ganhando, no fim das contas, menos que qualquer guardador de carros. Alguns pegam os carrinhos emprestados em sucatas que fornecem o meio para os catadores, enquanto outros pagam porcentagem do ganho em aluguel. Alguns, menos privilegiados, precisam comprar seu meio de trabalho. Um carrinho desses pode ser comprado aqui em Fortaleza por R$ 600,00 nas próprias sucatas, mas questiono se há tabelamento de preços pela cidade ou se os contatos certos não me apresentariam preços diferentes. Além de lixo reciclável, os catadores fazem transporte de entulho de pequenas obras, ou usam seus carrinhos para transportar os filhos durante o trabalho.

O trabalho dos catadores produz um bem social pautável e quantificável. Ao contrário de guardadores de carros, que nos vendem segurança de si mesmos, os catadores ajudam na reciclagem, auxiliando na coleta de lixo e no bem-estar social. Segundo dados do Instituto de Pesquisa Econômica Aplicada (Ipea), os catadores são responsáveis por quase 90% do lixo reciclado no Brasil.[23] A burocracia brasiliense é tão imensa que nenhum lugar do Brasil gera tantos catadores. Por conta das toneladas de papel que são jogadas fora pelos órgãos públicos, toda uma economia política do lixo se manifesta na capital brasileira. Um trabalho mais ou menos coordenado de catadores limpa o lixo e fornece um processo de reciclagem mais econômico. Quando as empresas de reciclagem cogitaram retirar o papel direto nos órgãos públicos usando contêineres, perceberam que era mais barato usar os catadores, uma vez que estes já efetuam previamente uma triagem no papel coletado, retirando diversos contaminantes (carbono, plásticos etc.), custo que precisaria ser assumido pelas empresas de coleta, encarecendo o processo de reciclagem.[24]

A imbricação entre rejeitos físicos e humanos revela como nossa sociedade é rica, ao ponto de homens encontrarem seu sustento no que outros rejeitam. Até nosso lixo é valioso, e muitos encontram nele meios de subsistência. Mesmo assim, o efeito psicológico de viver do lixo não costuma ser dos melhores. Catadores tendem a ser os mais antipáticos dos desabrigados — ainda que alguns deles, graças ao trabalho de reciclagem, tenham um lugar para morar. Para eles, é importante investir recursos em alguma moradia para guardar o próprio carrinho e estocar bens que são encontrados pelas perambulações.

Os que não possuem casa acabam usando os espaços da cidade para estacionar os carrinhos, e geralmente precisam vender tudo o que encontram já no fim do dia, a fim de não serem roubados por mendigos ou mesmo perderem tudo por conta de chuvas. Nisso, o "lixo manipulado e estocado nas esquinas pelos catadores de papel" acaba por levar "a um uso dos logradouros públicos que restringe a possibilidade de ir e vir de muitas pessoas, além da deterioração das condições de limpeza da cidade".[25] Enquanto ajudam a sociedade com reciclagem, às vezes de forma mais eficiente que as empresas públicas, eles acabam por usar as ruas como depósitos móveis de seus materiais, gerando incômodo — se justificado ou não, não cabe a mim julgar — aos transeuntes e populares.

O que faz com que um desabrigado opte pelo trabalho de catar lixo pelas madrugadas, em vez de se aproveitar da máfia dos mendigos e viver de distribuição de alimentos? Talvez haja um senso de orgulho pessoal de fugir da caridade. Quem sabe ainda existam traços de valor e propósito que levam o indivíduo a desejar subsistir do próprio esforço. Ainda que seja o mais antipático dos desabrigados, o catador é certamente o mais socializável de todos os que moram na rua. A vadiagem não apenas prové, mas também acirra as psicoses. Alguns catadores possuem uma baita visão empreendedora, e há quem crie algo parecido como uma empresa, com pessoas trabalhando para outras. Alguns sonham em montar as próprias sucatas. O trabalho tem um efeito poderoso em manter o homem parte da coletividade, e criar raízes com a realidade que o rodeia.

* * *

Timothy Keller diz que a maioria de nós "acha que conhece as mazelas e carências de sua comunidade; contudo, a experiência mostra que não é bem assim", uma vez que muitos "moradores de bairros nobres estão distantes dos necessitados, e muitas carências sociais lhes passam despercebidas".[26] Ele explica ainda sobre a importância disto para estabelecer o foco da atuação resgatadora:

> De certa maneira, criar um programa de ajuda "aos pobres" é como pedir a um médico que prescreva um remédio contra "doença". Não existe cura para "doença", pois esse é um termo genérico usado para muitas condições específicas. Da mesma forma, *o pobre* é, na verdade, um título genérico que se atribui a numerosas condições específicas. A avaliação sistemática da comunidade ajuda a identificar e discernir as características dos diferentes grupos de pessoas a quem desejamos servir.[27]

Falta-nos conhecimento, especialização e comprometimento. Não conhecemos o morador de rua para saber o que fazer, não damos a ele o tratamento específico, não nos engajamos e não o confrontamos. Em vez de desenvolvimento, só damos paternalismo. Em vez de conhecimento, só temos preconceitos. Em vez de especialização, só damos trabalho industrial e geral. Em vez de comprometimento, mero exibicionismo moral.

Nós nunca saberemos como ajudar os verdadeiros miseráveis com nossos recursos e engajamento se não olharmos para os moradores de rua de forma mais interessada. Desabrigados profissionais se aproveitam da falta de interesse para se disfarçar de necessitados. A pesquisa com carentes da região a ser alcançada é fundamental para compreendermos que tipo de dificuldades específicas devemos estar preparados para enfrentar. Um processo consciente de levantamento de dados nos ajuda a vencer as barreiras de invisibilidade que acabam sendo naturais a nossa rotina de desprezo aos desabrigados.

6

Por uma comunidade terapêutica

Vencendo as doenças da caridade impessoal

> *Se com renúncia própria você beneficiar os*
> *famintos e satisfizer o anseio dos aflitos,*
> *então a sua luz despontará nas trevas,*
> *e a sua noite será como o meio-dia.*
>
> Profeta Isaías[1]

Peter Kreft dizia que algumas coisas são tão estúpidas que você precisa de um doutorado para conseguir acreditar nelas. Eu poderia dizer que algumas obras sociais são tão nocivas ao pobre que você precisa ser pastor, líder de comunidade eclesial de base ou presidente de uma ONG para acreditar que elas funcionam. Depois de tanto dinheiro investido, de tanta gente trabalhando, de tanta comoção religiosa, de tanto investimento pessoal, a rua ainda está lá, populada, imóvel e, por que não dizer, impoluta. É ululante que nossa caridade tem escorrido pelos bueiros da miséria e não tem feito nada de concreto além de anestesiar a vida mendicante ao ponto de ser suportável e, às vezes, atrativa.

ALÍVIO CONSTANTE

Steve Corbett e Brian Fikkert escreveram uma obra de vulto sobre cuidado com os desvalidos cujo título é *When Helping Hurts* [Quando ajudar machuca]. O título em inglês possui um duplo sentido, pois aquele que se machuca pode se referir tanto a quem é ajudado quando a quem ajuda. Nesta obra, eles falam sobre como nosso cuidado social muitas vezes gera mais dano que benefício real, e sobre como evitar esse tipo de cuidado que prejudica:

> Um primeiro passo útil para pensar em trabalhar com os pobres em qualquer contexto é discernir se a situação exige alívio, reabilitação ou desenvolvimento. De fato, a falta de distinção entre essas situações é uma das razões mais comuns pelas quais os esforços de redução da pobreza muitas vezes causam prejuízo.[2]

Os autores definem então "alívio" como a provisão urgente e temporária de ajuda de emergência que tem como objetivo reduzir o sofrimento imediato. É como parar um sangramento, em uma dinâmica provedor-receptor, onde o provedor fornece assistência ao receptor, que é em grande parte incapaz de se ajudar naquele momento. Reabilitação e desenvolvimento seriam processos seguintes, depois que o alívio imediato e necessário é fornecido, para que o ajudado possa andar sem a necessidade do cuidado constante de outros.[3]

Um dos nossos problemas é que nós continuamos fornecendo alívio para quem deveria receber reabilitação ou desenvolvimento. Homens sem fome, sem dor, sem dificuldades reais são tratados como se tivessem urgência. Tratamos como situações sociais críticas aquilo que não é sequer urgente. Existem pessoas em emergência, famintas, doentes, que precisam de ajuda agora, instantânea, imediata. Estes não são os mendigos comuns. Constantemente, eu recebia comida que negava. Veja bem, *negava*. O moço oferecia o caldo, eu dizia que não estava com fome, e ele trazia mesmo assim, pegava minha mão que estava posta sobre o banco, erguia, apertava meus dedos levemente ao redor do copo plástico quase fumegante e argumentava: "Eu mesmo provei, está muito bom. Prova um pouco"; "o que você precisar, é só falar comigo. A gente está aqui para te servir"; ou, "se não gostar, trago um café, uma água, uma canja".

É por isso que o título do livro de Robert D. Lupton, *Toxic Charity* — Caridade tóxica — é tão acurado. Ele argumenta que, nos Estados Unidos, há um escândalo crescente que nos recusamos a ver e nos esforçamos em perpetuar ativamente: "O que os americanos evitam enfrentar é que, apesar de sermos muito generosos com doações de caridade, muito desse dinheiro é desperdiçado ou é até mesmo prejudicial às pessoas a quem se destina a ajudar."[4] Ele escreve:

> Nos momentos de silenciosa introspecção, observei meu papel na anatomia de doação: eu esperava gratidão em troca de meus presentes. Na verdade, tinha gostado de ocupar a posição de doador (embora tenha cuidadosamente encoberto isso com uma fachada de humildade). Notei uma irritação oculta com aqueles que expressaram seu aborrecimento quando baixaram os estoques de comida gratuita. Fiquei cansado de filtrar meias-verdades e manipular estratagemas à medida que buscava equidade na distribuição de recursos. Este profundo olhar para a anatomia da minha caridade eventualmente expôs uma cultura nada saudável de dependência.[5]

De maneira semelhante, Nick Saul apresenta a mesma preocupação. Ele foi diretor executivo do Stop Community Food Centre, em Toronto, de 1998 a 2012, e recebeu o prestigiado Prêmio Jane Jacobs e a Medalha Queen's Jubilee por conta de seus trabalhos com pessoas carentes. Ele escreveu ao lado de Andrea Curtis uma obra chamada *The Stop*, onde fala sobre o processo de morte lenta da alma ocorrido durante a distribuição de alimentos a moradores de rua no modo como a fazemos atualmente. Não existe interesse em entender o que está acontecendo na vida do mendigo, nem quais as causas de sua pobreza, e viciamos homens e mulheres capazes em uma cultura de recebimento passivo. Em vez de oferecermos a eles reabilitação e desenvolvimento, nós os enclausuramos com e em nossa caridade. Por isso, é absolutamente crucial determinar se o alívio, a reabilitação ou o desenvolvimento é a intervenção apropriada, a fim de não atrapalharmos a vida do desvalido. Um processo de caridade que encerra os indivíduos em um acordo de dependência não produz emancipação de suas múltiplas misérias.

A África pode servir como um exemplo macrossocial daquilo que estamos condenando em nível microssocial. A economista zambiana Dambisa Moyo escreve em *Dead Aid* sobre como a cultura de caridade que inunda a África é na verdade uma espécie de maldição, de forma que a ajuda destinada a promover prosperidade acaba por se tornar a doença da qual ela finge ser a cura. Em sua obra (publicada em 2009), ela diz que nos cinquenta anos anteriores, o continente recebeu 1 trilhão de dólares em ajuda benevolente, mas pouca eficácia houve nesta ajuda. País por país, os africanos estavam muito piores naquela época do que no meio século anterior. Ela diz que a renda *per capita* total era menor em 2009 do que na década de 1970, e que mais da metade da população de 700 milhões da África vivia com menos de um dólar por dia. A expectativa de vida estava estagnada e a alfabetização de adultos despencou abaixo dos níveis anteriores a 1980. Dambisa Moyo, então, argumenta que "a ajuda externa é, na verdade, a principal causa da persistência da pobreza na África". A simples transferência de renda não está funcionando nem direcionando os africanos a um tipo de vida melhor.[6]

O mesmo podemos dizer sobre o Haiti, segundo relata Robert D. Lupton. Durante as quatro décadas anteriores ao devastador terremoto de janeiro de 2010, 8,3 bilhões de dólares em ajuda externa foram direcionados para o Haiti. Ainda assim, o país ficou 25% mais pobre do que era antes do auxílio ter começado. A tragédia do terremoto mais recente suplementou os compromissos de ajuda com mais 9 bilhões de dólares provenientes de 39 países, mas o prognóstico para o desenvolvimento sustentado não é melhor hoje. "O problema não é boa vontade", disse o antropólogo Timothy Schwartz, residente de longa data no Haiti, quando estava cercado pela devastação do terremoto: "Eu nem acho que o problema é o acesso a recursos. [...] O grande problema é a falta de responsabilidade e a falta de um mecanismo que pressione as agências de ajuda a um desenvolvimento eficaz e de longo prazo". Schwartz foi testemunha de tudo em primeira mão, e sua visão privilegiada nos ajuda a perceber os males e a inutilidade da ajuda emergencial onde deveria existir outros tipos de trabalho.[7]

Para Andy Bales, CEO da Union Rescue Mission em Los Angeles, "dar dinheiro a alguém em necessidade é a solução menos útil e mais temporária, por isso só deve ser feita como último recurso". Ele diz que seus anos de experiência com pessoas de rua lhe ensinaram que a maioria dos mendigos não é composta realmente de pessoas sem-teto, mas de "golpistas que conseguem coletar 300 dólares por dia dispostos por transeuntes de bom coração, e no final do dia caminham uma ou duas quadras para pegar seus carros e dirigir para suas casas". Ele diz ainda que, quando as pessoas se aproximam dele pedindo dinheiro para comer, entrega o cartão de sua instituição e as convida a obter não apenas comida e abrigo, mas outros tipos de apoio mais profundos. Ele muito raramente dá algum dinheiro, e o faz apenas quando julga que não há alternativas: "Pessoas que enfrentam situação de desabrigo e pobreza precisam de uma comunidade solidária", diz ele. "As pessoas precisam de ajuda permanente para que se tornem fortes. Elas precisam de uma conexão com Jesus Cristo e uma comunidade de fé".[8]

Ron Sider, presidente do grupo Evangelicals for Social Action e autor do clássico *Cristãos ricos em tempos de fome*, segue a mesma postura. Ele afirma que uma "doação rápida" é o mesmo que um amor barato. "Não há simplesmente nenhuma maneira de comprovar se a história é legítima ou se a pessoa vai gastar o dinheiro em drogas ou álcool." Dessa forma, apoiar "a imoralidade, a preguiça ou o comportamento destrutivo é simplesmente irresponsável, e, claramente, não é um ato de amor". Ele também apela à Bíblia, dizendo que as Escrituras "exigem que estejamos ao lado dos pobres, mas certamente não nos dizem para dar tudo irresponsavelmente". Em vez de dar dinheiro, Sider sugere convidar o sem-teto para almoçar e ouvir a sua história: "As pessoas quase sempre precisam de amor, até mais do que o dinheiro", diz ele. Doações generosas devem ser dirigidas para programas eficazes que tenham atuação holística, que sejam equipados para lidar com questões socioeconômicas mais profundas; esses sim são ministérios que compartilham o amor de Cristo e "verdadeiramente libertam, capacitam, fortalecem e transformam".[9]

Essas percepções são geograficamente localizadas apenas em países de "primeiro mundo", as nações desenvolvidas? De forma alguma. Em uma das mais recentes obras sobre moradores de rua publicadas no Brasil,

Camila Giorgetti registra uma ampla pesquisa em abrigos que atendem os desabrigados. Em seu livro *Moradores de rua*, a pesquisadora registra a fala de uma coordenadora de certa casa de convivência conveniada com a prefeitura de São Paulo que demonstra profundo desgosto com o modo irresponsável como a caridade tem sido manifesta e com os prejuízos que isso tem causado na recuperação dos mendigos. Os locais de distribuição de comida costumam ser tratados em termos de bocas de fumo, sendo chamados de *bocas de rango*: "Quem vai quebrar o esquema da boca de rango da cidade, eu? [...] Tem uma boca de rango a uma, às duas! Tem o lanche não sei do quê às três, tem a janta do não sei o quê às quatro. [...] É um trabalho muito difícil, porque a própria assistência atrapalha o trabalho pedagógico com a população."[10] Outro coordenador de albergue relatou uma de suas conversas típicas com moradores de rua:

> Quando monta um painel de emprego, ele vem aqui, aí você monta os cursos, não vem aqui. Você oferece uma série de coisas, há cursos fora, a gente tem umas parcerias, o cara nem se mexe. E você o chama e pergunta:
> — E aí, o que o senhor tem?
> — Ah, é difícil, ninguém dá oportunidade.
> — Escuta, o senhor viu que tinha curso disso, disso e disso?... Isso está ligado à sua profissão?
> — Ah, mas não era bem isso, eu queria tentar uma coisa nova.
> — Mas o senhor não viu que tinha aquilo, aquilo e aquilo?
> Aí você vê que o cara realmente não se movimenta.[11]

Vários grupos de trabalhadores sociais "culpam os moradores de rua, afirmando que, na verdade, são eles que não querem deixar as ruas, por causa das facilidades que a rede oferece".[12] Dessa forma, os trabalhadores sociais demonstraram o seu descontentamento em relação à tendência do morador de rua de usufruir por um tempo indefinido os serviços oferecidos. Para a autora, "o caráter emergencial das ações tem consequências muito graves na vida dos moradores de rua, entre elas a infantilização".[13] Os mendigos não são ensinados a progredir porque vivem entre uma ajuda e outra. Ela diz ainda que esses "circuitos" em casas de convivência são um vício que tira o homem da vida em sociedade.[14] Assim, várias "críticas são dirigidas contra o atendimento emergencial, que, na opinião dos entrevistados, confina os moradores de rua a um sistema assistencialista, denominado por alguns de 'ciclo infernal'".[15] Muitos trabalhadores sociais precisam lidar com os chamados "ratos de albergue",[16] gente que vive de pular entre um albergue e outro, depois de ser enxotada quando se percebe sua capacidade não utilizada de sair da própria miséria.

Para a pesquisadora e muitos envolvidos nos ministérios de misericórdia, os moradores de rua costumam ser como filhos ruins que continuam recebendo tratamentos privilegiados sem qualquer disciplina ou correção. Ela conta sobre as opiniões destes profissionais que trabalham com os mendigos na França, e encontra resultados parecidos:

> Os casos de moradores de rua que passam anos frequentando os serviços oferecidos na cidade foram muito lembrados pelos funcionários das instituições sociais parisienses durante seus depoimentos. Tais pessoas renovam anualmente o seu pedido de vaga e não conseguem sair da situação na qual se encontram. [...] alguns encontraram uma certa "estabilidade" no sistema de albergamento.[17]

Ela diz que, quando "interrogados sobre tal aspecto, muitos franceses concordaram que a maioria das ações realizadas em Paris se limita à satisfação das necessidades imediatas" dos mendigos, sem constituir um processo de restauração ou socialização, de forma que isso "apenas contribui para que os moradores de rua permaneçam por muito tempo na situação na qual se encontram".[18] A caridade comum não parece estar tratando os principais problemas da *mendicância profissional*. Nós não estamos questionando (talvez um pouco) as boas motivações de quem se engaja com caridade. Nós estamos questionando os péssimos resultados oriundos de boas motivações vazias de engajamento. Nós devemos entender "as muitas maneiras pelas quais 'boas intenções' podem se traduzir em cuidados ineficazes ou mesmo em danos".[19]

AMOR EXIGENTE

A solução para esse problema começa com o estabelecimento de uma consciência mais forte sobre o que significa amar o perdido. O programa do

Amor Exigente começou nos Estados Unidos, sob o nome Tough Love, e tratava da postura educacional americana e dos princípios de disciplina doméstica da década de 1970. No Brasil, os ideais do movimento foram aplicados ao cuidado de viciados em drogas nos anos 1980 pelo padre jesuíta Harold Joseph Rahm. Por mais que seja uma metodologia com princípios documentados, o conceito por si só é suficiente para guiar atividades que buscam resgatar o desabrigado.

O amor de quem ajuda deve sempre cobrar algum tipo de resposta. Não por mesquinharia, mas porque a maior manifestação possível de amor a um *pedinte profissional* é ajudá-lo a exercer sua vontade a favor da produção do bem e da participação no próprio progresso humano. Diferente da paixão romântica, a caridade engajada não pode ser incondicional ou platônica. Ela precisa amorosamente cobrar respostas. Assim, quando encontramos o bicho de Manuel Bandeira na nossa frente, precisamos ajudá-lo a desenvolver humanidade em si mesmo, coisa que ninguém poderá fazer por ele.

Se como médico eu tenho um doente que vem a mim constantemente para requisitar opiáceos a fim de sanar sua dor, eu não seria responsável se satisfizesse essa vontade irrestritamente. Os doutores sabem que os medicamentos viciam e que a dor pode ser mentira. De maneira semelhante, a caridade vicia, a esmola escraviza. Se as oferecemos indiscriminadamente, somos médicos irresponsáveis oferecendo estruturas de vício a pessoas que dão todos os indícios de que estão viciadas e não têm interesse em cura. Se, ao oferecermos cura, somos rejeitados em troca dos mesmos analgésicos, temos que desconfiar de alguma coisa.

Pode parecer cruel, mas a necessidade mais urgente é pararmos de alimentar os homens na rua para passar a cobrar que vivam como cidadãos. Devemos restringir nossa caridade e dar o pão para o incapaz, não para o indisposto. Nosso fetiche por caridade amacia nossa consciência, mas não gera melhoria alguma na vida dos desabrigados. Nós somos a anestesia desses homens, e impedimos que eles sintam a dor de suas misérias. Acontece que eles deveriam sofrer a dor da escolha pela mendicância. Precisamos identificar os fracos e destruídos para dar força e restauração, assim como devemos identificar os preguiçosos e ociosos para oferecer trabalho e esforço. Um homem feito, fisicamente saudável e de mente sã não deveria ser incentivado em sua escolha pela desocupação, mas é o que fazemos quando lhe damos sanduíches na mão. Alimentamos a doença na alma em cada sopão dado ao que poderia conquistar o próprio pão. É preciso separar o joio do trigo.

Dessa forma, o amor exigente cobra uma estrutura de *paridade*. Paridade significa igualdade, semelhança ou similaridade. É a característica do que é par a outrem. O problema da nossa caridade impessoal e irrestrita é que não promove nenhuma tentativa de paridade com o miserável, na tentativa de entendê-lo e resgatá-lo. Enquanto a caridade muitas vezes anestesia tanto o homem em seu estado de miséria quanto o pretenso caridoso em sua bondade indolor, a paridade nos faz sentar ao lado do miserável, entender sua história, encontrar seus contatos com o passado, lidar com seus problemas internos e apresentar caminhos de desenvolvimento pessoal e mudança de vida. Uma vez que "a paridade é a forma mais elevada de caridade",[20] devemos desenvolver uma "compaixão holística"[21] que se interesse pela vida do mendigo de forma engajada e completa.

É por isso que os mendigos são melhores adicionados à vida comum através de uma *incorporação consciente*, um esforço calculado para aceitá-los em comunidades sociais de forma atenciosa e cuidadora. O morador de rua precisa ser adicionado à vida comum, mas com os cuidados e proteções necessários. É o que acontece em igrejas, excelentes ambientes para isso, onde a vida da comunidade é moldada para o recebimento de pessoas em estados variados de carência moral. Os mendigos sabem disso e assumem descaradamente que vão às igrejas porque é a melhor chance de sair da rua, não porque possuem qualquer interesse religioso.

Dessa forma, devemos nos esforçar para que o morador de rua nos deixe entrar em sua vida. Keller conta que um homem entrou no escritório pastoral pedindo dinheiro. Em vez disso, o pastor levou o homem para almoçar. Conversou com ele, questionou sobre a sua vida, conheceu o homem. Depois de um tempo, ele voltou lá pedindo dinheiro novamente. O pastor respondeu: "Jim, eu posso levá-lo ao restaurante de novo, mas, se deseja que continuemos a ajudá-lo, *terá de nos deixar entrar em sua vida*." O homem queria saber o que ele tentava dizer por meio daquilo. O pastor respondeu:

O que eu estou dizendo é que possivelmente existem hábitos e padrões em sua vida que explicam por que você não para em emprego nenhum. Se nós, como igreja, vamos ajudá-lo de verdade, precisamos enxergar *todos* os aspectos de sua vida. Talvez você precise de ajuda para lidar com dinheiro; pode ser que você tenha algumas questões pessoais (você me disse que não consegue controlar seu gênio, lembra?). Portanto, não seria um gesto de amor verdadeiro de nossa parte simplesmente lhe dar dinheiro, sem que você nos permita ministrar de modo mais abrangente.

Segundo Keller, o homem só ficou bravo e disse que sabia cuidar da própria vida. Depois de almoçar, foi embora e não voltou nunca mais.[22] Isso evidencia o problema daqueles que só querem se aproveitar da nossa caridade. Quando você oferecer envolvimento, muitos vão negar. Eu convidava os mendigos que me pediam esmola para sentar comigo no restaurante, mas só crianças costumavam aceitar. É por isso que, como diz Keller, devemos deixar a misericórdia limitar a misericórdia.[23] Uma vez que temos misericórdia da miséria pessoal do mendigo, devemos perceber as ocasiões em que o cuidado mais prejudica a alma que ajuda de fato. Então, nossa misericórdia de alma limita a misericórdia do bolso. A graça oferecida tem como objetivo interromper condutas que levam ao desmoronamento pessoal.

São pouco saudáveis os relacionamentos que construímos baseados apenas em suprir necessidades: "A menos que a vítima do infortúnio exerça um esforço honesto para recuperar a autossuficiência, a relação entre aquele que ajuda e quem é ajudado tende a deteriorar-se". Desta forma, é fundamental que surja uma cultura de prestação de contas: "A falta de transparência abre brecha para suspeitas e desconfiança. A comunicação torna-se tensa. O beneficiário se sente controlado pelas condições impostas pelo doador, e o doador se sente enganado pela falta de sinceridade". Com isso, a relação eventualmente se dissolve.[24]

O problema é que as relações "que se baseiam na necessidade não reduzem a necessidade em si". Em vez disso, "elas exigem mais e mais necessidade para que possam continuar". Assim, tudo começa a se manifestar como um ensaio perpétuo: "A vítima traz o dilema; o salvador encontra a solução. Quando um problema é resolvido, outro deve ser apresentado para que o relacionamento continue. Se a vítima não precisar mais de uma solução, a figura do salvador não é mais necessária" e precisa mudar radicalmente.²⁵ Lupton diz o seguinte:

> A relação de doador-beneficiário está fadada ao fracasso desde o início Tais relações dificilmente promovem a confiança. Geralmente, elas criam ressentimento. O beneficiário tem de descobrir as regras do sistema, determinar o tipo de apelo que o torna mais suscetível de garantir o máximo benefício, aprender a linguagem que melhor corresponda aos valores daquele que administra o recurso, e, acima de tudo, ser sincero. Meias-verdades são aceitáveis. Pode ser necessário inventar algo. Isso não importa muito, pois trata-se de se enquadrar em um sistema, e não de se unir a uma comunidade. Aqueles que doam, em seguida, devem continuamente endurecer as regras, preencher as lacunas, se proteger contra o favoritismo e estar cada vez mais vigilantes para detectar manipulação ou fraude. O sistema passa a ser prestado a relacionamentos acusatórios.²⁶

Por ignorar isso tudo é que pessoas com o coração cheio de compaixão se esquecem de "princípios fundamentais quando se trata de construir relacionamentos com aqueles a quem tentam servir". No esforço de suprir necessidades, "nós muitas vezes ignoramos o básico: mutualidade, reciprocidade, responsabilidade. Ao fazer isso, os relacionamentos se tornam tóxicos".²⁷

Não estou tentando criar um grupo merecedor de caridade (mulheres, crianças, pessoas com transtorno mental etc.) e os imerecedores (a máfia dos mendigos). Eu quero mostrar é que precisamos desenvolver tipos diferentes de caridade, que envolvem questões econômicas e financeiras àqueles que compõem grupos de risco e questões de desenvolvimento humano àqueles que têm se apoiado em caridade para permanecer miseráveis. Devemos alcançar os que não precisam de mais comida com mais humanidade, tanto quanto precisamos alimentar crianças de rua. Não estou conclamando menos caridade, mas sim caridades mais pessoais e adequadamente aplicadas.

O PROBLEMA DO PATERNALISMO

É por isso que devemos evitar ao máximo o paternalismo. Não devemos fazer para os mendigos aquilo que eles podem fazer por si mesmos. Aqueles que estão mais próximos do chão, na extremidade receptora desse derramamento de generosidade, "admitem em voz baixa que isso pode estar doendo mais do que ajudando", diz Robert D. Lupton. Como seria isso? Através da dependência, destruindo a iniciativa pessoal. "Quando fazemos para os necessitados o que eles têm a capacidade de fazer por si mesmos, nós os enfraquecemos", diz o autor de *Toxic Charity*, que continua: "Dar aos necessitados o que eles poderiam estar ganhando por sua própria iniciativa pode ser a maneira mais amável de destruir as pessoas".[28]

Para o autor, a "caridade com motivação religiosa é, geralmente, a mais irresponsável". Isso se dá porque a distribuição gratuita de comida e de vestuário "incentiva cada vez mais a esmola, o que acaba por diminuir a dignidade dos pobres e aumenta sua dependência". Quando, por exemplo, organizamos uma igreja para plantar flores e recolher o lixo no centro da cidade ou em algum bairro de periferia, acabamos por ferir não só o orgulho dos moradores, mas o senso de responsabilidade em cuidar de seus próprios ambientes, eximindo homens capacitados de seus compromissos sociais.[29]

Um líder nicaraguense comenta que o empreendedorismo declina em sua comunidade à medida que dólares e recursos gratuitos inundam o mercado, já que "as pessoas ficam condicionadas a esperar o próximo grupo de missão chegar em vez de construir seus negócios através de seus próprios esforços". Ele falou de forma cada vez mais emocionada sobre "como a dignidade é corroída à medida que as pessoas passam a ver a si como casos de caridade para os ricos visitantes, como eles põem sorrisos nos rostos para que fotos sejam levadas de volta para a propaganda do próximo grupo". Tomamos voos para viagens missionárias rumo a pobres aldeias com o coração cheio de piedade e malas recheadas de itens para doação; viagens que um líder nicaraguense descreve como eficazes apenas para transformar gente honrada em pedintes. "Eles estão transformando meu povo em mendigos", disse ele, com certa emoção.[30]

Robert D. Lupton conta ter participado de uma atividade que visava distribuir presentes de Natal para crianças de uma comunidade carente. Segundo seu relato, quando eles bateram na porta de uma das casas, a mãe cumprimentou a família de visitantes bem-vestidos e os convidou a entrar. Um sorriso nervoso ocultou seu embaraço à medida que ela graciosamente aceitou os presentes ordenadamente embrulhados. O problema, no entanto, estava no efeito disso na estrutura daquela família:

> No tumulto, ninguém, além da mãe, notou que o pai das crianças tinha silenciosamente deslizado para fora da sala. Só depois que os convidados se foram, e as crianças tinham rasgado as embalagens para achar os tesouros que estavam dentro, foi que um dos pequenos perguntou onde estava o pai. Ninguém questionou a resposta da mãe dizendo que ele tivera que ir até a loja. Mas, depois de organizar esses tipos de eventos de caridade de Natal durante anos, eu estava presenciando um lado que nunca tinha notado antes: como um pai é emasculado em sua própria casa, na frente de sua esposa e filhos, por não ser capaz de oferecer presentes a sua família, como uma mulher é forçada a proteger seus filhos do constrangimento do marido, como as crianças recebem a mensagem de que "as coisas legais" vêm de pessoas ricas por aí e é tudo de graça.[31]

Lupton diz que foi só depois de se tornar vizinho de uma família assim que foi capaz de ver o que estava fazendo com esse tipo de caridade. "Em plena véspera de Natal, naquela sala de estar, tornei-me dolorosamente ciente de que nem toda caridade é boa caridade", diz ele. "Até mesmo as doações mais bondosas e de motivações mais justas, tão inocentes quanto presentear brinquedos de Natal para crianças carentes, podem causar um dano involuntário à dignidade dos pais". Ao perceber que esse era o efeito principal de suas obras de caridade, o autor jurou para si mesmo: "Esse tipo de caridade tem que parar [...]. O custo era muito grande, e a dor emocional muito severa. Tinha que haver uma forma melhor".[32]

Tudo ficou apenas na dor de consciência? De forma alguma. Lupton conta que, no Natal seguinte, eles encerraram aquele programa de doação de presentes no modelo de adoção de famílias. "Quando as famílias dotadas de recursos telefonavam para contribuir para uma família que precisasse, perguntávamos se estariam dispostos a dar um presente extra naquele ano — a dádiva de dignidade aos pais." O plano era que, em vez de entregar brinquedos diretamente nas casas dos pobres, os doadores trariam presentes sem qualquer embrulho especial para uma loja preparada especificamente para isso. Cada brinquedo era vendido a um preço meramente simbólico, e os pais do bairro carente eram convidados a comprá-los para seus filhos. "Aqueles que não tinham dinheiro poderiam trabalhar na loja, ganhando o que precisavam para suas compras. Desta forma, os pais da cidade experimentaram a mesma alegria na manhã de Natal que a maioria dos outros pais por todo o país: a de ver seus filhos abrirem os presentes comprados por meio dos esforços de suas próprias mãos." O que aconteceu foi que os pais de baixa renda preferiram trabalhar para comprar presentes para os filhos a ficar em filas para conseguir brinquedos de graça com seu "atestado de pobreza".[33] Esse tipo de serviço só é possível quando estamos interessados em desenvolver os homens que vivem em pobreza, mais do que simplesmente transferir renda de forma direta.

A paridade é encontrada em relações de mercado entre dois membros da sociedade (comprador-vendedor) mais que em situações de caridade (doador-recebedor). Deixar, por exemplo, que moradores de rua comprem suas próprias roupas em lojas de segunda mão (quase inexistentes no Brasil, talvez por motivos mais culturais que econômicos) ou em camelôs do mercado informal dá a eles o desenvolvimento de autonomia e uma relação humana equitativa, enquanto receber roupas escolhidas por outros os torna seres cada vez mais passivos e inferiores.

A pobreza subsidiada também acaba gerando a morte do poder de autodesenvolvimento de comunidades carentes. Segundo o autor, algumas pessoas comentam que não veem motivos para pedir dinheiro emprestado em iniciativas de crédito, uma vez que as igrejas já lhes dão dinheiro com alguma frequência: "Décadas de auxílio gratuito vindo de benfeitores bem-intencionados produziram uma mentalidade de direito e erodiram qualquer espírito de empreendedorismo e autossuficiência". Isso se dá porque, onde quer que haja a sustentação de doação unilateral, sem desenvolvimento na comunidade ajudada, dinâmicas nocivas e patologias se inflamam sob a capa da bondade.[34]

A MÁFIA DOS MENDIGOS

Um dos autores de *When Helping Hurts* conta sobre quando ele e a esposa ajudaram a mobilizar a própria igreja para ser voluntária em um abrigo cristão para pessoas sem teto. Eles afirmam que, uma vez por mês, os membros da igreja compravam comida, preparavam uma refeição, serviam os moradores do abrigo e limpavam tudo depois. Eles faziam tudo, mas não estavam ajudando a desenvolver aqueles homens para fora de uma cultura de miséria autoimposta. Estavam tirando o homem da rua sem tirar a rua do homem.

Eles, como igreja, nunca haviam pedido que os desabrigados levantassem um único dedo em todo o processo. Eles escrevem: "Uma abordagem mais desenvolvimentista teria buscado uma maior participação desses homens em sua própria reabilitação, pedindo-lhes que exercessem a mordomia como parte do processo de começar a reconciliar seus relacionamentos-chave", de forma que eles poderiam ter envolvido os homens em cada passo do processo de ajuda, desde o planejamento da refeição até a compra da comida, ajudando com o serviço, a preparação da refeição e a limpeza do ambiente. "Poderíamos ter feito a ceia com os homens, trabalhando e comendo lado a lado, em vez de dar a ceia aos homens, engajando-nos numa dinâmica de provedor-receptor que provavelmente confirmava nosso senso de superioridade e seu senso de inferioridade",[35] escrevem.

É por isso que ações como a da *Traços*, em Brasília, acabam por fazer bem aos moradores de rua no processo de conquista de autonomia. A *Traços* é uma revista sobre manifestações culturais da capital brasileira, com conteúdo exclusivo sobre arte, música, lugares, pessoas etc. A grande diferença do projeto é que pessoas em situação de rua são as únicas responsáveis por comercializar a revista. Segundo as próprias, o preço de capa é de 5 reais, dos quais 4 reais vão direto para o bolso do vendedor e o real restante dá direito a um novo exemplar, que alimenta o ciclo de trabalho, geração de renda e conquista do próprio significado.

Você ajuda a devolver o senso de dignidade quando cobra que a comida seja merecida, que o sustento seja alcançado. Se você troca comida por algum tipo de serviço, a comida vira uma recompensa menor. O senso de alcance e merecimento é muito mais importante que o alimento em si. Quando damos comida em troca de nada, pensamos estar realizando um ato de amor e bondade, cremos praticar algo cristão, manifestando desprendimento financeiro, mas deixamos de dar o maior bem que um mendicante precisa: a sensação de conquista do próprio bem. Se houver muita gente que cobre algo em troca do pão, de pão em pão o homem percebe que esmola gratuita é pior que fome. O que temos que fazer é parar de oferecer paliativos para oferecer soluções. Enquanto oferecemos paliativos, damos uma estrutura de incentivo à permanência e até o absurdo atrativo a miséria. É preciso deixar os paliativos impessoais e irrestritos e passar a dar soluções consideradas e personalizadas para cada pessoa.

Os brasileiros são costumeiramente educados a depender do Estado, e isso nos faz ter pouco interesse em correr atrás de nossas próprias coisas. Isso se mostra na dependência da previdência pública, por exemplo. O brasileiro simplesmente não tem cultura de acumulação e poupança porque espera receber tudo do "outro". Segundo amigos de Brasília, o senso comum em torno do ideal de vida ser se tornar servidor público com intenção fisiologista é sufocante. Empresários são vilões. Estudiosos são bobos. Empreendedores são homens incapazes de passar em um concurso. Todos somos ensinados a desejar uma vida recebida de mão beijada. Os mendigos não são diferentes de nós.

UMA TEOLOGIA DA CARIDADE ENGAJADA

Alguns podem achar muito anticristão um pastor defender esse tipo de coisa. Espera-se que movimentos religiosos tenham uma abertura sempre presente aos que dão o menor sinal de necessidade. Existem pelo menos três textos bíblicos muito interessantes para mostrar como até a teologia bíblica condena a caridade impessoal e irrestrita. O primeiro deles está na primeira epístola de Paulo a Timóteo, no capítulo 5:

> Trate adequadamente as viúvas que são realmente necessitadas. Mas se uma viúva tem filhos ou netos, que estes aprendam primeiramente a colocar a sua religião em prática, cuidando de sua própria família e retribuindo o bem recebido de seus pais e avós, pois isso agrada a Deus. [...] Não inclua

nessa lista as viúvas mais jovens, pois [...] aprendem a ficar ociosas [...]. Portanto, aconselho que as viúvas mais jovens se casem, tenham filhos, administrem suas casas [...]. Se alguma mulher crente tem viúvas em sua família, deve ajudá-las. Não seja a igreja sobrecarregada com elas, a fim de que as viúvas realmente necessitadas sejam auxiliadas.³⁶

Segundo Paulo, se uma viúva entra em situação de dificuldade financeira, quem deve tirá-la desta situação é ela própria. Como as mulheres não possuíam carreira profissional naquela época, a busca pelo próprio sustento estaria atrelada a contrair novo matrimônio. Quando a necessidade aparece, a responsabilidade primária no que tange a ser retirado de tal situação é do próprio indivíduo. Paulo não se importou, em sua argumentação, com o fato de que as mulheres não conseguiriam trabalhar e por isso precisariam encontrar sustento de outras formas, como se casando novamente. Claro que, se lermos isto com olhos anacrônicos, impondo nossa cultura e nossa realidade àquela época, julgaremos mal o fato. O ponto que queremos evidenciar é que as circunstâncias sociais mais difíceis às mulheres não foi desculpa para que Paulo as considerasse escusas da própria responsabilidade de encontrar sustento. A vida é dura para todos — mais para uns, menos para outros. Mas ela nunca é fácil. Todos devemos dar conta de nossas próprias coisas e assumir a responsabilidade por nossa própria vida. Paulo sequer entrou na questão de viúvas jovens que não conseguiriam, por um motivo ou outro, se casar. Como eram jovens e atrativas ao casamento (já que haviam sido atrativas ao primeiro marido, agora falecido), elas não possuíam desculpa para não buscar o próprio sustento em um novo relacionamento afetivo. Pessoas saudáveis e aptas a trabalhar não possuem desculpas para terceirizar a responsabilidade pela própria subsistência, ainda que as circunstâncias não sejam favoráveis.

O apóstolo então passa ao caso de mulheres para quem um novo casamento seria pouco provável, como as idosas. O conselho dele é que estas mulheres não fiquem correndo em busca de seduzir novos maridos, mas que dediquem sua velhice ao ensino das mulheres mais novas. Como estas sobreviveriam, então, sem um marido que as sustentasse em meio a uma sociedade que desprezava o trabalho feminino? No caso destas viúvas idosas, que pouco provavelmente entrariam em novos casamentos, a responsabilidade de cuidar de suas necessidades seria da família. Perceba a lenta gradação de uma esfera hierarquicamente inferior para uma esfera imediatamente superior. Os familiares eram responsáveis morais pelo sustento de seus velhos — a assistência familiar é inexistente na maioria da população de rua. A igreja não deveria assumir a responsabilidade financeira de ajudar pessoas que possuem familiares aptos a servi-las.

Paulo então considera a hipótese de tais familiares serem relapsos nos cuidados de seus velhos. É aí que a igreja entra no cuidado dos necessitados? Também não. A função da igreja é conscientizar os membros da família para que estes assumam suas funções. Em vez de assumir uma função de assistência, a igreja se esforça para que os responsáveis primários pelo cuidado do indivíduo necessitado cumpram bem sua função. É bom considerar que o apóstolo está fornecendo uma regra geral. Isso não significa que uma pessoa apta ao trabalho que não consegue emprego, mesmo o buscando com vigor, não deva receber ajuda da comunidade. Essa é uma hipótese que as aplicações deste verso não excluem. Isso também não significa que um indivíduo que passa dificuldade enquanto é desprezado por familiares que poderiam ajudá-lo não possa ser servido paliativamente pela igreja local. A forte lição deste texto é que, antes de assumir qualquer ajuda por alguém, devemos nos esforçar para que tais pessoas assumam as próprias responsabilidades, ou para que os responsáveis mais próximos, como os familiares, tomem atitudes necessárias, esforçando-se para que as esferas voltem a cumprir suas funções principais.

O mesmo princípio aparece na terceira epístola de João, nosso segundo texto bíblico. Quando a igreja local falhou em cuidar daqueles que estavam sob sua responsabilidade (missionários), o apóstolo João não evocou nenhuma esfera superior, mas retornou à esfera inferior. João escreve sua terceira epístola ao presbítero Gaio porque o que ele escreveu à igreja local anteriormente foi rejeitado por Diótrefes, um membro da igreja que buscavam exercer primazia sobre todos (v. 9). O ponto é que a igreja local não estava recebendo bem os pregadores itinerantes e algo precisava ser feito quanto a isto. A solução de João foi evocar um indivíduo, um presbítero da igreja, não para simplesmente fazer a igreja voltar à sanidade (João faria isto quando fosse pessoalmente lá, v. 10), mas para pessoalmente receber os irmãos e lhes fornecer sustento financeiro. Quando a esfera superior (igreja) não deu conta de sua responsabilidade, João evocou novamente a esfera inferior (indivíduo).

No terceiro capítulo da segunda epístola de Paulo aos Tessalonicenses encontramos um terceiro texto interessante para nossa questão:

> [...] se alguém não quiser trabalhar, também não coma. Pois ouvimos que alguns de vocês estão ociosos; não trabalham, mas andam se intrometendo na vida alheia. A tais pessoas ordenamos e exortamos no Senhor Jesus Cristo que trabalhem tranquilamente e comam o seu próprio pão. Quanto a vocês, irmãos, nunca se cansem de fazer o bem. Se alguém não obedecer à nossa palavra por esta carta, marquem-no e não se associem com ele, para que se sinta envergonhado; contudo, não o considerem como inimigo, mas chamem a atenção dele como irmão.[37]

Paulo está preocupado com um grupo de pessoas que está vivendo de forma ociosa, sendo sustentado pela caridade da igreja. Estes, por conta da falta de operosidade, ocupam-se da vida dos outros. A falta de produção do bem só gera deturpação do caráter. A recomendação cristã, aqui, parece muito severa. Quem não quer trabalhar também não deveria ter o que comer. É simples como a água. Paulo não está se referindo a pessoas que por motivos variados não *conseguem* trabalhar, mas a pessoas que poderiam estar trabalhando, mas não estão por pura falta de disposição. Estas não devem receber caridade, mas as consequências do próprio desagravo moral. As igrejas não devem continuar sustentando pessoas que não querem trabalhar, já que isso só vai ajudá-las a viver ainda mais longe do trabalho. Devemos conscientizar os *ociosos por vontade* que trabalhem tranquilamente e comam o seu próprio pão. Os que se recusarem devem ser identificados e rejeitados, para que se sintam envergonhados.

Existe um problema de institucionalização do desvio moral através do fornecimento de estruturas que removam as consequências desagradáveis destes desvios. Isso nos impele a tomar cuidado para que ministérios religiosos ou grupos não governamentais não se tornem parasitáveis Devemos ser simbiônticos, nunca parasitados. Igrejas costumam ser ingênuas e alvos fáceis para quem apenas finge precisar de ajuda. Nada mais longe do Novo Testamento que o fetiche por caridade impessoal e irrestrita das comunidades cristãs de grandes cidades.

Paulo diz que deve existir uma lista com as viúvas que são ajudadas pela igreja e que os ociosos devem ser conhecidos e evitados. Como perceber quem está realmente em crise e quem está apenas tentando se aproveitar da caridade, como Paulo nos indica? Steve Corbett e Brian Fikkert nos dão excelentes dicas em *When Helping Hurts*. Em primeiro lugar, devemos sempre agir com um nível racional de descrença. Você está realmente diante de uma crise? Se você não fornecer ajuda imediata, haverá realmente consequências sérias e negativas? Caso contrário, o alívio não é a intervenção apropriada, pois há tempo para a pessoa agir por si mesma e ser desenvolvida como pessoa de forma não dependente.

Em segundo lugar, devemos questionar até que ponto o indivíduo foi pessoalmente responsável por sua crise. É claro que a compaixão e a compreensão devem sempre acompanhar nosso julgamento, especialmente quando percebemos os fatores sistêmicos que podem desempenhar um papel na asseveração da pobreza, como regulamentações trabalhistas injustas. Ainda assim, é importante considerar a própria culpa da pessoa na situação, uma vez que permitir que as pessoas sintam um pouco da dor resultante de qualquer comportamento irresponsável pode ser parte do amor exigente necessário para facilitar o aprendizado que trará um alívio duradouro da pobreza. O objetivo não é punir a pessoa por quaisquer erros ou pecados cometidos, mas garantir que as lições apropriadas sejam aprendidas com essa situação.

Seguindo esse princípio, a legislação previdenciária brasileira sofreu uma alteração muito positiva em 2015. Antes, se um contribuinte falecesse e deixasse um pensionista, essa pessoa receberia a pensão pelo resto da vida. Hoje, a regra é gradativa, reduzindo o tempo de pensão de acordo com a idade. Quanto mais novo o pensionista, menos tempo ele recebe, segundo a ideia de que o benefício deve ser concedido somente pelo tempo que ele precisa para se reestruturar, desde que não faça parte do grupo de pessoas que precisam receber pelo resto da vida, como os deficientes.

Em terceiro lugar, devemos ser amorosos e cuidadosos quando tentamos perceber se a pessoa pode realmente ajudar a si mesma, e de que forma. Se ela puder, então será prejudicial fazer o que ela poderia por si só. Quase nunca é apropriado fazer o dever de casa no lugar dos filhos, assim como não devemos tirar das pessoas a possibilidade de aprender a resolver os próprios problemas. Isso prejudica a sua capacidade de desenvolver seus próprios recursos e habilidades.

Em último lugar, precisamos considerar até que ponto uma pessoa já recebeu ajudas no passado ou no presente. Por mais bondosa e especial que seja a sua igreja ou ONG, ela pode não ser a única promotora de bondades emergenciais a uma pessoa ou grupo. A pessoa pode estar obtendo assistência de emergência de uma igreja ou organização após a outra, de modo sequencial e constante, e seu "só dessa vez" pode ser o décimo "só dessa vez" que recebeu recentemente.

Eu fico particularmente motivado pelo relato de cura do homem coxo do livro dos Atos dos Apóstolos, na Bíblia cristã. Quando Pedro e João chegam ao templo no período dedicado à oração, um mendigo posto à porta os interpela por dinheiro. Os apóstolos não o ignoram, mas também não lhe satisfazem o interesse financeiro: "Vendo que Pedro e João iam entrar no pátio do templo, pediu-lhes esmola. Pedro e João olharam bem para ele e, então, Pedro disse: 'Olhe para nós!'. O homem olhou para eles com atenção, esperando receber deles alguma coisa" (Atos 3,3-5).

Antes de qualquer ato de caridade, Pedro estabelece um contato olho no olho. Não podemos fazer isso significar mais do que representa, mas há algo muito profundo no fato de que, antes de fornecer o que quer que seja, Pedro se interessa em um relacionamento humano. O mendigo olha, achando que ganhará apenas recursos, mas eles não oferecem qualquer dinheiro, e sim algo muito superior, a cura daquilo que causava a sua miséria: "Disse Pedro: 'Não tenho prata nem ouro, mas o que tenho, isto lhe dou. Em nome de Jesus Cristo, o Nazareno, ande'. Segurando-o pela mão direita, ajudou-o a levantar-se, e imediatamente os pés e os tornozelos do homem ficaram firmes" (Atos 3,6-7). Ao perceber uma necessidade urgente, Pedro e João agem emergencialmente em direção a uma cura real.

Você pode discordar de mim, mas acho que, ao contrário dos apóstolos dos tempos bíblicos, não temos como realizar obras sobrenaturais de forma tão intensa, controlada e frequente a ponto de irmos às praças curando de maneira definitiva, com algumas palavras, as mazelas que mantêm os homens na rua. Mesmo assim, devemos usar os recursos ordinários e naturais que temos à nossa disposição para fazer o mesmo que os apóstolos fizeram na sobrenaturalidade. Interpretar os chamados à esmola como chamados ao envolvimento. Estabelecer contatos humanos sérios, olho no olho, e pegar pelas mãos aqueles que não estão conseguindo andar. A esmola não é necessariamente a postura mais cristã a se tomar diante do miserável: a cura milagrosa — das formas mais rotineiras que milagres acontecem nos corações —, sim.

REABILITAÇÃO E DESENVOLVIMENTO

Quando percebemos que o alívio é a melhor resposta em uma determinada situação de miséria, precisamos compreender que ele deve ser *imediato* e *temporário*. Corbett e Fikkert dizem que, se uma pessoa está no meio de uma crise e não é capaz de ajudar a si mesma, então é crucial que receba uma resposta urgente. Por exemplo, quando ocorre um desastre natural em larga escala, as vítimas não podem esperar semanas enquanto grupos de socorro pensam no que devem fazer. O que é verdade para desastres em larga escala é verdadeiro para a mulher espancada que bravamente pede por ajuda, buscando algum abrigo seguro para si e para os filhos. Enviá-la de volta para casa enquanto analisamos melhor a situação nunca é a melhor resposta. É melhor analisar com a mulher em segurança que no risco de novas agressões.[38]

Em segundo lugar, continuam os autores, o alívio também deve ser temporário, fornecido apenas durante o tempo em que as pessoas não conseguem se ajudar, visando sempre uma estrutura de progresso e aperfeiçoamento que dê ao indivíduo ajudado meios de não necessitar mais daquela investida emergencial. Claro que não é fácil determinar quando parar o esforço de emergência. Se por um lado, podemos cometer o erro de acabar com a nossa assistência cedo demais, por outro podemos prolongá-lo indevidamente, criando todo tipo de dependência. Precisamos sempre de meios para definir o grau, a frequência e a duração dos esforços emergenciais.[39]

Por exemplo, seis anos após o furacão Katrina ter atingido Nova Orleans, muito tempo depois que a cidade já deveria ter se planejado para receber projetos de desenvolvimento a longo prazo, igrejas e organizações missionárias ainda promoviam a crise em suas ações de marketing e levavam milhares de voluntários até a cidade para distribuição de comida e roupas aos que outrora haviam sido vítimas, mas já não eram mais. Isso dificultava o progresso social, já que a caridade irrestrita gerava dependência. "Quando o alívio à dificuldade não serve de transição para o desenvolvimento de forma oportuna, a compaixão torna-se tóxica",[40] afirma Lupton.

> A misericórdia é uma porta, uma simples abertura — ou mesmo um convite — para tocar uma vida e fazer a diferença. Mas ela não é um destino em si. Aqueles de nós que ficam presos em um ministério de misericórdia passamos a nos perceber impacientes com os beneficiários de nossa bondade, e nos perguntamos por que eles não se ajudam a si mesmos mais. Também passamos a sentir um crescente desconforto com as meias verdades que eles nos dizem para justificar o seu persistente retorno para mais caridade. Misericórdia que não se move intencionalmente na direção do desenvolvimento (justiça) vai acabar fazendo mais mal do que bem a ambos, tanto doador quanto beneficiário.[41]

É por isso que o trabalho emergencial precisa seguir para as fases subsequentes. Se não há mais (ou nunca houve) necessidade de fornecer alívios emergenciais, passamos à *reabilitação* e ao *desenvolvimento*. O trabalho de reabilitação deve começar assim que o sangramento é interrompido. Você precisa dar o peixe para quem está tão faminto que não consegue pescar, mas as aulas de pescaria devem começar assim que o beneficiado começar a chupar as espinhas. Devemos procurar um caminho de restauração para as pessoas e suas comunidades. A principal característica da reabilitação é uma dinâmica de trabalho com as vítimas da miséria para que elas possam participar da própria recuperação.[42]

O homem precisa querer ser reabilitado. Quem se acostuma com o chão das delícias pode rejeitar convites para o avanço e o progresso. Se as prisões são universidades do crime, as ruas são universidades da preguiça e inutilidade confortável, e alguns fazem questão de atuar em sua área. Muitos moradores de rua já decidiram que vão morar na rua para sempre, ainda que às vezes digam o contrário. Disse o pregador americano Timothy Keller:

> O objetivo da misericórdia não é somente prestar socorro imediato ou estancar o sofrimento. Nosso verdadeiro objetivo deve ser *restaurar* o pobre. Temos de erguer a pessoa cuidadosamente até que ela se torne autossuficiente; isso significa que devemos, em amor, exigir cooperação cada vez maior da parte dela.[43]

O desenvolvimento precisa se iniciar como um processo de mudança contínua que move todas as pessoas envolvidas, tanto os que praticam a caridade quanto os que a recebem — os ajudantes e os ajudados. O objetivo é manter todos mais próximos de um relacionamento correto com a realidade, consigo mesmos, com os objetos de transcendência moral e espiritual, com o passado e com o resto da criação. Em particular, à medida que vão se desenvolvendo materialmente, os pobres são mais capazes de viver com maior eficácia a vida profissional e social, trabalhando e apoiando a si mesmos e suas famílias com os frutos desse trabalho. O desenvolvimento não é feito para o mendigo, mas pelo mendigo e com o mendigo. A principal dinâmica no desenvolvimento está em promover um processo de capacitação no qual todas as pessoas envolvidas se tornam mais daquilo que podem ser no mundo, potencializando suas atuações em um contexto de ordem e propósito.[44]

É por isso que os círculos concêntricos de intervenção[45] propostos por Timothy Keller nos ajudam a pensar em um caminho gradual de desenvolvimento. Segundo o modelo de Keller, existem três círculos concêntricos dentro dos ministérios de assistência:

> *Círculo 1: assistência direta.* Sopão, assistência médica, ajudas emergenciais gerais.

Círculo 2: assistência informacional e aconselhamento. Ajudas e aconselhamentos sobre como lidar com depressão, estresse, problemas conjugais, criação de filhos, abuso de drogas e álcool. Pode acontecer em terapias individuais ou em grupos.

Círculo 3: advocacia. Assistência jurídica para mediação de conflitos com a justiça, questões conjugais passadas, pensão, problemas e processos trabalhistas passados. Assistência no labirinto de obrigações e burocracias.

Nos ministérios de transformação, há dois círculos:

Círculo 4: transformação individual. Treinamento em finanças pessoais, programas de alfabetização, cursos profissionalizantes, preparação e organização de moradia.

Círculo 5: transformação da comunidade. Criar um senso de pertencimento na vida do mendigo que o leve a agir em favor do novo mundo onde tenta se estabelecer. Estabelecimento de cooperativas, de pequenos negócios subsidiados temporariamente.

Já nos ministérios de reforma, temos os dos círculos finais.

Círculo 6: informação por justiça. Devemos falar sobre os problemas da sociedade. Não basta vermos a miséria e a pobreza sem nada dizermos a respeito. Sem informação correta, não há ação transformadora.

Círculo 7: intervenção por justiça. Devemos nos esforçar por intervenções jurídicas e políticas a favor de uma sociedade mais justa e honesta, onde os relacionamentos entre os indivíduos se deem de forma correta.

O trabalho precisa ser holístico, então apenas instituições que lidam com o homem como um todo podem ser eficientes neste processo. Como cada um de nós, os pobres "têm uma série de necessidades físicas, emocionais, sociais e espirituais."[46] Para que esse processo de desenvolvimento comece, precisamos vencer a invisibilidade mendicante. Precisamos entender o que acontece para poder estabelecer ações corretas. Existem muitos males a serem sanados na vida do mendigo profissional para o ajudarmos a sair dessa condição, problemas que nem todo o dinheiro do mundo é capaz de sanar. Sem escuta, não temos como entender o que fazer.

Antes de pensar em como construir uma comunidade capaz de restabelecer a vida de homens mendicantes, precisamos construir uma comunidade que esteja interessada em ouvir estas pessoas e produzir ações a partir de escutas. Devemos batalhar para ouvir os mendigos antes de dizer qualquer coisa. Nesse processo, podemos pensar em ações que façam sentido a cada realidade e a cada homem especificamente. Como podemos contribuir para a formação de uma compreensão da realidade de cada contexto? Keller indica cinco elementos que compõem o perfil de cada mendigo a ser auxiliado, e que podem servir de base para iniciarmos os processos de aproximação:

1. *Necessidades.* Quais as necessidades sentidas pelas pessoas? Quais os maiores problemas apontados por eles mesmos? Quais necessidades parecem estar mais negligenciadas por outros grupos de apoio?
2. *Expectativas.* Quais são seus maiores sonhos e esperanças? O que eles desejam alcançar? Quais seus maiores medos?
3. *Valores.* Quais práticas comuns do grupo parecem estar mais longe da vida social comum? Quais parecem estar mais próximas?
4. *Cosmovisão.* Qual é a perspectiva ou cosmovisão religiosa do grupo? Qual o nível básico de conhecimento transcendental do grupo?
5. *Histórico de ministérios.* Quais ministérios estão ajudando esse grupo? Por que são eficientes ou ineficientes?[47]

Adaptando o que Ligia Leite indica sobre crianças de rua, podemos pensar em sete ações práticas que nos auxiliam a responder outras questões mais contextuais sobre os indivíduos que queremos ajudar:

1. Verificar a existência ou não de pessoas nas ruas de sua cidade ou de seu bairro, as áreas em que se concentram e em qual grupo de vulnerabilidade estão inseridas.
2. Conversar ou entrevistar os próprios mendigos para saber as principais razões pelas quais eles alegam viver nas ruas.

3. Entrevistar pessoas que vivem nas regiões onde se concentram os homens de rua, transeuntes e policiais que ali trabalhem, para saber a opinião deles a respeito desse problema.
4. Entrevistar autoridades da prefeitura, para saber como elas aplicam políticas públicas e que resultados esperam obter.
5. Tentar conhecer o trabalho feito pelas ONGs com essas pessoas para saber que dificuldades enfrentam e quais resultados têm obtido.
6. Descobrir se há, na cidade, alguma delegacia ou instância do Poder Judiciário dedicada exclusivamente a questões envolvendo gente oriunda da miséria. Entrevistar as pessoas que ali trabalhem, identificando a visão que elas têm do problema.
7. Por fim, com o material reunido, escolher, junto com os responsáveis pelo grupo de pesquisa, a melhor maneira de apresentá-lo (seminário, exposição, mural etc.) a toda a sua comunidade (ONG, igreja etc.).[48]

Alguns pontos que percebi nas ruas, ainda que limitados, podem ajudar a guiar e responder certas questões.

Idealmente, é depois que as cinco perguntas são respondidas e as sete ações são tomadas que temos algum repertório para começar a trabalhar em relacionamentos reabilitadores, usando os círculos de intervenção. Nada é totalmente sistemático e necessário, nem todos os passos precisam ser seguidos em regime militar para que possamos servir com eficácia em ministérios de misericórdia, mas, quanto mais informação coletarmos, mais demonstraremos interesse nos homens que desejamos sarar.

NOVAMENTE, O COLETIVISMO

O que eu falo não é exatamente novo. Há uma miríade de profissionais da pobreza que entenderam essa questão. A nocividade da caridade impessoal e irrestrita é senso comum para muita gente. O problema está na alternativa. Se o problema não está nas faltas pessoais do pobre, a culpa precisa ser lançada em algum outro lugar. Como não é conveniente aos boletos de quem sobrevive da miséria alheia culpar os próprios mendigos pela escolha de vida que fizeram, dois novos responsáveis aparecem em cena: as políticas públicas e a sociedade.

Ainda não sei se este segundo coletivismo é causa ou é causado pelo primeiro, que tratamos no primeiro capítulo, mas há uma relação um tanto íntima entre ambos. É quando não apenas despersonalizamos os mendigos, mas despersonalizamos a caridade, e passamos a acreditar que os representantes do governo civil devem assumir o papel, no lugar de toda a sociedade, de fazer alguma coisa pelos mendigos, escusando-nos de qualquer relacionamento privado. Em 2006, a prefeitura de Belo Horizonte desenvolveu uma campanha contra a doação de esmolas. Membros da Secretaria Municipal de Assistência Social afirmaram que os problemas com os menores estavam praticamente resolvidos. Era visto com desaprovação o fato de comprar uma bala da criança que a vendesse no sinal, ou mesmo dar esmolas aos pedintes. O motivo? Segundo uma assistente social, "a prefeitura tem programas que atendem todos que precisam". Há quem diga que nos anos 1960 era popular um ditado segundo o qual ajudar os pobres individualmente representava algum tipo de alienação sentimental burguesa.

A política estatal acaba afetando as mentalidades privadas. No ano de 1996, quando o debate sobre reforma previdenciária nos Estados Unidos estava ainda muito acirrado, um repórter perguntou a determinado líder religioso qual seria a reação dele diante daqueles que pediam uma menor intervenção do governo civil e uma participação maior das comunidades religiosas na assistência aos pobres. A resposta do clérigo foi: "Por que nós devemos fazer o trabalho do governo?". Para esse membro do clero, o cuidado previdencial dos pobres era responsabilidade do governo civil, não da Igreja cristã.

O que se esquece com muita frequência é que não existe nada que o governo possa fazer para produzir o bem que não diminua as potencialidades do cidadão em fazê-lo. Lembre-se de que o governo não tem dinheiro. Todo o dinheiro que é gasto na produção estatal do bem vem do bolso do contribuinte. Logo, ao tentar produzir o bem, o Estado precisa retirar de mim recursos que eu poderia usar para produzir bondade. Neste processo, o governo ainda acaba engolindo para si uma parte destes recursos a fim de financiar o próprio esquema de arrecadação e pagar funcionários da bondade, já que não existe voluntariado no caso da bondade estatal.

Com essa diminuição dos recursos, então, o governo acaba produzindo menos bem do que o cidadão produziria se tais valores não tivessem sido subtraídos de seu bolso. Ao tentar fazer o bem, em vez de apenas louvá-lo, o Estado diminui a quantidade de bem que poderia existir no mundo. A bondade governamental é só maldade maquiada. Nas palavras de Harry Browne, o governo é muito bom em saber como quebrar nossas pernas: dá-nos um par de muletas e tenta nos convencer de que não poderíamos andar sem sua gloriosa ajuda.[49] É um contrassenso, como acusado por Thomas Sowell ainda nos anos 1980:

> É incrível como algumas pessoas acham que nós não podemos pagar médicos, hospitais e medicamentos, mas pensam que podemos pagar por médicos, hospitais, medicamento e toda a burocracia governamental para administrar isso.[50]

A mentalidade acadêmica comum diz que nós não devemos ajudar os mendigos, mas pagar o salário de alguém que vai usar nossos recursos para ajudar os mendigos. Eu duvido que o governo civil tenha capacidade de selecionar direito quem são aqueles que realmente precisam de cuidado, perceber qual tipo de cuidado é mais urgente e fornecer meios de interação humana para acompanhar de forma eficaz quem estiver sendo tratado. Não é por menos que o governo civil é inexistente nos bolsões de mendicância.

O dr. Dalrymple conta sobre um homem de meia-idade, morador de rua, que chegou a seu hospital em condição desesperadora: inconsciente, desidratado e com gangrena. Depois de fugir de um hospital psiquiátrico, o homem acampara próximo a um condomínio de luxo comendo nada e bebendo pouco, até chegar àquela situação. Por que aquele homem foi ignorado ao ponto de a gangrena lhe comprometer a perna que seria amputada? Dalrymple argumenta o seguinte:

> Talvez os milhares de transeuntes que viram o infeliz sujeito enfraquecer a ponto de chegar à beira da morte estivessem tão acostumados com a ideia de que o Estado iria (e deveria) intervir naquilo que não sentiriam como um dever pessoal agir em prol desse homem. Afinal, a pessoa não

paga metade da sua renda em impostos para assumir responsabilidade pessoal pelo bem-estar do próximo! Os impostos devem prevenir a falta de cuidados não só do contribuinte, mas de todas as demais pessoas. Assim como ninguém é culpado quando todos o são, ninguém é responsável quando todos o são.[51]

Sempre que um ongueiro bem remunerado ou o líder do ministério de ação social de alguma igreja influente vai às ruas pedir que o Estado faça alguma coisa, ele não percebe a triste contradição que seu ato representa. Ele não vê que ele próprio é um indivíduo que decidiu espontaneamente ir às ruas enquanto o governo civil apenas sustenta inutilmente seus funcionários e sua própria estrutura sem nada ou muito pouco devolver ao cidadão. Ele, porém, está lá. O homem. O indivíduo. O igual. O cidadão que saiu espontaneamente de casa e foi lutar pelos pobres, mesmo que seja uma luta vã: ele pede ao inútil que largue sua inutilidade e vá fazer o que nunca fez direito. Ele não vê que a força real está ali, nele. Nós não precisamos de mais força de Estado tentando dar algo ao pobre enquanto tira à força de todos os outros. Precisamos é de homens e mulheres que parem de ir às ruas para pedir que o governo faça algo e concentrem suas forças em fazer efetivamente algo pelo pobre.

O pobre precisa de transformação pessoal e oportunidades de mercado. Não é de projetos de caridade, não é de sopa na madrugada, não é de bolsa governamental, não é dos kits higiênicos que as igrejas distribuem. O pobre precisa de uma modificação pessoal que transforme seu modo de se localizar na sociedade e na realidade concreta, além de um contexto de mercado que seja aberto para receber profissionais com pouca instrução, passado sujo e presente incerto. O resto serve para relatório missionário, propaganda política e arrefecimento de consciências. Criar configurações de mercado não está acessível a todo mundo, mas fornecer transformação pessoal é possível a quem desejar um engajamento real.

O Brasil não precisa de mais pessoas que gritem ao governo civil para que solucione os problemas dos pobres. O Brasil precisa é de mais pessoas que coloquem a mão na massa para o serviço dos desfavorecidos. Uma única pessoa que vá à favela com um projeto de inclusão social faz mais que vinte militantes que nada produzem além de mais estatismo.

HELP HURTS

Íngreme e perigosa, a estrada entre Jerusalém e Jericó era como atravessar um beco escuro de madrugada em alguma favela de uma cidade moderna. Mesmo assim, Jesus conta a história de alguém que assume o dano pessoal de ajudar um homem caído nesta estrada. Ela é conhecida como a parábola do Bom Samaritano. Havia alguém precisando de cuidados emergenciais que foi desprezado por homens que não desejaram se envolver com o desvalido, até que um habitante da cidade de Samaria apareceu. O texto diz que ele chegou perto do fraco, compelido pela dor do outro, e lhe forneceu tratamento médico emergencial, transporte até um ambiente seguro e cuidados posteriores. Ele pagou a hospedagem e investiu dinheiro nesse processo. Não apenas deixou dinheiro, sem envolvimento. Não foi uma caridade impessoal, mas relacional. Para falar de caridade, Jesus narrou a história de alguém que se arriscou e se envolveu.

Existe uma via sangrenta em toda praça. Cada rua é uma estrada entre Jerusalém e Jericó. O engajamento real para a transformação do morador de rua nos põe em risco, em algum nível. "É possível ferir as pessoas pobres, e nós mesmos, no processo de tentar ajudá-las. Mas não deixe que a verdade o paralise",[52] dizem os autores de *When Helping Hurts*. Em cada saída de casa, somos compelidos a um processo de aproximação e identificação. Mesmo assim, preferimos ignorar os fracos ou apenas nos envolver em nível superficial. De fato, as ações limpas e indolores com os mendigos são uma necessidade religiosa para muitas comunidades. Quando se crê que fora da caridade não há salvação, ações descompromissadas são um jeito de burlar a divindade com caridades *express* e de baixo risco. Para outros, pode ser até mesmo mero exibicionismo moral. No entanto, essa caridade irrestrita e impessoal não representa aquilo que a tradição cristã ensina sobre o cuidado com os perdidos. Há uma clara necessidade de engajamento pessoal e até dano próprio no cuidado dos pobres.

Lupton pergunta a um grupo que o ouvia palestrar: "Por que nós persistimos em dar comida, quando sabemos que isso promove a dependência?" Uma encantadora senhora deixou escapar: "Porque é mais fácil!", e continuou: "Custa muito menos tempo e dinheiro executar uma distribuição de alimentos, e é isso que as igrejas querem!" O autor diz que todos na reunião foram surpreendidos por aquela sinceridade, que não parou por ali: "As igrejas querem que seus membros se sintam bem a respeito do serviço aos pobres, mas ninguém quer realmente se envolver em relacionamentos bagunçados." Ela falou a verdade que muitos não tinham sequer se atrevido a nomear.[53]

O primeiro verso do Salmo 41 fala que é bem-aventurado o homem que "dá atenção" ao pobre. A tradição judaica não se contentava com alguma assistência social descompromissada, mas com a reestruturação do indivíduo. Quando você dispensa alguém que lhe pede dinheiro, pode ter deixado alguém um dia a mais sem crack ou um dia a mais sem comida. Quando dá dinheiro, pode ter alimentado ou embebedado uma criança. As campanhas públicas dizem que, como não sabemos o que o mendigo fará com os recursos, não devemos dar esmolas. Há certa correção nisto, mas por outra via. Não devemos dar esmola, devemos oferecer engajamento, identificação e aproximação restauradora. A pessoa que o atormenta por alguns trocados deveria atormentá-lo muito mais. Deveria levá-lo a um envolvimento. Não podemos ignorar nem agir ignorantemente.

Há um processo de abdicação pessoal que é importante no processo de cuidado com o desabrigado. O profeta Isaías diz que devemos beneficiar os famintos e satisfazer o anseio dos aflitos "com renúncia própria". Se eu me recuso a me envolver com a miséria humana por medo do que isso pode me causar, quem é o verdadeiro mendigo de alma? Quem está realmente doente, então? Desprezamos os mendigos porque, muitas vezes, eles se meteram nessas situações por falhas pessoais, mas e aqueles que sofrem por erros alheios? E quem gostaria de sair dessa situação, mas por algum motivo não tem recursos para isso? E aqueles que estão escondidos por trás da máfia dos mendigos? B. B. Warfield, citando Filipenses 2, fala sobre imitarmos a encarnação de Cristo:

> Sacrificar-se pessoalmente não significa ser indiferente ao nosso contexto e ao nosso próximo: significa nos absorvermos neles Significa nos esquecermos de nós mesmos nos outros. [...] Significa que não devemos viver uma única vida, e sim milhares de vidas, ligando-nos a milhares de almas por meio dos filamentos de uma compaixão tão amorosa que suas vidas se tornam nossas.[54]

O pobre precisa de quem se engaje com suas dores. Enquanto pesquisava para este livro, eu ensinava meus alunos no seminário teológico sobre evangelismo com moradores de rua. Parte dos trabalhos consistia em buscar mendigos e, sem qualquer alimento para oferecer, iniciar um relacionamento engajado. Uma das alunas começou a conversar com uma moradora de rua grávida que dormia nos arredores do seminário. Ela era viciada em drogas e com frequência tinha ataques lunáticos e explosões de ira. Desmaiava com alguma constância. Os alunos, com algum apoio da equipe do seminário e de suas igrejas, levaram a adolescente grávida a uma clínica. Depois, a aluna que iniciou o contato a levou para morarem juntas. A criança nasceu fora das ruas, mas a mãe, na casa dos 16 anos, voltou a usar drogas. O reitor do seminário, pastor da igreja que recebeu a jovem mãe, assumiu a guarda do menor enquanto a mãe se recuperava do vício em drogas — coisa que infelizmente nunca aconteceu. Hoje, ela está com aids, grávida novamente, ainda mora nas ruas e está ainda mais afundada no vício. A bebê, por outro lado, cresce linda e saudável com uma família que a ama, e foi resgatada de padecer nas ruas por pessoas que não ofereceram pão, mas engajamento real e humanidade. As drogas poderiam ter matado o bebê ainda no ventre. A mãe poderia ter contraído o vírus HIV durante a gravidez e contaminado a filha antes do seu nascimento. Mas uma vida infante foi salva porque alguém me ouviu compartilhar um pouco do que escrevi neste livro e decidiu agir de acordo. Para um autor, poucas coisas podem ser mais tocantes.

Isso aconteceu porque os alunos foram ensinados sobre a imagem de Deus que compõe a natureza de todo indivíduo, seja em casas ou em ruas. Precisamos de uma cultura de caridade bem estabelecida que veja o valor da figura humana e promova um senso de irmandade. Somos feitos da mesma matéria, vivemos no mesmo planeta, temos todos aparência semelhante — dois olhos, nariz com duas narinas, cabelo, cabeça, tronco... diferenças de biotipo são bobagem se comparadas às diferenças possíveis aos seres vivos. Há um senso de comunidade que deve unir todos os homens. Mais coisas nos unem que nos separam. Quando expulsamos o miserável, expulsamo-nos de nós mesmos, porque amordaçamos a dor e o incômodo que deveríamos sentir. Há uma tristeza que é pecado não sentir. Olhar para o pobre deveria machucar. Quando lutamos internamente para que não machuque, lutamos contra tudo o que nos faz bons e humanos. Tornamo-nos mendigos de humanidade, despejados do lar da bondade. Tornamo-nos os verdadeiros homens na rua.

CONCLUSÃO

O espírito de Cristo

O que os mendigos me ensinaram sobre Deus

> *Afastei-me de nosso círculo, depois de reconhecer que aquilo não era a vida, mas só algo semelhante a ela, que as condições de fartura em que vivemos nos privam da possibilidade de compreender a vida...*
>
> Liev Tolstói, *Uma confissão*[1]

Eu ficava muito impressionado com as descrições que meus professores de história do ensino médio faziam da famosa crise de 1929. Eu não tinha qualquer interesse por economia, mas me importava com a morte. Foi provavelmente meu contato adolescente com a depressão filosófica de niilistas e poetas do parnasianismo francês que me levou à conversão religiosa. A morte tanto me aterrorizava quanto me seduzia. Eu não sabia, mas era um durkheimiano nato. Por isso, quando os professores falavam de homens saltando de prédios ou explodindo as próprias têmporas porque tinham perdido tudo da noite para o dia, havia mais que curiosidade adolescente no meu estarrecimento. Eu não entendia que alguém escolhesse morrer porque havia ficado pobre.

Eu até já tinha ouvido falar de um parente de um colega que tomara uma overdose de remédios porque cansara de ser pobre, mas nada muito próximo da minha vida. Eu era pobre. Nasci na pobreza. Estava vivo para contar que não me matei. O que fazia com que alguém findasse a própria existência terrena porque passara a ter uma vida tão simples como a que eu levava por toda a existência? Eu julgava que, mesmo pobre, viver era melhor que morrer; outros demonstravam suas discordâncias atravessando com uma bala os dois lados da cabeça. O que me separava destes homens?

Por um lado, poderia ser a idade. Ser um adolescente pobre é muito diferente de ser um pai de família em dificuldade. Por outro lado, poderia ser a origem. Eu sempre fui pobre, enquanto o homem que faz uma visita inesperada à miséria não está adaptado àquela realidade. Mas, no fim das contas, parecia uma questão de conhecimento. Ao contrário deles, eu sabia. Eu sabia como era ser pobre. Não enfrentava uma expectativa, mas uma realidade diária de pobreza que não me parecia o fim do mundo, nem me tentava a escolher vencer a pobreza pelos portões do cemitério. Eles temiam tanto o desconhecido que preferiram fugir a pagar para ver.

Quando me casei aos 21 anos, com salário de missionário, um dos meus maiores medos era falir. Mês a mês tudo ia para a ponta do lápis, e cada virada de fatura era uma tensão. E se eu não conseguisse pagar as contas? Se não sobrasse para o aluguel? Se, no fim, parássemos na rua? Era minha crise de 1929, e eu não tinha arma para usar.

Nunca imaginei que passar um ano e meio fingindo ser mendigo me mostraria que ser mendigo não é tão ruim assim. Se eu quebrar, se tudo der errado, se eu chegar ao fundo do poço econômico e permanecer lá, sei que há muito o que viver. Quando se olha para o fundo escuro, não se imagina que o fundo do poço é quentinho. Você só descobre quando desce lá. Se eu perdesse tudo, ainda haveria muito que a vida teria que ralar para tirar de mim. Uma vida digna pode ser vivida nas mais diversas circunstâncias. Há mais dignidade de vida no barraco honesto que na mansão forrada de antidepressivos receitados como substitutos para a alma. Há mais vida digna em comer pão de dores, fruto do próprio suor, rodeado dos filhos, do que em se fartar de iguarias sem confiança, entrega, sacrifício ou relacionamento.

A tradição cristã não defende a necessidade de pobreza para a santidade, mas diz que a pobreza não é uma condição realmente miserável — a verdadeira miséria é espiritual, não financeira. Não é por menos que Paulo diz: "pois nada trouxemos para este mundo e dele nada podemos levar; por isso, tendo o que comer e com que vestir-nos, estejamos com isso satisfeitos" (1 Timóteo, 6,7-8). Comida e roupa são as únicas necessidades físicas reais do ser humano. Qualquer coisa além disto já deveria ser uma condição superior à satisfação. A falta de deslumbramento constante com todas as facilidades da vida moderna — água encanada, luz elétrica, fogão a gás, carros, televisores, sapatos e sorvetes — representa um desconhecimento das possibilidades de existência digna sem todas essas facilidades.

Se você pensar no que é realmente essencial para a existência, conseguirá viver com pouco, pouquíssimo. Em nível de necessidade, sua casa é um lixão. Você está rodeado de coisas de que não precisa. Você sai do supermercado com um carrinho cheio de inutilidades. Vive toda uma vida dedicada ao acúmulo de acessórios dispensáveis. Não é uma questão de jogar fora o novo conjunto de louça, mas de calibrar corretamente o senso de importância. Dostoievski acreditava que "a melhor definição do homem seja: um bípede ingrato".[2] Nós não percebemos que nadamos no luxo e na facilidade mesmo sendo considerados pobres.

Nós nascemos sem nada e morreremos sem nada. Nada trouxemos para este mundo e dele nada podemos levar. Nascemos nus, e nus voltamos ao solo. A existência é um estágio intermediário entre uma nudez e outra. Vamos sair do mundo do mesmo modo que entramos. Uma pessoa não pode entrar em um museu e se apegar tão profundamente aos quadros a ponto de tentar sair com as obras de arte debaixo do braço. É tolice. Ela será presa e aquilo a que tentou se apegar lhe será tirado. Ela deveria ter admirado a obra, sentido prazer nela, mas não se apegar a ponto de fazer escolhas tolas para si mesma e para os outros. Nossa condição natural é a nudez, é a ausência de posses. Viemos ao mundo tendo nós mesmos como nossa única posse, e mais nada. E iremos ao túmulo sem levar nada que construímos nessa vida, no adágio salomônico. Segundo os apologistas cristãos, há um absurdo tão profundo na vida sem Deus que, se não há nada além daqui, o agora vale pouco a pena.

Não é uma questão de lucrar menos. É uma questão de se satisfazer mais. É melhor ter saciedade com menos recursos do que ter sempre mais e continuar inquieto. Você pode ser feliz com menos. Satisfazer-se com o que tem é muito mais lucrativo que dinheiro e posses que não saciam o coração. Somos ensinados, todos os dias, a desejar mais e melhor. Pascal diz, no pensamento 139: "toda a infelicidade dos homens vem de uma só coisa, que é não saberem ficar quietos dentro de um quarto" — por mais que já tenham tudo. Profissionais de marketing querem nos convencer de que não seremos completos enquanto não adquirirmos aquele novo produto. Casas maiores parecem pequenas depois de alguns meses. Carros novos param de nos dar prazer com um ano. Eletrônicos adorados se tornam desprezados com novos lançamentos. Se você olhar para cima, sempre haverá um mundo a ser conquistado. Isso significa que você pode ter muito debaixo dos pés, e ainda se sentir pobre e necessitado. Você pode buscar conquistar o mundo e continuar sem satisfação alguma. Isso faria toda a conquista fundamentalmente inútil, já que você não gozaria os prazeres das posses.

O cristianismo nunca condenou a riqueza. Nunca foi pecado ser rico, mas é considerado uma falha de alma o desejar, o querer ser rico. John Piper, no livro *Em busca de Deus*, diz que "todos os males do mundo advêm não porque nossos desejos de felicidade sejam fortes demais, mas porque são tão fracos que nos satisfazemos com prazeres passageiros que não atendem aos desejos profundos da nossa alma, mas acabam por destruí-la". O problema não é o ter. O problema não é ter mais. O problema é o ter de forma descontente. Sempre achamos que não é o bastante. Se você nunca encontra satisfação, de que vale alcançar as coisas? O desejo por ser rico não faz necessariamente o homem ser mais rico. A vontade por posses não leva necessariamente à posse. Mas o desejo por posses e a vontade de ser rico certamente levam à ruína e à destruição. O contentamento é o melhor lucro que você pode conseguir, ainda que isso signifique viver com menos dinheiro. Imagine se comer nunca o saciasse. Talvez o prazer dos sabores não se tornasse tão desejável caso a fome nunca passasse. O sabor da comida sem o contentamento da comida é um tipo particularmente cruel de fome. Se a promessa de prazer é potencialmente infinita, então o estômago das riquezas é infinito. A gente sempre pode comer mais. Sem contentamento, você morre de fome.

Nossos anseios inúteis nos fazem mendicantes. Mendigamos atenção do grupo de amigos, interações nas redes sociais, progressos na vida acadêmica, soluções para o governo civil, e pouco tomamos nas mãos a responsabilidade por nossas próprias vidas. Toda vez que voltava da mendicância, eu me tornava menos mendigo. Ao me ver sem nada, descobri que precisava de cada vez menos. Era como um retiro ou uma transformação espiritual. Um treinamento para a índole. Ninguém precisa de curtidas para viver. Ninguém precisa de reputação ou reconhecimento. Ninguém precisa de muito dinheiro. Passar um tempo sem nada nos deixa menos mendigos da vida moderna. Apesar de tudo, os mendigos me ensinaram muito sobre Deus e sobre a vida.

Não quero insinuar que minha experiência de pesquisa me conceda autoridade para dizer como as pessoas devem administrar suas vidas financeiras. Seria muito fácil achincalhar os coquetéis chiques ou mesmo condenar as roupas caras, mas isso é estúpido. O avanço econômico permitiu que os homens não só acumulassem facilidades, mas encontrassem gozo em satisfações tanto lícitas quanto desnecessárias. Minha preocupação é que ninguém precise dormir na rua para valorizar a cama, ainda que isto certamente forneça um senso de proporções que lastreia a mente na realidade. Perder o carro ou cancelar as férias deixa de compor um quadro de tragédia. Males maiores se apequenam se vistos não mais sob a ótica das possibilidades de conforto, mas das possibilidades de existência digna.

Este livro expõe um contexto geográfico e temporal muito limitado, mas estou convicto de que há aqui algumas verdades sobre toda grande cidade, se não sobre antropologia geral — se eu puder ser ousado o bastante. Como não podemos viver livres do mar de riqueza que temos, e não parece inteligente fazê-lo, viver perto dos que estão sem riqueza serve de âncora moral para percebermos a realidade para além das nuvens que flutuamos. Pais falam frequentemente sobre dar aos filhos aquilo que não tiveram, mas esquecem que foi o que lhes faltou que formou o que eles são. É preciso ampliar sua experiência de realidade para entender onde você está localizado na vida. Nossos pés tocam o chão novamente e percebemos a grandeza da altura.

Apenas em contato profundo com a miséria podemos perceber como somos realmente ricos. Esquecemos tão profundamente a condição natural de pobreza do ser humano que não percebemos que nadamos na bonança. Somos os filhos ingratos de um tempo que banalizou a prosperidade.

Estamos imersos na riqueza como peixes na água. Como você explica a um peixe que ele está molhado? A única forma seria retirá-lo da água tempo suficiente para que ele secasse. O problema é que, neste processo, o peixe morre. Será que sobreviveríamos, mimados como somos pela economia de mercado, a algum tempo de sequidão? Será que não seria moralmente vantajoso nos prepararmos para a possibilidade de rios esturricados? Para Victor Hugo, quem não é capaz de ser pobre não é capaz de ser livre. Somos todos pequenos Tios Patinhas nadando em níqueis de nossas caixas-fortes particulares, deprimidos porque a piscina do vizinho é mais funda que a nossa. Não aguentaríamos duas horas de Idade Média, um dia de China comunista, e queremos que a sociedade seja transformada em algo qualitativamente superior à força quando somos frutos de riquezas abundantes e já desprezadas.

* * *

As palavras de Paulo me impactam de forma especial porque acredito naquilo que ele mesmo chama de *evangelho* — a boa-nova de redenção de um Deus que entregou seu filho para salvar homens pecadores. Quando me perguntam o que me motivou a passar um ano e meio pesquisando sobre moradores de rua de forma intensa, chegando a me passar por um deles, eu sempre explico que fui motivado tanto pelo exemplo quanto pelos efeitos da obra de Jesus Cristo no evangelho da salvação.

O exemplo do Jesus que é revelado na Escritura me cativa de forma especial porque ele se humilhou em forma humana para passar ao nosso lado pelas mesmas dores e sofrimentos que caracterizam a vida presente. Longe de ser um Deus distante, Cristo representa o esvaziamento da glória divina na busca pela manifestação humana. Sendo rico, fez-se pobre. Sendo forte, fez-se fraco. Morreu por nós, como homem frágil, para tomar a ira que nós merecíamos por conta de nosso pecado. Abriu com seu sangue o caminho para o Deus santo.

Vestir-me de mendigo foi nada mais que seguir os passos daquele que eu prego aos domingos na igreja. Pastores costumam ser conhecidos como saqueadores de dízimos. Sendo justo ou não o preconceito, certamente não representa o sentimento de quem vê em Cristo um exemplo de conduta amorosa. Jesus se tornou homem para servir aos homens. Pareceu-me natural me tornar mendigo para servir aos mendigos.

Por outro lado, fui muito mais motivado pelo que acredito serem os efeitos da obra de Jesus que pelo exemplo de sua obra. O exemplo me motiva a imitá-lo, mas os efeitos da obra do evangelho me fazem agir de formas ainda mais determinadas. A ideia de que recebi o perdão dos pecados me leva a querer entender aqueles a quem desejo levar essa mesma mensagem de perdão. Como um rebelado, eu não merecia nada além da ira de Deus. Eu mesmo escolhi o pecado, minha condenação eterna. Fiz por merecer a miséria de alma.

Mesmo assim, Cristo me escolheu e me redimiu, transformou meu coração e me deu uma razão transcendental. Ele abriu um caminho de relacionamento. Deu-me socorro, então reabilitação, então desenvolvimento. Os antigos puritanos falavam que a pregação do evangelho podia ser entendida como um mendigo apontando a outro mendigo onde encontrar pão. Tudo o que tentei fazer foi ajudar ONGs, igrejas, movimentos comunitários, políticos etc. a melhor apontar o caminho do pão a pessoas famintas. Seja o pão para o corpo, seja o pão para a alma, espero ter mostrado um caminho melhor de serviço intencional. Se pude fazê-lo de alguma maneira, amém. Que das muitas formas que um homem pode ser mendigo, vocês descubram meios para encontrar e apontar o pão.

Eu acho que os puritanos não esperavam ser levados tão literalmente.

Agradecimentos

"Nós vamos fazer." Foi o que Carlos Andreazza me disse depois de quinze minutos de conversa. Cheguei à sede do Grupo Editorial Record às 10h45, um pouco adiantado para a reunião. Saí às 8h30 de Campo Grande, um pouco mais tarde do que planejara. Às 11h em ponto, estava sentado na sala de reunião vermelha, com paredes cravejadas de literatura. De minuto em minuto alguém me oferecia água ou café, mas eu só pensava em como poderia fugir. Quando Andreazza entrasse, eu pensava em levantar, apertar sua mão e me desculpar. "Cometi um engano, preciso ir. Peço desculpas por fazê-lo perder tempo", fantasiei. Minha esposa estava três andares abaixo, esperando no carro com dois amigos, e eu poderia sair dali o mais rápido possível, como num filme de Barry Newman. Quando ele entrou na sala, tive mais vergonha de cancelar que de permanecer. Permaneci. "Nós vamos fazer", ele disse, quinze minutos depois. Eu não tinha levado um único pedaço de papel, uma única frase escrita. Não tinha um título, um tópico, sequer uma sinédoque. "Nós vamos fazer", e era apenas ideia.

Preciso agradecer ao Grupo Editorial Record e a Carlos Andreazza por terem assumido os riscos deste empreendimento. Sei bem que ninguém assumiu mais riscos do que eu e minha família, mas imagino a tensão que seria se os executivos acordassem de manhã com a manchete "autor da Record morre esfaqueado enquanto escrevia livro". A Record decidiu sentar ao meu lado no chão da praça e colocou algo da própria reputação na reta para viabilizar este projeto. Não seria justo com Deus e com os homens não deixar isto registrado aqui.

Nos quinze minutos seguintes, Andreazza me questionou não com ímpeto editorial, mas com empatia humana. Eu estava ciente dos riscos à minha vida? Como eu iria sustentar minha casa? Quais seriam os impactos disso no meu casamento? Eu fui sincero, e ele assentiu à minha sinceridade. Mas não fui tão sincero quanto poderia ser. Tentei mostrar alguma confiança, mas não sabia bem como toda a logística de passar o período de um ano fazendo visitas regulares à rua se daria. Quando perguntado sobre como iria pagar minhas contas, desconversei, disse que como ministro religioso tinha como organizar meu tempo para isso, e a resposta meio que colou.

O problema é que eu não teria como abandonar todas as minhas atividades para estar em tempo absolutamente integral na rua. Dando ainda aulas no seminário e servindo na igreja, precisei me virar. Algumas vezes saí da praça para a sala de aula, e vice-versa. Preparei alguns sermões no chão. Precisei terminar minha pós-graduação em economia política escrevendo algumas notas à mão, na rua.

O mesmo problema se deu na esfera familiar. Eu não queria expor minha esposa aos riscos que decidi assumir, mas não poderia simplesmente desaparecer por um ano de casa. Minha esposa, uma verdadeira heroína, foi muito paciente e graciosa durante esse tempo, ajudando-me não só com frequentes conversas sobre o que estaria escrito neste livro, já que antropologia fez parte de sua formação como cientista social, mas também ao me dar toda a estrutura necessária para a pesquisa. Se minha qualidade como professor caiu durante esse ano e se fui um pastor um tanto ausente, lutei ao máximo para que minha atuação como marido sofresse o mínimo possível. É à minha esposa que dedico esta obra, não apenas por ela ser a pessoa mais bondosa que já conheci, mas também pelo que ela teve que suportar para que este trabalho se tornasse possível.

Era importante que o mínimo possível de pessoas ficasse sabendo de minha empreitada. Claro que alguns amigos íntimos estiveram cientes de tudo para que eu pudesse encontrar socorro em caso de emergência. Para quem precisava saber, eu disse que estava fazendo uma pesquisa entre os moradores de rua. Não deixava de ser verdade, ainda que a natureza visceral da pesquisa não fosse algo que eu desejasse tornar público. Além da minha família e dos envolvidos da Record, umas oito pessoas sabiam o que eu estava fazendo. Tentei ao máximo manter algumas atividades públicas a fim de dirimir suspeitas mais sérias. Tirava algum tempo para continuar alimentando meu canal no YouTube, e, sem David Mesquita e a equipe do

StudioVivo, de Brasília, não teria dado conta (os frequentes comentários sobre minha barba cada vez mais desleixada eram inevitáveis). Aqueles que notaram estranhezas na minha aparência e comportamento durante o ano de 2017 talvez tenham ficado um pouco desconcertados, e espero que isto se explique corretamente agora. Peço desculpas sobretudo àqueles cujas fotos de casamento minha barba mendicante enfeou.

Descrevo esses aspectos "metodológicos" para que ninguém pense de mim mais do que convém. Eu não saí de casa no feriado mundial e só retornei para os fogos e o champanhe. Não acampei ininterruptamente na rua, mas dividi minhas atenções entre a praça e outros ambientes. Não morei na rua, mas certamente vivi vários períodos intensos de pesquisa. Essas idas e vindas da rua não atrapalharam minha experiência de imersão. Os próprios desabrigados vivem indo e vindo da rua, e são poucos os que nunca voltam para a casa de algum familiar durante algum tempo, ou que não precisam se desdobrar em atividades subprofissionais durante o dia.

Não é apenas a Carlos Andreazza e à Record que devo agradecimentos. Eu precisava de ajuda logística relacionada com transporte, considerando a distância de minha casa para os principais bolsões de desabrigados, e teria sido impossível conseguir ser marido, professor, pastor e desabrigado ao mesmo tempo sem a bondosa dedicação de colegas. Não posso deixar de citar meu amigo Richardson Gomes, cuja casa serviu de ponto estratégico e cujas caronas salvaram minha pele por um tempo. A Igreja Batista Maanaim também foi muito paciente com minha ausência, e agradeço à equipe pastoral por ter assumido muito do trabalho eclesiástico no meu lugar durante um ano. Sem Valberth Veras e Tiago Alexandre este livro não seria possível.

Devo os mesmos agradecimentos ao Seminário e Instituto Bíblico Maranata por generosamente ter diminuído minhas atividades como professor sem diminuir meu salário. Que Deus os recompense. A associação missionária HUG também foi um instrumento necessário para que eu pudesse me manter financeiramente ao longo deste processo. Carlos Henrique Borges me proíbe de falar seu nome publicamente, mas vou cometer essa indiscrição para deixar público que tudo que faço tem a mão de sua amorosa instituição.

Francisco Razzo, autor da Record, foi quem me fez acreditar que a editora poderia abraçar este projeto. Obrigado pela amizade e incentivo. Não posso deixar de agradecer ao também autor da Record Martim Vasques da Cunha, meu professor e orientador acadêmico, pelo gracioso texto de orelha. Outros amigos foram importantes, tanto me ouvindo sobre o conteúdo quanto me aconselhando nas crises emocionais que este ano gerou em mim. Cito especialmente Ana Priscila Duarte, André Venâncio, João Guilherme, Miguel Alysson, Norma Braga e Saulo Ribeiro. Este último, da Fundação Cidade Viva, representa muito daquilo que indico positivamente no livro. Maryssa Caetano me poupou um tempo precioso ao me ajudar com uma série de traduções de citações, fosse revisando algumas ou fazendo outras do zero. Sem ela, a qualidade das citações estrangeiras seria bem inferior, e eu precisaria ter gastado tempo de pesquisa lutando com outros idiomas. Agradeço, de coração. Juliana Brandt e Clara Lopes cuidaram da diagramação, e Renan Araujo da capa. Eu não poderia ter ficado mais feliz com o resultado, e os agradeço muito. Preciso agradecer também a Carlos Maurício, Diogo Henriques, Luciana Aché, Mariana Oliveira, Thaís Lima e Carlos Andreazza pelo carinho no trato com o texto, melhorando não só meu estilo, mas corrigindo eventuais imprecisões. Qualquer problema no texto ou nas traduções são de minha inteira responsabilidade.

Mais uma vez, minha esposa merece todos os agradecimentos do mundo por ter me permitido assumir esse compromisso. Deus é testemunha de que ninguém tentou me convencer a desistir mais do que a Isa, antes de o projeto ser aprovado pela editora, e de que ninguém me motivou mais a continuar quanto a Isa, depois que o projeto foi aprovado. Ela é meu freio quando ando acima do limite, e meu impulso quando penso em fraquejar. Poucas mulheres demonstrariam tanto desprendimento, e sou grato pela força moral que ela demonstrou durante o tempo em que o marido vagava maltrapilho pelas praças. Mesmo com muito esforço para que isto não acontecesse, este livro custou algo para minha família em um punhado de coisas, e, quando eu pensava em desistir e voltar atrás, Isa aguentava firme e me mandava prosseguir. Nos tempos em que eu ficava insuportável com a pesquisa, Isa passou por tudo como uma heroína. Casei com uma guerreira bondosa. Nunca farei por merecer a bênção de acordar ao seu lado todos os dias.

Por fim, agradeço também a Deus. Ele foi meu principal companheiro nas madrugadas e nunca me abandonou nas ruas escuras. Não há companhia melhor nos períodos de tormenta, até nos que a gente se coloca voluntariamente. Indico ao leitor que experimente.

Referências bibliográficas

AMADO, Jorge. *Capitães da Areia*. Rio de Janeiro: Record, 1998.
ARISTÓTELES. *Os pensadores*, v. 2. São Paulo: Abril Cultural, 1979.
AUGÉ, Marc. *Não lugares*: introdução a uma antropologia da supermodernidade. Campinas: Papirus, 1994.
BAUMAN, Zygmunt. *Modernidade líquida*. Rio de Janeiro: Zahar, 2001.
BERLIN, Isaiah. *Quatro ensaios sobre a liberdade*. Brasília: Editora Universidade de Brasília, 1981.
BÍBLIA SAGRADA. Português. Nova Versão Internacional. Disponível em: <https://www.bibliaonline.com.br/nvi>. Acesso em: 20 nov. 2017.
BLECUA, José Manuel (org.). *Letras hispánicas*. Madri: Cátedra, 1996.
BROGNOLI, F. F. "Trecheiros e pardais: trajetórias nômades", *Travessia*, São Paulo, n. 27, jan./abr., 1997.
BROIDE, Jorge; BROIDE, Emília Estivalet. *A psicanálise em situações sociais críticas*: metodologia clínica e intervenções. São Paulo: Escuta, 2015.
BROOKS, Arthur C. *The Battle*: How the Fight between Free Enterprise and Big Government Will Shape America's Future. Nova York: Basic Books, 2010.
BROWNE, Harry. "A solution for the Middle East", *WorldNetDaily*, 11 abr. 2002.
BRUM, Eliane. *A vida que ninguém vê*. Porto Alegre: Arquipélago Editorial, 2006.
BURSZTYN, Marcel (org.). *No meio da rua*: nômades, excluídos e viradores. Rio de Janeiro: Garamond, 2000.
BURSZTYN, Marcel; ARAÚJO, Carlos Henrique. *Da utopia à exclusão*: vivendo nas ruas em Brasília. Rio de Janeiro: Garamond; Brasília: Codeplan, 1997.
CARVALHO, Olavo de. "Pobreza e grossura". Disponível em: <http://www.olavodecarvalho.org/pobreza-e-grossura>. Acesso em: 22 jan. 2017.
CASTRO, Celso. *Textos básicos de antropologia* — Cem anos de tradição: Boas, Malinowski, Lévi-Strauss e outros. Rio de Janeiro: Zahar, 2016.

"Catadores são responsáveis por 90% do lixo reciclado no Brasil". Disponível em: <http://observatorio3setor.org.br/carrossel/catadores-sao-responsaveis-por-90-do-lixo-reciclado-no-brasil>. Acesso em: 20 dez. 2017.

CORBETT, Steve; FIKKERT, Brian. *When Helping Hurts*: How to Alleviate Poverty Without Hurting the Poor... and Yourself. Chicago: Moody Publishers, 2009.

DALRYMPLE, Theodore. *A vida na sarjeta*: o círculo vicioso da miséria moral. São Paulo: É Realizações, 2014.

_____. *Evasivas admiráveis*: como a psicologia subverte a moralidade. São Paulo: É Realizações, 2017.

_____. *Podres de mimados*: as consequências do sentimentalismo tóxico. São Paulo: É Realizações, 2015.

DOSTOIÉVSKI, Fiódor. *Memórias do subsolo*. São Paulo: Editora 34, 2009.

"Dustin Hoffman on TOOTSIE and his character Dorothy Michaels", *American Film Institute*. Disponível em: <https://www.youtube.com/watch?v=xPAat-TluhE>. Acesso em: 6 fev. 2017.

ENGEL, Alberto. *Moradores em situação de rua*: uma leitura segundo a psicologia corporal. Monografia (Monografia em Especialização de Psicologia Corporal) — Centro Reichiano de Psicoterapia Corporal. Curitiba, 2010, p. 24.

"Ex-mendigo poeta emociona famosos e recebe propostas para editar livro". Disponível em: <http://gshow.globo.com/programas/encontro-com-fatima-bernardes/O-Programa/noticia/2014/03/ex-mendigo-poeta-vai-ao-encontro-nao-leio-jornal-nem-vejo-tv-desde-1976.html>. Acesso em: 11 fev. 2017

FERREIRA, Rosa Maria Fischer. *Meninos da rua*: valores e expectativas de menores marginalizados em São Paulo. São Paulo: Comissão de Justiça de São Paulo/Centro de Estudos de Cultura Contemporânea, 1979.

FRANKL, Viktor E. *Em busca de sentido*: um psicólogo no campo de concentração. São Leopoldo: Sinodal; Petrópolis: Vozes, 2016.

_____. *O sofrimento de uma vida sem sentido*. São Paulo: É Realizações, 2015.

Fundação Instituto de Pesquisas Econômicas (2003). *Censo dos moradores de rua*. São Paulo (SP), 2003.

GEERTZ, Clifford. *A interpretação das culturas*. Rio de Janeiro: LCT, 2008.

GIORGETTI, Camila. *Moradores de rua*: uma questão social? São Paulo: Fapesp/Educ, 2014.

GLAESER, Edward L. *Os centros urbanos*: a maior invenção da humanidade. Rio de Janeiro: Elsevier, 2011.

GODWIN, William. *Enquiry Concerning Political Justice*, v. 2. Toronto: University of Toronto Press, 1969.

HAHN J. A.; KUSHEL, M. B.; BANGSBERG, D. R.; RILEY. E.; MOSS, A. R. "The Aging of the Homeless Population: Fourteen-Year Trends in San Francisco", *Journal of General Internal Medicine*, 2006.

HALL, Stuart; GAY, Paul Du (orgs.). *Questions of Identity*. Sage: Thousand Oaks, 1996.

HOTTEN, John Camden; LUTHER, Martin. *The Book of Vagabonds and Beggars*: with a Vocabulary of Their Language. Londres: J. C. Hotten, 1860.

HSIAO, Timothy. "Drogas violam a liberdade individual: os liberais deveriam ser contra a legalização". Disponível em: <http://www.gazetadopovo.com.br/justica/drogas-violam-a-liberdade-individual-os-liberais-deveriam-ser-contra-a-legalizacao-4xuj32nethpbulxmja3vdrwwo>. Acesso em: 27 fev. 2018.

JABÈS, Edmond. *The Book of Margins*. Chicago: Chicago University Press, 1993.

_____ . *The Books of Questions*, v. 2. Hanover: Wesleyan University Press, 1991.

JACQUES, Maria da Graça Corrêa et al. *Psicologia social contemporânea*. Petrópolis: Vozes, 2003.

JUSTO, José Sterza. *Andarilhos e trecheiros*: errância e nomadismo na contemporaneidade. Maringá: Eduem, 2011.

KALINA, Eduardo; KOVADLOFF, Santiago. *As ciladas da cidade*. São Paulo: Brasiliense, 1978.

KAMINSKI, Marek M. *Games Prisoners Play*: The Tragicomic Worlds of Polish Prison. Princeton University Press, 2010.

KANT, Immanuel. *Fundamentação da metafísica dos costumes*. Lisboa: Edições 70, 2007.

KELLER, Timothy. *Ministérios de misericórdia*: o chamado para a estrada de Jericó. São Paulo: Vida Nova, 2016.

LAVOR, Thays. "'Invisíveis até na morte': a luta de um morador de rua para evitar que sua mulher fosse enterrada como indigente". Disponível em: <http://www.bbc.com/portuguese/brasil-38095909>. Acesso em: 25 dez. 2017.

LEFEBVRE, Henri. *Direito à cidade*. São Paulo: Centauro, 2001.

LEITE, Ligia Costa. *Meninos de rua*: a infância excluída no Brasil. São Paulo: Atual, 2001.

LIBERATO, Rita de Cássia. *Segregação espacial de atividade marginal*: a localização da zona boêmia belo-horizontina em 1940/50. Dissertação de mestrado

(Programa de Pós-graduação em Geografia — Tratamento da Informação Espacial). Belo Horizonte: PUC Minas, 2000.

LIMA, Edvaldo Pereira. *Páginas ampliadas*: o livro-reportagem como extensão do jornalismo e da literatura. São Paulo: Manole, 2009.

LUPTON, Robert D. *Toxic Charity*: How the Church Hurts Those They Help and How to Reverse It. Nova York: HarperCollins, 2011.

MAFFESOLI, Michel. *Sobre o nomadismo*: vagabundagens pós-modernas. Rio de Janeiro: Record, 2001.

MANGUEL, Alberto. *O leitor como metáfora*: o viajante, a torre e a traça. São Paulo: Edições Sesc, 2017.

MARTINS, Yago. *Você não precisa de um chamado missionário*. Niterói, RJ: Concílio, 2016.

MATHESON, Richards. *Eu sou a lenda*. São Paulo: Aleph, 2015.

McCONNELL, Mez; McKINLEY, Mike. *Igreja em lugares difíceis*: como a igreja local traz vida ao pobre e necessitado. São José dos Campos, SP: Fiel, 2016.

MILL, John Stuart. *On Liberty*. Disponível em: <https://www.utilitarianism.com/ol/one.html>. Acesso em: 22 fev. 2019.

"Morador de rua morre no DF após pedir socorro por mais de 2 horas". Disponível em: <http://brasil.estadao.com.br/noticias/geral,morador-de-rua-morre-no-df-apos-pedir-socorro-por-mais-de-2-horas,70002101893>. Acesso em: 25 jan. 2018.

MOYNIHAN, Daniel P. *O desafio urbano*: as metrópoles analisadas por peritos em assuntos urbanos. São Paulo: Cultrix, 1972.

MOYO, Dambisa. *Dead Aid*: Why Aid Is Not Working and How There Is a Better Way for Africa. Nova York: Farrar, Straus and Giroux, 2009.

NAVARRO, Federico. *Caracterologia pós-reichiana*. São Paulo: Grupo Editorial Summus, 1995.

O'NEILL, Onora. *Faces of Hunger*. Londres: George Allen, 1986.

PAIVA, Geraldo José de. "Identidade psicossocial e pessoal como questão contemporânea", *Psico*, v. 38, n. 1, jan./abr. 2007.

PASCAL, Blaise. *Pensées*. 3. ed. Paris: Guillaume Desprez, 1671.

"Pedinte ganha R$ 6 mil por mês se disfarçando de passageiro em aeroporto". Disponível em: <http://www.gazetadopovo.com.br/ideias/pedinte-ganha-r-6-mil-por-mes-se-disfarcando-de-passageiro-em-aeroporto-b4ipon-v7y8bg5ys40v5qtohbl>. Acesso em: 29 dez. 2017.

PENA, Felipe. *Jornalismo literário*. São Paulo: Contexto, 2006.

PESSOA, Fernando. *Presença: Folha de Arte e Crítica*, Coimbra, ano 7, v. 2. n. 39, jul. 1933.

PINTO, Maira Meira. *Sou capaz*: uma experiência de auto-organização de moradores de rua. Santa Cruz do Sul: Edunisc, 2007.

"Plenário: dispositivo da Lei de Contravenções Penais é incompatível com a Constituição". Disponível em: <http://www.stf.jus.br/portal/cms/verNoticiaDetalhe.asp?idConteudo=250053>. Acesso em: 6 jun. 2018.

RODRIGUES, Nelson. *A cabra vadia*: novas confissões. Rio de Janeiro: Nova Fronteira, 2016.

ROTHBARD, Murray N. *Economic Controversies*. Auburn, Alabama: Ludwig von Mises Institute, 2011.

SAKAMOTO, Leonardo. "Ostentação deveria ser crime previsto no Código Penal". Disponível em: <http://blogdosakamoto.blogosfera.uol.com.br/2012/06/18/ostentacao-diante-da-pobreza-deveria-ser-crime-previsto-no-codigo-penal>. Acesso em: 9 mar. 2017.

SANTOS, Milton. *Por uma outra globalização: do pensamento único à consciência universal*. Rio de Janeiro: Record, 2011.

SARTRE, Jean-Paul. *A náusea*. Rio de Janeiro: Nova Fronteira, 2015.

SCHAEFFER, Francis. *O Deus que intervém: o evangelho para o homem de hoje*. Brasília: Refúgio, 1985.

SEN, Amartya. *Desenvolvimento como liberdade*. São Paulo: Companhia das Letras, 2000.

SNOW, David; ANDERSON, Leon. *Desafortunados: um estudo sobre o povo da rua*. Petrópolis: Vozes, 1998.

SOWELL, Thomas. *Knowledge and Decisions*. Nova York: Basic Books, 1980.

SPITZCOVSKY, Débora. "Médico se disfarça de morador de rua para atender os sem-teto de sua cidade". Disponível em: <http://thegreenestpost.bol.uol.com.br/medico-se-disfarca-de-mendigo-para-atender-moradores-de-rua>. Acesso em: 3 dez. 2016.

STIGLER, George J. *O intelectual e o mercado*. Rio de Janeiro: Zahar, 1987.

STOFFELS, Marie-Ghislaine. *Os mendigos na cidade de São Paulo*: ensaios de interpretação sociológica. Rio de Janeiro: Paz e Terra, 1977.

TAWNEY, R. H. *La religion et l'essor du capitalisme*. Paris: Marcel Rivière, 1952.

TOLSTÓI, Liev. *Uma confissão*. São Paulo: Mundo Cristão, 2016.

TWAIN, Mark. *Pudd'nhead Wilson*. Cutchogue, NY: Buccaneer Books. 1976.

VEXLIARD, Alexandre. *Introduction à la sociologie du vagabondage*. Paris: L'Harmattan, 1997.
VIANNA, Túlio Lima. "E se Liana se chamasse Maria e Felipe se chamasse João?" Disponível em: <http://www.midiaindependente.org/pt/blue/2003/11/268291.shtml>. Acesso em: 16 ago. 2017.
VIEIRA, Maria Antonieta da Costa; BEZERRA, Eneida Maria Ramos; ROSA, Cleisa Moreno Maffei. *População de rua: quem é, como vive, como é vista*. São Paulo: Hucitec, 1994.
WARFIELD, B. B. *The Person and Work of Christ*. Filadélfia: Presbyterian and Reformed, 1950.
WEST, Cornel. *Race Matters*. Nova York: Vintage Books, 1993.
WILDE, Oscar. *The Picture of Dorian Gray and Other Writings*. Nova York: Simon and Schuster, 2005.
WREDE, Catharina. "Sociólogo fala sobre a experiência de viver um mês com moradores de rua no Rio". Disponível em: <http://oglobo.globo.com/rio/sociologo-fala-sobre-experiencia-de-viver-um-mes-com-moradores-de-rua-no-rio-11098922>. Acesso em: 3 dez. 2016.

Notas

Epígrafe

1. John Camden Hotten e Martin Luther, *The Book of Vagabonds and Beggars*, p. 3-4.

Introdução

1. Bíblia Sagrada. João, 12:4-6.
2. Camila Giorgetti, *Moradores de rua*, p. 176.
3. Nelson Rodrigues, *A cabra vadia*, p. 135-6.
4. Theodore Dalrymple, *A vida na sarjeta*, p. 146.
5. Ibid., p. 147-8.
6. Ibid., p. 34.
7. Dambisa Moyo, *Dead Aid*, p. 39
8. As esquerdas dominam tanto o debate sobre as ruas que, não fosse por esta nota, esta seria provavelmente a única obra sobre o assunto que não cita o termo "lumpemproletariado".
9. Edvaldo Pereira Lima, *Páginas ampliadas*, p. 373.
10. Felipe Pena, *Jornalismo literário*, p. 15.
11. Débora Spitzcovsky, "Médico se disfarça de morador de rua para atender os sem-teto de sua cidade".
12. Catharina Wrede, "Sociólogo fala sobre a experiência de viver um mês com moradores de rua no Rio".
13. Clifford Geertz, "Uma descrição densa: por uma Teoria Interpretativa da Cultura". In: *A interpretação das culturas*, p. 7.
14. Theodore Dalrymple, op. cit., p. 23.
15. Maria Antonieta da Costa Vieira et al., *População de rua*, p. 62.

16. Lope de Vega, "La Dorotea", ato 4. In: José Manuel Blecua (org.), *Letras hispánicas*, p. 120-3.

PARTE 1: As duas filhas da sanguessuga

1. As desvantagens de ser invisível

1. Theodore Dalrymple, op. cit., p. 16.
2. Maira Meira Pinto, *Sou capaz*, p. 25.
3. Thays Lavor, "'Invisíveis até na morte'".
4. Eliane Brum, *A vida que ninguém vê*, p. 29.
5. Theodore Dalrymple, op. cit., p. 45.
6. "Ex-mendigo poeta emociona famosos e recebe propostas para editar livro".
7. Federico Navarro, *Caracterologia pós-reichiana*, p. 19.
8. Rita de Cássia Liberato, *Segregação espacial de atividade marginal*, p. 28.
9. Ibid., p. 18.
10. "Dustin Hoffman on TOOTSIE and his character Dorothy Michaels".
11. Murray N. Rothbard, *Economic Controversies*, p. 54.
12. Jorge Broide e Emília Estivalet Broide, *A psicanálise em situações sociais críticas*, p. 10, 32-3.
13. George J. Stigler, *O intelectual e o mercado*, p. 19.
14. Marcel Bursztyn (org.), *No meio da rua*, p. 7.
15. Jorge Broide e Emília Estivalet Broide, op. cit., p. 33-4.
16. Theodore Dalrymple, op. cit., p. 146-7.
17. Ibid.
18. Steve Corbett e Brian Fikkert, *When Helping Hurts*, lc. 2172-3.
19. Immanuel Kant, *Fundamentação da metafísica dos costumes*, p. 68.
20. Cf. Yago Martins, *Você não precisa de um chamado missionário*, p. 72-4.

2. Parasitas da miséria

1. Faixa-título do álbum *ABC do sertão/Vozes da seca*, de 1953.
2. Faixa 6 do álbum *O tempo não para (ao vivo)*, de 1988.
3. "Pedinte ganha R$ 6 mil por mês se disfarçando de passageiro em aeroporto".
4. Maira Meira Pinto, op. cit., p. 27.
5. Theodore Dalrymple, op. cit., p. 151-2.
6. Ibid., p. 153.
7. Ibid., p. 152.
8. Olavo de Carvalho, "Pobreza e grossura".

9. Jorge Broide e Emília Estivalet Broide, op. cit., p. 81-2.
10. Onora O'Neill, *Faces of Hunger*, p. 106.
11. R. H. Tawney, *La religion et l'essor du capitalisme*.
12. James Q. Wilson, "Crime". In: Daniel P. Moynihan, *O desafio urbano*, p. 155.
13. Edward L. Glaeser, *Os centros urbanos*, p. 254-5.
14. Marcel Bursztyn e Carlos Henrique Araújo, *Da utopia à exclusão*, p. 45.
15. Maria Antonieta da Costa Vieira et al., op. cit., p. 106.
16. Ibid., p. 106-7.
17. Marie-Ghislaine Stoffels, *Os mendigos na cidade de São Paulo*, p. 195.
18. Robert D. Lupton, *Toxic Charity*, p. 56.
19. Maria Antonieta da Costa Vieira et al., op. cit., p. 107.
20. Thomas Sowell, "Apresentação". In: Theodore Dalrymple, op. cit., p. 7.
21. Ibid., p. 46.
22. Camila Giorgetti, op. cit., p. 43.
23. Theodore Dalrymple, op. cit., p. 18.
24. Ibid., p. 34.
25. Mez McConnell e Mike McKinley, *Igreja em lugares difíceis*, p. 213-4.
26. Jean-Paul Sartre, *A náusea*, p. 17.
27. Mez McConnell e Mike McKinley, op. cit., p. 214.
28. Ibid., p. 215.
29. Aristóteles, *Os pensadores*, v. 2, p. 52.
30. Amartya Sen, *Desenvolvimento como liberdade*, p. 28.
31. José Sterza Justo, *Andarilhos e trecheiros*, p. 71-2.
32. Ibid., p. 13.
33. Isaiah Berlin, *Quatro ensaios sobre a liberdade*, p. 133-45.
34. Eduardo Kalina e Santiago Kovadloff, *As ciladas da cidade*, p. 50.
35. Maria Antonieta da Costa Vieira et al., op. cit., p. 100.
36. Blaise Pascal, *Pensées*. 3. ed. Paris: Guillaume Desprez, 1671.

PARTE 2: As ruas escuras da alma

3. Escombros de um naufrágio moral

1. Mark Twain, *Tragedy of Pudd'nhead Wilson*, p. 122
2. Jorge Amado, *Capitães da Areia*, p. 21.
3. Milton Santos, *Por uma outra globalização*, p. 325.

4. Theodore Dalrymple, op. cit., p. 17, 43.
5. Ibid., p. 18.
6. Ibid., p. 44.
7. Ibid., p. 152.
8. Ibid.
9. José Sterza Justo, op. cit., p. 133.
10. Theodore Dalrymple, op. cit., p. 146.
11. Ibid., p. 28.
12. Ibid.
13. Ibid., p. 29-30.
14. Ibid., p. 35.
15. Ibid., p. 31.
16. Nelson Rodrigues, op. cit., p. 260.
17. Theodore Dalrymple, op. cit., p. 35.
18. William Godwin, *Enquiry Concerning Political Justice*, v. 2, p. 382.
19. Ibid., p. 355.
20. Leonardo Sakamoto, "Ostentação deveria ser crime previsto no Código Penal".
21. Túlio Lima Vianna, "E se Liana se chamasse Maria e Felipe se chamasse João?".
22. Theodore Dalrymple, op. cit., p. 34.
23. Luiz Fernando Rolim Bonin, "Indivíduo, cultura e sociedade". In: Maria da Graça Corrêa Jacques et al., *Psicologia social contemporânea*, p. 60.
24. Geraldo José de Paiva, "Identidade psicossocial e pessoal como questão contemporânea", *Psico*, v. 38, n. 1, jan./abr. 2007, p. 78.
25. Theodore Dalrymple, op. cit., p. 153.
26. Alberto Engel, *Moradores em situação de rua*, p. 24.
27. Theodore Dalrymple, op. cit., p. 149.
28. Marcel Bursztyn e Carlos Henrique Araújo, op. cit., p. 54.
29. Maria Antonieta da Costa Vieira et al., op. cit., p. 96.
30. Marcel Bursztyn e Carlos Henrique Araújo, op. cit., p. 54.
31. Theodore Dalrymple, op. cit., p. 16.
32. Maria Antonieta da Costa Vieira et al., op. cit., p. 98.
33. Ibid., p. 97.
34. Robert Gutman, "Um sociólogo fala sobre habitação". In: Daniel P. Moynihan, op. cit., p. 138.
35. Adaptado de Maria Antonieta da Costa Vieira et al., op. cit., p. 95.

36. Maria Antonieta da Costa Vieira et al., op. cit., p. 99.
37. Marcel Bursztyn e Carlos Henrique Araújo, op. cit., p. 55-6.
38. Maria Antonieta da Costa Vieira et al., op. cit., p. 96.
39. Marie-Ghislaine Stoffels, op. cit., p. 264-5.
40. Alexandre Vexliard, *Introduction à la sociologie du vagabondage*.
41. "Plenário: dispositivo da Lei de Contravenções Penais é incompatível com a Constituição".
42. Ibid.
43. Henri Lefebvre, *Direito à cidade*.
44. Maria Antonieta da Costa Vieira et al., op. cit., p. 134.
45. Ibid., p. 131.
46. Ibid., p. 131, 109.

4. Peregrinos do ocaso

1. José Sterza Justo, op. cit., p. 17.
2. Richards Matheson, *Eu sou a lenda*, p. 234.
3. Ibid., p. 70.
4. Ibid., p. 215-6.
5. Jean-Paul Sartre, op. cit., p. 21.
6. Edmond Jabès, *The Books of Questions*, v. 2, p. 342.
7. José Sterza Justo, op. cit., p. 203-4.
8. Marcel Bursztyn e Carlos Henrique Araújo, op. cit., p. 52.
9. José Sterza Justo, op. cit., p. 132.
10. Ibid., p. 204.
11. Rosa Maria Fischer Ferreira, *Meninos da rua*, p. 167.
12. Jorge Broide e Emília Estivalet Broide, op. cit., p. 34.
13. Ibid.
14. Zygmunt Bauman, "From Pilgrim to Tourist: or a Short History of Identity". In: Stuart Hall e Paul Du Gay (orgs.), *Questions of Identity*, p. 20.
15. Ibid., p. 28.
16. Maria Antonieta da Costa Vieira et al., op. cit., p. 100.
17. F. F. Brognoli, "Trecheiros e pardais: trajetórias nômades", *Travessia*, p. 30.
18. José Sterza Justo, op. cit., p. 12.
19. Marcel Bursztyn e Carlos Henrique Araújo, op. cit., p. 156.
20. José Sterza Justo, op. cit., p. 206.

21. Ibid., p. 24.
22. Ibid., p. 132.
23. Marc Augé, *Não lugares*.
24. José Sterza Justo, op. cit., p. 27.
25. Ibid., p. 25.
26. Ibid., p. 13.
27. David Snow e Leon Anderson, *Desafortunados*, p. 321.
28. Sarah Escorel, "Vivendo de teimosos: moradores de rua da cidade do Rio de Janeiro". In: Marcel Bursztyn (org.), op. cit., p. 151.
29. José Sterza Justo, op. cit., p. 208.
30. Oscar Wilde, *The Picture of Dorian Gray and Other Writings*, p. 348.
31. Michel Maffesoli, *Sobre o nomadismo*, p. 42.
32. José Sterza Justo, op. cit., p. 72.
33. Troy Rossilho, "Inimaginável" (do álbum *Cine Luz*, de 2013).
34. Edmond Jabès, *The Book of Margins*, p. xvi.
35. José Sterza Justo, op. cit., p. 128.
36. Ibid., p. 127.
37. Ibid., p. 125.
38. Ibid., p. 126.
39. Jean-Paul Sartre, op. cit., p. 17.
40. José Sterza Justo, op. cit., p. 209.
41. Ibid., p. 79, 13, 19, 27.
42. Ibid., p. 205.
43. Michel Maffesoli, op. cit., p. 29.
44. Apud Alberto Manguel, *O leitor como metáfora*, p. 62.
45. Alberto Manguel, op. cit., p. 62-3.
46. Zygmunt Bauman, *Modernidade líquida*, p. 20.
47. Id., "From Pilgrim to Tourist: or a Short History of Identity". In: Stuart Hall e Paul Du Gay (orgs.), op. cit., p. 20.
48. Viktor E. Frankl, op. cit., p. 161-2.
49. Ibid., p. 163.
50. Cornel West, *Race Matters*, p. 19-20.
51. Viktor E. Frankl, op. cit., p. 164.
52. Ibid., p. 163.
53. Ibid., p. 166.
54. Francis Schaeffer, *O Deus que intervém*, p. 29.

55. Ibid., p. 30.
56. Viktor E. Frankl, *O sofrimento de uma vida sem sentido*, p. 100.
57. Thomas Sowell, op. cit. In: Theodore Dalrymple, op. cit., p. 9.
58. Arthur C. Brooks, *The Battle*, p. 71.
59. Camila Giorgetti, op. cit., p. 205.
60. Ibid., p. 205.
61. Carlos Henrique Araújo, "Migrações e vida nas ruas". In: Marcel Bursztyn (org.), op. cit., p. 101-2.
62. José Sterza Justo, op. cit., p. 47.
63. Maria Antonieta da Costa Vieira et al., op. cit., p. 147.
64. Ibid., p. 101

PARTE 3: O cadáver da fé

1. Bíblia Sagrada. Tiago 2:15-17.

5. Entre Jerusalém e Jericó

1. *Presença: Folha de Arte e Crítica*, Coimbra, ano 7, v. 2. n. 39, jul. 1933.
2. Apud Theodore Dalrymple, *Podres de mimados*, p. 26.
3. Ligia Costa Leite, *Meninos de rua*, p. 4.
4. Ibid., p. 8.
5. Maria Antonieta da Costa Vieira et al., op. cit., p. 90.
6. Elimar Pinheiro do Nascimento, "Juventude: novo alvo da exclusão In: Marcel Bursztyn (org.), op. cit., p. 133-4.
7. Theodore Dalrymple, *A vida na sarjeta*, p. 19.
8. Ibid., p. 69.
9. J. A. Hahn et al., "The Aging of the Homeless Population: Trends in San Francisco", *Journal of General Internal Med*
10. Fundação Instituto de Pesquisas Econômicas, *Censo dos* São Paulo (SP).
11. "Morador de rua morre no DF após pedir socorro por
12. Camila Giorgetti, op. cit., p. 109.
13. Ibid., p. 108.
14. Theodore Dalrymple, *A vida na sarjeta*, p. 32.
15. Id., *Evasivas admiráveis*, p. 80.
16. Camila Giorgetti, op. cit., p. 104.

17. Theodore Dalrymple, *A vida na sarjeta*, p. 142.
18. Ibid., p. 30.
19. Ibid., p. 150-1.
20. Ibid., p. 71.
21. John Stuart Mill, *On Liberty*, V.V.II.
22. Timothy Hsiao, "Drogas violam a liberdade individual".
23. "Catadores são responsáveis por 90% do lixo reciclado no Brasil".
24. Marcel Bursztyn e Carlos Henrique Araújo, op. cit., p. 38.
25. Maria Antonieta da Costa Vieira et al., op. cit., p. 131.
26. Timothy Keller, *Ministérios de misericórdia*, p. 164.
27. Ibid., p. 165.

Por uma comunidade terapêutica

Bíblia Sagrada. Isaías 58:10.
Corbett e Brian Fikkert, op. cit., lc. 1578-80.
1580-95.
Lupton, op. cit., p. 1.
5.
op. cit., p. xix.
op. cit., p. 36.

cit., p. 206.

24. Robert D. Lupton, op. cit., p. 60.
25. Ibid., p. 61.
26. Ibid., p. 62.
27. Ibid., p. 57-8.
28. Ibid., p. 3-4.
29. Ibid., p. 4.
30. Ibid., p. 4, 20-1.
31. Ibid., p. 32-3.
32. Ibid.
33. Ibid., p. 38-9.
34. Ibid., p. 20, 35-6.
35. Steve Corbett e Brian Fikkert, op. cit., lc. 1589-95.
36. Bíblia Sagrada. 1 Timóteo, 5:3-4,11-16.
37. Bíblia Sagrada. 2 Tessalonicenses, 3:10-15.
38. Steve Corbett e Brian Fikkert, op. cit., lc. 1663-68.
39. Ibid., lc. 1674-79.
40. Robert D. Lupton, op. cit., p. 6-7.
41. Ibid., p. 42.
42. Steve Corbett e Brian Fikkert, op. cit., lc. 1587-89.
43. Timothy Keller, op. cit., p. 114.
44. Steve Corbett e Brian Fikkert, op. cit., lc. 1589-95.
45. Timothy Keller, op. cit., p. 206. Os desenvolvimentos a seguir são adaptados e desenvolvidos de p. 205-16.
46. Steve Corbett e Brian Fikkert, op. cit., lc. 232.
47. Adaptado de Timothy Keller, op. cit., p. 173.
48. Ligia Costa Leite, op. cit., p. 90.
49. Harry Browne, "A solution for the Middle East".
50. Thomas Sowell, *Knowledge and Decisions*, p. 334.
51. Theodore Dalrymple, *A vida na sarjeta*, p. 145-6.
52. Steve Corbett e Brian Fikkert, op. cit., lc. 264-5.
53. Robert D. Lupton, op. cit., p. 57.
54. B. B. Warfield, *The Person and Work of Christ*, p. 574.

Conclusão

1. Liev Tolstói, *Uma confissão*, cap. XIII.
2. Fiódor Dostoiévski, *Memórias do subsolo*, cap. VIII.

Este livro foi composto na tipografia Minion
Pro, em corpo 11,5/16, e impresso em
papel off-white no Sistema Cameron da
Divisão Gráfica da Distribuidora Record.

55. Ibid., p. 30.
56. Viktor E. Frankl, *O sofrimento de uma vida sem sentido*, p. 100.
57. Thomas Sowell, op. cit. In: Theodore Dalrymple, op. cit., p. 9.
58. Arthur C. Brooks, *The Battle*, p. 71.
59. Camila Giorgetti, op. cit., p. 205.
60. Ibid., p. 205.
61. Carlos Henrique Araújo, "Migrações e vida nas ruas". In: Marcel Bursztyn (org.), op. cit., p. 101-2.
62. José Sterza Justo, op. cit., p. 47.
63. Maria Antonieta da Costa Vieira et al., op. cit., p. 147.
64. Ibid., p. 101

PARTE 3: O cadáver da fé

1. Bíblia Sagrada. Tiago 2:15-17.

5. Entre Jerusalém e Jericó

1. *Presença: Folha de Arte e Crítica*, Coimbra, ano 7, v. 2. n. 39, jul. 1933.
2. Apud Theodore Dalrymple, *Podres de mimados*, p. 26.
3. Ligia Costa Leite, *Meninos de rua*, p. 4.
4. Ibid., p. 8.
5. Maria Antonieta da Costa Vieira et al., op. cit., p. 90.
6. Elimar Pinheiro do Nascimento, "Juventude: novo alvo da exclusão social". In: Marcel Bursztyn (org.), op. cit., p. 133-4.
7. Theodore Dalrymple, *A vida na sarjeta*, p. 19.
8. Ibid., p. 69.
9. J. A. Hahn et al., "The Aging of the Homeless Population: Fourteen-Year Trends in San Francisco", *Journal of General Internal Medicine*, p. 775-8.
10. Fundação Instituto de Pesquisas Econômicas, *Censo dos moradores de rua*, São Paulo (SP).
11. "Morador de rua morre no DF após pedir socorro por mais de 2 horas".
12. Camila Giorgetti, op. cit., p. 109.
13. Ibid., p. 108.
14. Theodore Dalrymple, *A vida na sarjeta*, p. 32.
15. Id., *Evasivas admiráveis*, p. 80.
16. Camila Giorgetti, op. cit., p. 104.

17. Theodore Dalrymple, *A vida na sarjeta*, p. 142.
18. Ibid., p. 30.
19. Ibid., p. 150-1.
20. Ibid., p. 71.
21. John Stuart Mill, *On Liberty*, V.V.II.
22. Timothy Hsiao, "Drogas violam a liberdade individual".
23. "Catadores são responsáveis por 90% do lixo reciclado no Brasil".
24. Marcel Bursztyn e Carlos Henrique Araújo, op. cit., p. 38.
25. Maria Antonieta da Costa Vieira et al., op. cit., p. 131.
26. Timothy Keller, *Ministérios de misericórdia*, p. 164.
27. Ibid., p. 165.

6. Por uma comunidade terapêutica

1. Bíblia Sagrada. Isaías 58:10.
2. Steve Corbett e Brian Fikkert, op. cit., lc. 1578-80.
3. Ibid., lc. 1580-95.
4. Robert D. Lupton, op. cit., p. 1.
5. Ibid., p. 34-5.
6. Dambisa Moyo, op. cit., p. xix.
7. Robert D. Lupton, op. cit., p. 36.
8. Ibid., p. 45-6.
9. Ibid., p. 48.
10. Camila Giorgetti, op. cit., p. 206.
11. Ibid., p. 207-8.
12. Ibid., p. 207.
13. Ibid.
14. Ibid., p. 208.
15. Ibid., p. 215.
16. Ibid., p. 207.
17. Ibid., p. 217.
18. Ibid., p. 214.
19. Robert D. Lupton, op. cit., p. 1-2.
20. Ibid., p. 37-8.
21. Ibid., p. 37.
22. Timothy Keller, op. cit., p. 115-6.
23. Ibid., p. 116.

24. Robert D. Lupton, op. cit., p. 60.
25. Ibid., p. 61.
26. Ibid., p. 62.
27. Ibid., p. 57-8.
28. Ibid., p. 3-4.
29. Ibid., p. 4.
30. Ibid., p. 4, 20-1.
31. Ibid., p. 32-3.
32. Ibid.
33. Ibid., p. 38-9.
34. Ibid., p. 20, 35-6.
35. Steve Corbett e Brian Fikkert, op. cit., lc. 1589-95.
36. Bíblia Sagrada. 1 Timóteo, 5:3-4,11-16.
37. Bíblia Sagrada. 2 Tessalonicenses, 3:10-15.
38. Steve Corbett e Brian Fikkert, op. cit., lc. 1663-68.
39. Ibid., lc. 1674-79.
40. Robert D. Lupton, op. cit., p. 6-7.
41. Ibid., p. 42.
42. Steve Corbett e Brian Fikkert, op. cit., lc. 1587-89.
43. Timothy Keller, op. cit., p. 114.
44. Steve Corbett e Brian Fikkert, op. cit., lc. 1589-95.
45. Timothy Keller, op. cit., p. 206. Os desenvolvimentos a seguir são adaptados e desenvolvidos de p. 205-16.
46. Steve Corbett e Brian Fikkert, op. cit., lc. 232.
47. Adaptado de Timothy Keller, op. cit., p. 173.
48. Ligia Costa Leite, op. cit., p. 90.
49. Harry Browne, "A solution for the Middle East".
50. Thomas Sowell, *Knowledge and Decisions*, p. 334.
51. Theodore Dalrymple, *A vida na sarjeta*, p. 145-6.
52. Steve Corbett e Brian Fikkert, op. cit., lc. 264-5.
53. Robert D. Lupton, op. cit., p. 57.
54. B. B. Warfield, *The Person and Work of Christ*, p. 574.

Conclusão

1. Liev Tolstói, *Uma confissão*, cap. XIII.
2. Fiódor Dostoiévski, *Memórias do subsolo*, cap. VIII.

Este livro foi composto na tipografia Minion
Pro, em corpo 11,5/16, e impresso em
papel off-white no Sistema Cameron da
Divisão Gráfica da Distribuidora Record.